师范生
说课 训练与指导

SHIFANSHENG SHUOKE XUNLIAN YU ZHIDAO

（第二版）

蔡旺庆　编著

南京大学出版社

图书在版编目(CIP)数据

师范生说课训练与指导 / 蔡旺庆编著. —— 2 版. ——
南京：南京大学出版社，2020.8(2023.1 重印)
 ISBN 978 - 7 - 305 - 23218 - 3

Ⅰ. ①师… Ⅱ. ①蔡… Ⅲ. ①说课－师范学校－教学
参考资料 Ⅳ. ①G424.21

中国版本图书馆 CIP 数据核字(2020)第 071750 号

出版发行	南京大学出版社
社　　址	南京市汉口路 22 号　　邮　编　210093
出 版 人	金鑫荣

书　　名	师范生说课训练与指导
编　　著	蔡旺庆
责任编辑	钱梦菊　　　　编辑热线　025 - 83592146
照　　排	南京南琳图文制作有限公司
印　　刷	南京人民印刷厂有限责任公司
开　　本	787×1092　1/16　印张 15　字数 340 千
版　　次	2020 年 8 月第 2 版　　2023 年 1 月第 2 次印刷
ISBN	978 - 7 - 305 - 23218 - 3
定　　价	38.00 元

网址：http://www.njupco.com
官方微博：http://weibo.com/njupco
微信服务号：njuyuexue
销售咨询热线：(025) 83594756

---

* 版权所有，侵权必究
* 凡购买南大版图书，如有印装质量问题，请与所购
　图书销售部门联系调换

前言

如今世界多极化、经济全球化、文化多样化、社会信息化已深入发展,新一轮科技革命和产业变革也已蓄势待发,互联网＋、云计算、大数据、人工智能、三维(3D)打印、5G技术等现代科技深刻改变着人类的思维、生产、生活以及学习方式,国际竞争日趋激烈,人才培养与争夺必将成为焦点。优先发展教育,构建现代教育体系,建设学习型社会,培养大批创新人才,已成为人类社会共同面临的重大课题和应对诸多不确定因素挑战、实现可持续发展的关键所在。

当下我国已步入中国特色社会主义新时代,正在统筹推动"五位一体"总体布局和协调推进"四个全面"战略部署,贯彻落实创新、协调、绿色、开放、共享的新发展理念,深化供给侧结构性改革,坚持经济高质量发展,深入实施创新驱动发展战略,推进大众创业万众创新,实施"中国制造2025"和"一带一路"建设等战略,努力实现"两个一百年"的奋斗目标。新时代更迫切需要教育优化人才培养结构,加快培养各类紧缺人才。

陈宝生部长在全国高等学校工作座谈会上强调:高等教育要做到四个"回归"。一是回归常识。教育的常识就是读书。二是回归本分。教育的基本功能就是教书育人。三是回归初心。教育工作者的初心就是培养人才。四是回归梦想。教育梦就是报国梦、强国梦。师范院校是培养教师的摇篮,教学基本功是教师职业素养的核心构件。目前,许多教育行政部门以及各师范院校都非常重视师范生的教学基本功训练与培养。师范生教学技能竞赛既是诊断与评估师范院校人才培养的有效手段,也为师范生教学技能的训练营造了良好氛围,提供了极好的平台,"以赛促练、以赛促学、以赛促改",最终达到提高师范生教学技能的目的。为了促进师范生综合素质的全面提高,师范生教学技能竞赛在许多省份如火如荼地展开。如湖北、湖南、浙江、江苏、福建、河南、江西、安徽等。与此同时,全国职业院校技能大赛(高职组)学前教育专业教育技能比赛也已举办过四次,赛项以团体赛的方式进行。说课已被列为师范生教学基本功比赛的重要项目。

2017年全国师范类专业认证全面开启。认证以"学生中心、产出导向、持续改进"为基本理念,坚持"一践行三学会"(践行师德、学会教学、学会育人、学会发展)为育人标准。认证有现场考察环节,说课是学生职业技能检测的必测项目。

师范院校是教师培养的主阵地,说课活动目前已在师范院校积极开展和不断推进。但是说课教学活动在师范院校仍处在发展阶段,无论是课程设计、教材编写,还是专业师资、训练指导等方面还有许多问题亟须解决。

2014年,本人编写了《师范生说课训练与指导》一书,目前已经使用六年,反映良好。本次改版修订目的是将多年来教材使用中反馈的意见与建议做梳理和总结,吸纳一些最新成果,为师范生的说课基本功的训练提供针对性、实用性和可操作性的范本,希望能不断提升他们的从教素养和职业能力。

本书共有十四章内容:第一章主要阐述了说课的意义以及对说课的认识;第二章重点说明了说课的策略与技巧;第三章主要介绍了说课的方法与评价;第四章至第十三章从新课程改革的视野对小学各学科及幼儿园课程的理念、特点、教学目标、内容要求、说课模式、说课案例进行了呈现,并对说课案例进行了针对性的点评;第十四章从师范生职业技能培养角度,讲述了说课活动如何组织、管理与训练。

本书主要由盐城幼儿师范高等专科学校蔡旺庆编写,其中学科说课模式及案例部分由下列老师执笔:小学语文学科:盐城市日月路小学张海燕;小学数学学科:蔡旺庆;小学英语学科:朱文会;小学科学学科:王雪晴;小学思想品德学科:王礼才;小学音乐学科:徐莉;小学美术学科:朱顺传;小学体育学科:陆正华;小学信息技术学科:曹卫忠;幼儿园活动课程:邓晓玲。盐城幼专学前教育学院学生秦小川、姚建祥、陈姝蓉分别提供了幼儿园说课视频资料。

在本书的修订过程中得到了盐城幼儿师范高等专科学校刘毓航书记、姜统华校长等众多领导、同仁的真诚关心,得到了师范生教学基本功大赛部分辅导老师的鼎力相助;南京大学出版社为本书的再版付出了大量的心血,本人在此一并表示衷心的感谢!

由于本人理论水平有限,实践经验不足,本书难免会有纰漏和不足,敬请各位专家、同行和同学们批评指正。

编 者
2020年5月

目 录

说课案例与视频

第一章 说课基本原理	1
1.1 说课概述	1
1.2 说课界定	5
1.3 说课类型	7
1.4 说课内容	9
1.5 说课模式	13

第二章 说课基本策略 …………………………………… 16
　2.1 说课准备 …………………………………………… 16
　2.2 说课策略 …………………………………………… 18
　2.3 说课艺术 …………………………………………… 23

第三章 说课方法与评价 ………………………………… 32
　3.1 说课方法 …………………………………………… 32
　3.2 说课评价 …………………………………………… 33

第四章 小学语文学科说课 ……………………………… 41
　4.1 小学语文学科新课程理念 ………………………… 41
　4.2 小学语文学科特点 ………………………………… 42
　4.3 小学语文学科教学目标和教学设计要求 ………… 45
　4.4 小学语文说课稿模式 ……………………………… 47
　4.5 小学语文说课案例 ………………………………… 49

第五章 小学数学学科说课 ……………………………… 55
　5.1 小学数学学科新课程理念 ………………………… 55
　5.2 小学数学学科特点 ………………………………… 56
　5.3 小学数学学科教学目标和内容要求 ……………… 57
　5.4 小学数学说课稿模式 ……………………………… 60
　5.5 小学数学说课案例 ………………………………… 62

第六章　小学英语学科说课 ··· 67
6.1　小学英语新课程理念 ··· 67
6.2　小学英语学科特点 ·· 68
6.3　小学英语教学目标与要求 ···································· 69
6.4　小学英语说课稿模式 ··· 71
6.5　小学英语说课案例 ·· 74

第七章　小学信息技术学科说课 ································· 84
7.1　小学信息技术新课程理念 ···································· 84
7.2　小学信息技术学科特点 ······································· 87
7.3　小学信息技术教学目标和内容要求 ························ 88
7.4　小学信息技术说课稿模式 ···································· 89
7.5　小学信息技术说课案例 ······································· 92

第八章　小学思想品德学科说课 ································· 96
8.1　小学思想品德学科新课程理念 ······························ 96
8.2　小学思想品德学科特点 ······································· 97
8.3　小学思想品德教学总目标和内容要求 ····················· 99
8.4　小学思想品德说课稿模式 ···································· 101
8.5　小学思想品德说课案例 ······································· 105

第九章　小学音乐学科说课 ··· 109
9.1　小学音乐学科新课程理念 ···································· 109
9.2　小学音乐学科特点 ·· 110
9.3　小学音乐教学目标和教学设计要求 ························ 111
9.4　小学音乐说课稿模式 ··· 113
9.5　小学音乐说课案例 ·· 116

第十章　小学体育学科说课 ··· 120
10.1　小学体育学科新课程理念 ··································· 120
10.2　小学体育学科特点 ··· 121
10.3　小学体育教学目标和教学设计要求 ······················· 121
10.4　小学体育说课稿模式 ·· 123
10.5　小学体育说课案例 ··· 127

第十一章　小学美术学科说课 ····································· 131
11.1　小学美术学科新课程理念 ··································· 131

11.2 小学美术学科特点 ·· 132
11.3 小学美术教学目标和教学设计要求 ···························· 133
11.4 小学美术说课稿模式 ··· 135
11.5 小学美术学科说课案例 ·· 138

第十二章 小学科学学科说课 ·· 142
12.1 小学科学学科新课程理念 ······································· 142
12.2 小学科学学科特点 ·· 143
12.3 小学科学教学目标和内容要求 ································· 144
12.4 小学科学说课稿模式 ··· 147
12.5 小学科学说课案例 ·· 149

第十三章 幼儿园课程说课 ·· 158
13.1 幼儿园课程新理念 ·· 158
13.2 幼儿园课程特点 ··· 159
13.3 幼儿园课程教学目标与内容要求 ······························ 160
13.4 幼儿园课程说课流程 ··· 164
13.5 五大领域说课稿模式 ··· 167
13.6 幼儿园说课案例 ··· 183

第十四章 说课训练活动的组织与管理 ································ 218
14.1 师范生说课训练的意义 ·· 218
14.2 师范生说课训练的基本原则 ···································· 220
14.3 师范生说课训练的基本要求 ···································· 223
14.4 师范生说课训练的路径与模式 ································· 224
14.5 师范生说课训练策略 ··· 226
14.6 师范生说课训练方法 ··· 227
14.7 师范生说课训练中的几点足注 ································· 228

参考文献 ·· 232

第一章 说课基本原理

学习目标：

1. 了解说课的概念、特征、类型及意义。
2. 熟悉说课的内容及基本结构。
3. 掌握说课的基本要素及相互关系。
4. 理解"五课"(即备课、说课、上课、听课及评课)之间的异同。

1.1 说课概述

一、说课的含义

说课，最早可以追溯到中等师范学校学生基本功训练和汇报表演中的"小学教材讲析"。而作为一种教学、教研改革的手段，最早是由河南省新乡市红旗区教研室于1987年提出来的。1991年，《中国教育报》对新乡市的"说课"做了详细的宣传报道，"说课"得到教育界的一致认同。1992年，全国说课协会在河南省新乡市成立。1993年11月，全国第一部说课专著《说课探索》出版发行。如今说课已被广泛应用于学校日常教研、教师培训以及教学技能比赛活动中。实践证明，说课活动能有效地调动教师投身教育教学改革、学习教育理论、研究课堂教学的积极性，是提高教师素质，造就研究型、学者型、创新型教师的有效途径之一。

1. 狭义定义

说课，就是教师以教育教学理论为指导，在精心备课的基础上，面对同行、领导或教学研究人员，用口头语言和现代化信息手段阐述某一具体课题的教学设计，并与听者一起就教学目标的达成、教学流程的安排、重点难点的把握及教学效果与质量的评价等方面进行预测或反思，共同研讨进一步改进和优化教学设计的教学研究过程。

2. 广义定义

说课指说课活动,即指教师以口头言语表达形式为主,以教材和教育教学科学理论为依据,针对某节课或某个课题的具体特点,以青年教师或师范学生为对象,对其进行训练与培养的组织形式,是有计划、有目的、有组织地促进教师深入备课,提高教师职业素质的研究活动和教学活动。

说课源于中师,始于小学,成于实践。它有较强的针对性、示范性和有效性,形式灵活,方法简便,易于推广,具有很强的生命力。

二、说课的构成要素

说课活动的主要构成要素有说课者、听说者、语言表达和说课稿等,它们是相互联系、相互作用、有机统一的整体。

1. 说课者——说课活动的主体

说课的主体是指教师或准教师,他们是说课活动的策划者、扮演者,是说课过程的实施者。说课是教师自我展示、不断完善、磨炼教学基本功的重要过程,是教师上好课的前提和基础,是全面提高教师整体素质的一种好的形式。

2. 听说者——说课活动的客体

说课的客体(即听众)是指同行、领导或教学研究人员,他们是说课活动的学习者、指导者和研究者,是说课过程的评价者。通过说课,说课者得到听说者最客观、最直接、最有效、最公正的评判,从中能吸取先进的理念、科学的方法、有效的措施,达到优化课堂教学的目的。同时,说课对听说教师也是一种有效的素质培训,听说者不仅要认真听说,边听边思考,而且要对说课教师的说理做出客观正确的评价,这个过程既是检查听说者已有教学水平的过程,又是促进听说者综合运用教学理论的过程,有利于听说者教学综合素质的提升。

3. 语言表达——说课活动的媒介

语言表达就是把自己想要表达的意思,通过语言组织,流畅地表达出来,让别人明白自己的想法和意思,最好能得到别人的认同并能产生共鸣。怎样才能在陌生人面前畅谈无阻呢?首先要进行细致的语言组织,然后通过一定的表达技巧,循序渐进地陈述自己的观点、思路。语言表达能力直接影响着说课的质量与效果。师范生提高语言表达能力主要途径有:① 多参加社会实践锻炼;② 经常参加学校的演讲、辩论比赛活动;③ 参加培训,接受专家针对性的指导。

4. 说课稿——说课活动的核心

"说课稿"是为进行说课准备的文稿,它不同于教案,教案只说"教什么"和"怎样教",说课稿则重点说清"怎样教"和"为什么要这样教"。教师在了解课标、吃透教材、简析内容以及确定教学目的、教学重点和难点的基础上,遵循整体构思、融为一体、综合论述的原则,分块写清,分步阐述说课内容,以进一步提高说课效果。

说课四个要素之间的关系如图 1-1 表示：

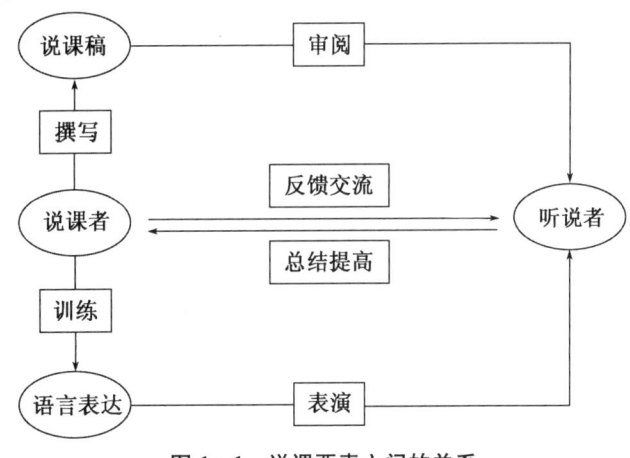

图 1-1 说课要素之间的关系

三、说课的特征

说课不同于上课，也不等同于备课，它是介于备课和上课之间的一种集体教学研究活动。其基本特征有以下几个：

1. 科学性

说课要求教师以科学理论为指导，用科学方法解决教学活动中的矛盾与问题，要遵循教学规律，积极学习教学理论，更新教学观念，避免教学中出现随意性和盲目性。说课中一个又一个的"为什么"、一个又一个的教学意图，能使教学程序的设计更符合教学原则，教学活动安排更为合理、科学。

2. 独立性

说课作为一种客观存在的教学组织形式中相对独立的步骤与形式，具有不可替代性。说课兼备课、上课之长，致力于教学研究，是备课、上课所不能替代的。说课有自己的目标任务、过程结构和评价体系。因此，独立性是说课之所以有生命力的最基本的特征。

3. 整体性

说课是教学中的一个子系统，它是由口头表达、教育理论、教材剖析、教学设计、教师素质等因素组成的相互制约、相互作用的一个有机整体。说课活动是说课者综合教学素养的展示和表演，它受多种因素制约，任何一个说课环节的起伏变化都会影响说课活动的质量和水平。因此，说课活动是系统工程，是整个教学研究活动中的一个子系统。

4. 层次性

说课活动的听众不全是接受教育的学生，而往往是具有一定教研能力的领导和专家。说课者为了使自己的说课达到较高水平，就必须要学习先进的教育理论，提升说课的理论层次。听说者要进行评说，更需要熟悉教材、了解学生、理解课堂并懂得教育学、心理学、学科教学论、现代信息技术等方面的知识，这样说课者与听说者都能在较高层次上进行切磋与交流。因此,说课是一种高层次的教研活动形式,可以锻炼与提高许多参与者的教学能力。

5. 多样性

由于说课的学科、目的、任务和要求、教材内容以及教师素质差异,说课活动需要从实际出发,因地制宜,形成各具特色的不同模式。这种多层次、多类别、多规格的说课活动,反过来又能有效地促进各地区、各学校对说课活动的深入研究。

6. 灵活性

说课形式灵活,简单易行,不受时间、地点、人员、教学进度和教材的限制。大到国家、省、市范围内的说课竞赛,小到学校教研组的说课教研,无论何时何地教师之间都可以进行交流。可见,说课具有较好的参与合作特点,能很好地解决教学与教研、理论与实践相脱节的问题。另外,和教案相比,说课稿可长可短,讨论范围可大可小,涉及教学内容可多可少,具有较大的灵活性。

7. 预见性

说课不仅要求教师说出"怎样教",而且要说出学生"怎样学"。教师要对所教学生的知识技能、智力水平、学习态度、意志品德、心理特点等方面的差异进行分析,预测学生学习中的困难,根据不同情况采取相应措施加以解决。说课者还要说出自己设计的问题,估计学生如何回答,教师应怎样处理。因此,说课要对教学过程中可能发生的问题进行一些预谋,从而在课堂教学中因势利导,随机应变。

8. 创新性

说课是一种新颖的教学研究活动,是课堂教学构思的显性化,是课前理性思维的碰撞。说课者要充分发挥自身的特长和教学风格,而评课者要善于发现说课者的创新之处,对说课者的亮点与特色予以认同。说课者通过同行、专家的点评与交流,扬长避短,不断增强理性认识,从而提高教学设计能力。

四、说课的意义

1. 说课有助于提升教研活动的实效

以往的教研活动一般都停留在上几节课,再请几个人评课,上课的老师处在一种比较被动的地位,听课的老师也不一定能理解授课教师的意图,导致教研实效低下。通过说课,让授课教师说说自己教学的意图,说说自己处理教材的方法和目的,让听课教师更加明白应该怎样去教、为什么要这样教,从而使教研的主题更明确,重点更突出,能提高教研活动的实效。另外,还可以通过对某一专题的说课活动,统一思想认识,研讨教学方法,探究课堂改革,提高教学效率。

2. 说课有利于提高教师备课的质量

在备课过程中,不少教师只是简单地备怎样教,很少有人会去想为什么要这样教,备课缺乏理论依据,导致备课质量不高。通过说课活动,可以引导教师去思考和交流为什么要这样教学,这就能从根本上提高教师备课的质量。

3. 说课有益于增强课堂教学的效率

教师通过说课,可以进一步明确教学的重点、难点,理清教学的思路,明确各教学环节的师生活动安排及时间分配,选择恰当的教法和学法,有效地掌控课堂,优化教学过程。这样就可以克服教学中目标不明确、重点不突出、难点不突破、训练不到位、教学资源使用不充分等问题,从而不断提高课堂教学的效率。

4. 说课能助推教师的专业成长与发展

教师的专业成长源于教育实践,教师专业发展的基点是教学理论知识、教学技能和教育实践。说课活动作为教师教学研究实践中理性思考与新话语交流的平台,是新时期教师学习文化的重要"构件",是教师个体与听众之间相互学习、相互交流的好形式,是通过平等参与在理性层面和操作层面上形成自我培训的好机制。说课能使教师在不断"深思"与"探究"中,实现观念更新和文化再造;在教学与研究、理论与实践的有机结合中,促进教师对课程标准、教材与教参的深度理解,以及对现代教育理论、先进教学经验的不断积累。

1.2 说课界定

一、说课与备课

1. 说课与备课的相同点

无论是备课还是说课,其目的都是为上课服务的,都属于课前的一种准备工作。从它们的内容上看,说课是一种深层次备课后的展示活动,它们在主要内容方面具有一致性;从活动过程上看,它们都需要教师研究课程标准、教材和学情,运用相关教学理论,选择恰当的教学方式,设计最优化的教学流程。

2. 说课与备课的不同点

(1) 内涵不同。备课是教师个体独立进行的一种静态的教学研究行为,而说课是教师集体共同开展的一种动态的教学研究活动。在对教学问题研究与反思方面,说课要比备课更深入、更透彻、更细致。

(2) 对象不同。在备课中,教师独立进行教学设计,不面对学生和教师,而说课是直接面对其他教师,说出自己的备课依据和备课思路。

(3) 目的不同。备课是为了正常、规范、高效地上好课服务的,是以提高课堂教学质量和有效促进学生发展为直接目的的。而说课是为了教师学会反思、改进和优化备课,它是以提高教师整体素质和实现教师专业化发展为目的的。

(4) 要求不同。备课强调教学活动安排的科学、合理、全面,为上课提供操作性强、条理清晰的教学流程,是上课的关键所在。因此,备课只需要写出教什么、怎样教就可以了,无须说明为什么要这样教。而说课就不一样,它不仅要说出教什么、怎样教,还要从理论上阐述为什么这样教。

二、说课与上课

1. 说课与上课的要求不同

上课主要解决教什么、怎样教的问题,而说课不仅要解决教什么、怎样教的问题,还要阐述"为什么这样教"。说课的重点在于完成教学任务、反馈教学信息,从而提高教学效果,而上课要求必须有效地让学生进行知识感悟和技能训练。

2. 说课与上课的对象不同

教师上课的对象是学生,而说课的对象是具有一定教学经验的同行、领导和专家。由于对象不同,因此说课更具有灵活性,它不受时间、空间的限制,不受教学进度的影响,不会干扰正常的教学秩序。

3. 说课与上课的内容不同

说课的内容是解说自己对教学材料的理解、教学设想、方法、策略以及组织教学理论依据等,而上课的内容是对教学材料进行具体的分析,向学生传授知识、培养技能、训练学习方法等。

4. 说课与上课的意义不同

说课的意义主要是提高课堂教学的效率以及教研活动的实效,而上课的意义是引导学生有效领悟和应用新知识,培养相关能力。

可见,说课是介于备课和上课之间的一种教学研究活动,对于备课而言,它是一种教学改进和优化活动;对于上课而言,它是一种更为严密的科学准备。因此,从某种意义上讲,说课是对整个教学活动和教学研究过程的一种折射。

三、说课与微型课

从教师的微型课授课中,可以看到部分教师对于微型课和说课在理解上还有一些偏差,有的老师将微型课上成了正常课,有的则上成了说课,各有不同。那么,什么是微型课?什么是说课?这两者有什么不同?

1. 什么是"微型课"

微型课比正常授课时间长度短,教学容量小。微型课上课时间一般只有20分钟,其中15分钟用于上课,5分钟用于答辩评委的现场提问;教学内容集中,一般为某一个知识点或一节课内容的某一个方面;教学形式简单,一般没有学生,只是面对评委授课,教师的活动安排是作为假设来进行的;在授课过程中,对于课堂导入、组织教学(学生活动、老师活动)、板书、小结、练习巩固、作业等环节在没有特殊要求的情况下要一一呈现,针对教师设计的问题、学习活动等答案、结论,用老师口吻进行回答,同时对于学生回答的内容只做个别(重点回答)陈述,但不宜过多,虽不同于正常授课但要做到"课堂无学生,心中有学生";教学性质上,具有甄别评估功能。

2. 微型课与说课的区别

微型课中心词是"课",实质上就是一节课,与常态课不同的是:它时间短,没有学生的真正参与;而"说课"中心词是"说",以教师的"说"为主,说目标、说教法、说流程等都是在"嘴上谈兵",是针对本节知识,结合设计谈自己的教学思想、设计意图,不是在上课,是依据教学理念告诉大家对于本节知识自己准备怎么上、为什么这么上。

四、说课与评课

评课是用教学理论来评价教学实践,用教学目的是否达成来评价教学过程的一种评价活动。评课活动主要解决的问题:这样教好不好,为什么,应该怎样教。说课是对预案中的"为什么"的思考,是授课者的理性构思;评课则是对授课者"践行"后的评价,内容有教学行为、教学效果的得失,问题总结的分析以及改进的意见与建议等。

备课、说课、上课、听课与评课间的相互关系如图1-2所示:

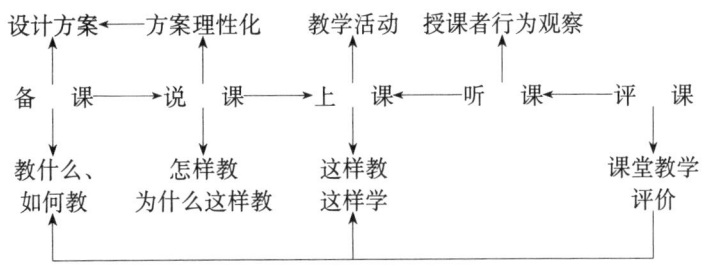

图1-2 备课、说课、上课、听课与评课间的相互关系

总之,备课是一种预设研究,上课是一种临床研究,听课是一种比较研究,评课是一种诊断研究,说课是一种策略研究。

1.3 说课类型

说课,作为教学研究活动的重要形式,因其目的和要求不同,常常有不同的分类方法。

一、按目标形式分类

1. 训练性说课

即将要走上教育岗位(准教师即师范生)或刚走上教育岗位的对象(新教师)都要经历这一过程。训练性说课旨在帮助说课者熟悉教学流程、厘清教学思路。

2. 研究性说课

根据明确的研究课题,说课者与听说者通过讨论、答辩、对话等方式进行交流与研讨,从而不断促进与改善教师个体和群体的教学工作,提高备课理性水平,突破教学难点问题,探讨教学热点问题。这是教研活动常用的形式。

3. 示范性说课

即由教学骨干、教学能手或相关专家承担,地区教研主管部门或学校组织的一种说课活动形式。说课教师结合自己的教学特色或特长,做精心准备,面对教师或师范院校学生做示范展示,努力做到突出教学新理念、诠释自己的教学思想特色、展示自己的教学才华。

4. 评比性说课

参加说课的教师从事先确定好的课题中抽签,确定自己说课的课题,在规定的时间内钻研教材,写出说课提纲,然后登台说课,评委要对说课做出评判。这种类型常见于各种级别的说课比赛、教师岗位应聘的能力测试等情况。

5. 汇报性说课

教师通过说课,向教学管理人员、领导汇报自己的教学(教科研)工作,让教学管理人员从中了解教师的业务水平,掌握学校教学科研动态,制订相应的校本培训计划,做到对学校科研水平的有效掌控。

二、按知识结构分类

1. 课时说课

课时说课是指说出一节课的教学设计意图、理论依据和基本框架。这是说课的原始类型,也是说课的常见组织形式。全国师范类专业认证学生说课技能测试就属于这种类型。

2. 单元说课

单元说课是指说出教学单元的教学设计意图、理论依据和基本框架。江苏省高职高专教师信息化教学能力比赛中运用的就是这种形式。

3. 章节说课

章节说课是指说出教材某一章、某一节的教学设计意图、理论依据和基本框架。这种类型常见于教研室或备课组的教学研究活动。

4. 专题性说课

专题性说课是指围绕教学中的某一重点、难点、热点或其他问题而进行的一种有主题、有重点的说课形式。其要求说课者针对这个问题,结合教育教学的理念和实践,阐述自己的观点、依据或解决问题的方法,有时还需要进行现场答辩。专题性说课具有切入点小、便于深入、角度自由、可即时交流和评价等特点。

三、按教学时序分类

1. 课前说课

课前说课是指教师在认真研读教材、领会教材编写意图、利用教学资源初步形成教学设计的基础上的一种说课形式。通过课前说课活动,教师可以借助集体的智慧来预测课堂教学的实际效果,最终达到改进和优化教学设计的目的。

2. 课后说课

课后说课是指教师按照既定教学设计进行授课,并在课后向听课人员阐明自己教学得失的一种说课形式,是一种对个体教学过程的集体反思与研讨活动。通过这个环节,说课者和参与讨论者对教学成败得失有了更加清晰的认识,从而为进一步改进和优化教学设计提供可能。

1.4 说课内容

一、说教材

说教材,就是要全面正确地理解教材:一是要确定学习内容的广度与深度,明确"教什么";二是要揭示学习内容中各部分知识与技能之间的关系,为设计教学顺序奠定基础,知道"如何教"。

1. 分析教材的地位与作用

在认真研读新课程标准和教材的基础上,要阐述说课课题在教学单元乃至整个教材中的地位与作用,说明教学内容是在学生学了哪些知识的基础上进行开展的,是前面所学的哪些知识的延伸与应用,又为后面哪些知识的学习打下坚实的基础,它在整个知识体系中处于什么地位。

2. 提出所说课题的教学目标

提出教学目标主要解决两个问题:一是阐明目标确定的依据,如新课程标准要求、教育理论及学生心理特点的依据等;二是要将目标具体化,即具有可操作性。要从认识、理解、掌握、应用四个层面来确定教学目标。课时教学目标越明确、越具体,反映说课者的认识越充分,教学设计的安排就越合理。根据新课程标准的要求,分析教学目标也可以从知识与技能、过程与方法、情感态度与价值观这三个方面加以阐述。

3. 理解教材编写意图,确定重点与难点

教师在准备说课时,要充分利用教学资源,详细阅读教材,深刻领会教材编写的基本理念、整体框架,阐述编者对教学内容的编排意图。教师不仅应说出学习重点、学习难点是什么,同时要说明确定这些重点、难点的依据是什么。教学重点是教材中起决定作用的内容,它的确定要遵循课程标准和围绕教学目的。教学的难点是学生学习时的困难所在,需依据各学科特点和学生的认知水平而定。教学的难点往往与教学的重点相联系,难点大多表现在对知识的理解和技能的有效掌握上,化解了难点即为学生完整地掌握重点铺平了道路。

说教材时,说课者应尽力阐述自己对教材的理解与领悟,充分展示自己对教材整体把握能力,力求做到"说"得准确、"说"出特色、"说"出共性,同时也要"说"出个性。

二、说学情与学法

说学情,就是依据学生的年龄特征和认知规律,全面阐述学生已有的学业情况、目前的认知水平,为优化教学设计提供参考。

说学法,就是在摸清学生已经掌握的一些学习方法与手段基础上,以此为切入点和落脚点,说出新知学习时应引导学生感悟、领会的新的学习方法或思考习惯,从而有助于学生新知识的理解和建构。

1. 学生自身特点

学生是学习的主体,充分认识学生、了解学生是上好课的前提和基础,也是教学工作的首要问题,说课亦然。例如,一位教师这样说学情:本班学生基础较差,对新知识学习的兴趣不浓、动力不足,学习主动性不强,缺乏好的学习习惯;多数学生喜欢表现,但缺乏自制力,逆反心理较强;本班学生好奇心较强,有很强的可塑性。

2. 学生的已有知识和经验

在当今信息化时代,无论是否接受过学校教育,学生肯定具备了一定的知识与经验,这是学生学习新的知识与技能的基础与前提。准确了解学生已有的知识与经验,有利于教学中实现学生从"旧知"向"新知"的迁移,解决教师"怎样教"的问题。例如,教师可以这样说学情:学生已有知识零碎,没有形成系统,结构不完整;新知识比较抽象,学生没有感性基础,与学生的生活经历差异较大。

3. 学生的学习方法和能力

在进行新知识教学时,认真分析和掌握学生已有的学习方法和学习能力,可以有针对性地指导学生从已有学习方法和学习能力体系中搜索有用信息,培养学生独立分析问题、解决问题的能力。说学法的能力,就是要说出使学生从已有学习方法向新的学习方法转化的切入点或路径,说出学生学习新知识时应重点关注的方法,有助于解决"怎样学"的问题,即在"学会"向"会学"的转化上给予充分的指导。例如,一位老师这样说学法:本节课以学生为主体,在教师提供有关材料的基础上,让学生根据自己提出的问题,在动手操作、讨论、交流中获得新结论,从而培养学生的自主学习意识,掌握独立解决问题的方法。

4. 个性发展与集体提高

新课程标准要求:一切为了学生的发展,就是要求教师采用科学的教学方式,使每个学生都能得到充分的发展。"说"个性发展与集体提高,就是要对班级的班风、学风、合作精神和团队意识等方面进行简要的分析,同时要对班级中的特殊个体(如后进生、学困生、特长生)进行单独分析,以解决"合格+特长"的问题。

三、说教法与手段

手段为目的服务,方法为内容服务,介绍教法和手段的要点和条理要清楚,同时要说明采用这些教学方法和手段的理论依据。说教法和手段要努力做到与教学流程中的做法相一致,避免相互错位、界定不清。

1. 说教法

说教法,主要说明在教学过程中将采用的主要教学方法及依据,即说出所选取的教学方法。教学方法是由教学内容、教学目的决定的,选择教法要参照学生认知规律和年龄特点。说课者要从简单分析学生的实际情况出发,选择恰当的教学方法,如果每节课所需要的教法不止一种,要分别说明选择的依据。教法的选择和运用要以探究式教学为主,即教学过程要实现"自主化、合作化、问题化"。在课堂教学过程中,教师要重视培养学生自觉学习、主动学习的习惯;要创造机会让学生有课堂合作学习的时空;要引导学生发现问题、分析问题、解决问题,从而发展学生的智力,培养学生的能力,使学生掌握规律性的知识,达到举一反三、触类旁通的境界。

2. 说教学手段

现代课堂教学手段主要指教学媒体的使用。传统教学媒体有教科书、教具、模型、黑板、图表等;现代教学媒体有幻灯、投影、录音、计算机、电视、网络和电子白板等。特别是多媒体引入课堂,可以使黑板加粉笔的"黑白世界"变得有声有色、形象生动。教师既可以预先实践,摄制录像,显现关键的细微之处,让学生看得明白,又可以在现场实验,以投影方式放大效果,让学生观得真切,还可以博采现场情境,采用案例故事再现的方式,以活跃课堂气氛,提高教学效果。

教学手段是教学方法的重要组成部分,教师要结合不同的教学内容将多种教学媒体如小黑板、挂图、图片、幻灯、录音、录像、电影片段等引进课堂。多样化教学手段的运用,可以大大增强教学的直观性与趣味性,增强学生的感性认识,提高学生的学习兴趣,给学生留下更深刻的印象。因此,教师的说课应说明在教学过程中,根据教学内容的具体需要,准备采用哪些教学手段以及采用这些手段的好处。所用教学手段有时要当堂演示给听课的专家或同行观看。

四、说教学程序

所谓教学程序,就是指教学活动的系统展开,它具体表现为教学活动进行的时间顺序与空间结构,即教学活动是如何开始的,又是怎样展开的,最后又是如何结束的。说教学程序是说课的重点部分,通过这一环节,能反映教师的教学思想、教学个性和教学风格。一般说教学程序分为以下几个部分。

1. 说教学思路与环节

教学思路,就是教师依据新课程标准和教学目标来构建教学过程,根据教学内容,配以教学方法手段来组织教学。传统课堂教学思路为:组织教学—复习旧知—导入新课—讲授新课—应用知识—巩固练习—小结作业。在新课程改革中,要求重视学生智力、能力发展。因此,现代课堂教学思路通常为:设置问题情境,激发学习兴趣(学会参与)—引导信息加工,构建知识网络(学会学习)—设计实践活动,内化能力结构(学会迁移)。例如,科学教学设计思路一般为:创设情境—提出问题—猜想与假设—制订计划—进行实验—收集信息—解释现象—巩固应用等。

2. 说教学结构与流程

教学结构不同于教学过程,教学结构是教师对教学具体程序的归纳,形成若干板块,而教学过程是教学流程中的步骤。现代教学强调教与学的互动、情境创设与情感体验。教师在课堂教学中会设计若干师生互动的板块,如创设情境、架设桥梁、探究新知、自主构建、回归生活、解决问题,布置作业、拓展延伸,这就是一种组合式模块的说课流程。

说教学流程就是围绕教学思路或教学结构,说具体的教与学活动的安排以及这样安排的理论依据。在说教与学的内容时,不能像给学生上课那样详细讲解,而要力求做到详略得当,重点内容重点说,难点突破详细说,理论依据简单说。只要让听者知道"教什么""怎样教""为什么这样教"就可以了。同时,要适当说明这样安排的目的和将要达到的预期效果。

3. 说师生互动交流

课堂上活跃的师生双边活动是成功教学的一个重要标志,教学中学生参与学习的深度与广度是师生双边活动的重要体现。师生双边活动包括教师准备提哪些问题、这些问题的主要作用是什么、学生如何参与、教师如何组织、学生可能会出现哪些误区、教师有什么应对措施等。在说师生双边活动时,要根据需要讲明突出重点、突破难点的具体做法,要在剖析、点拨、深入上下功夫。双边活动力求体现教法与学法的和谐统一、知识传授与智力开发的和谐统一、德育与智育的和谐统一。

4. 说课程资源开发

每节课都可能涉及课程资源的开发,只是有的教师还缺乏自觉意识。如在讲课时联系现实生活的例子,给学生补充课外的资料或视频等,都是课程资源开发的内容。以语文课程为例,语文课程资源包括课堂教学资源和课外学习资源,如教科书、教学挂图、工具书、其他图书、报刊,电影、电视、广播、网络,报告会、演讲会、辩论会、研讨会、戏剧表演,图书馆、博物馆、纪念馆、展览馆、布告栏、报廊、各种标牌广告,等等。自然风光、文物古迹、风俗民情、国内外的重要事件、学生的家庭生活及日常生活话题等也都可以成为语文课程的资源。说课时教师需要说明本节课开发了哪些课程资源,其目的是什么,效果怎样。

5. 说教学过程的优化

教学过程由五个要素构成,即教师、学生、教材、教学方法和教学手段,一切教学活动都是围绕这五个要素来展开的,它们之间形成一定的关系,如图1-3所示。

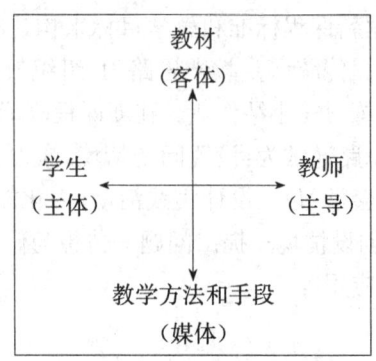

图1-3 教学要素关系图

教学过程的优化是指教师有效地组织教学活动的理论体系和工作体系,教师通过对教学系统的分析与综合,通过对最优教学方案的选择和安排,力争在现有条件下用最少的时间和精力去获取最大可能的结果,这就是教学过程的最优化。

五、说板书设计

板书是直观教学的重要组成部分,很能体现教师的教学风格,通过教师的板书也能够看出教师对教材的把握情况。学生看着板书就能了解教师讲课的思路,了解教材的逻辑线索,因此有经验的教师很注重板书设计的艺术。学生把板书的内容记在本子上,课后看着笔记本就能复述该节课的主要内容。

近年来随着多媒体教学手段或导学案的运用,不少教师上课时没有了板书或板书随意化。从目前的教学情况来看,多媒体还不能完全取代板书,因为多媒体课件是滚动的,而板书是相对静止的。多媒体课件演示一般都比较快,学生记录不下来,而板书留在了黑板上,便于学生记录和思考。

说板书主要说板书结构和设计意图。板书设计要视具体说课要求而定,一般地,若是教学研究活动中的说课,这一环节可以省略;若是业务评比,则可在说课的过程中直接在黑板上演示。

六、说教学评价

教学评价是课堂教学的重要组成部分,它包括教师对学生的评价和学生对教师的评价以及学生相互之间的评价等。根据课程标准的要求,在课堂教学中要做到评价主体多元化和评价方式多样化。具体到某一节课中,评价就涉及教师是怎样开展评价的、在课堂教学中主要评价了什么、其设计意图是什么以及效果如何等。如有的教师的数学课,在评价内容方面,基础知识通过巩固练习和达标测试步步清、人人清,其目的是通过评价关注每一个学生,实现教育过程的公平,不让一个学生掉队;有的老师在评价方式上注重评价到组,对小组实行捆绑式评价,其目的是鼓励学生的合作学习,让学生形成合作团队。说教学评价,就是要说清楚自己采用了哪些评价方式,想要达到什么样的评价目的和评价效果。

1.5 说课模式

说课是备课和上课的中间环节,是教师从上课的流程设计转向理性指导下的综合设计。它需要有很强的理论支撑,有预设的过程行为和希望的目标达成。因此,说课过程的组织有一些模式可研究,也有一些方法可探讨。

一、说课的传统模式

以前多数学校将"说课"作为教师教研活动的一种形式,往往对说课缺乏基本研究,其组织和准备过程都较为简单,经常停留在"个人准备"到"众人听评"的简单模式:个人钻研教材—确定教学目标;选择教法学法—设计教学过程;寻找理论依据—写出说课说案;面对听说者—展示说课过程。

这种模式,从备课到说课基本上是教师个体的创造性劳动。从构思阅读、收集信息到撰写说案,几乎都是说课者个人在准备。其他众多听说者只起到听众作用,他们对教材不熟悉或钻研不深,评议时难以深入,只能做一些粗略的发言,结果是表面上热闹,实际效果并不理想。

二、说课的现代模式

随着教育改革的不断深入,现在许多学校对说课模式做出了不少的改进,通常采用"多向组合说课架构",有效落实新课程标准的要求,实实在在地在新课改中促进教师的专业化发展。现将常用模式介绍如下。

(一) 个体与群体融合模式

1. 集体探讨,专人准备

按学科或年级确定课题,集体讨论说课总体方案,然后推荐一名老师做具体说课准备,说课教师可以将集体讨论中的初步构思融入备课之中,汇聚集体智慧,再加上自身的特长,使得共性与个性、听者与说者相互融合。

2. 集中说课,合作研讨

即一人说课,众人听评。说者所说的内容既有个人钻研的成果,又有集体意见的汇总,应根据说课要求,群体参与评议,吸收合理化建议,改进不足,形成新的共识。如果意见不能统一,可以求同存异,允许保留意见,通过教学实践检验,找出改进措施。

(二) 说课与备课结合模式

说课主要是围绕"教什么""怎样教"以及"为什么这样教"这三个方面展开的,将备课隐形思维显性化。其实,教师备课中有许多经验积累和资料准备,如资料收集、学情了解以及教学信息取舍等内容,将这些内容加入说课之中,会对青年教师的培养产生很大帮助。

1. 示范性说课

由业务骨干和教学能手根据自己的教学特色或业务特长做充分准备,为青年教师或实习学生做说课示范,突出教学新理念,诠释教学新思想,展示教学新技能。

2. 专项型说课

为了帮助青年教师提高备课、说课技能,可以围绕某一个专题中的一个专项进行说课:一是说如何分析、处理和重构教材内容,提高知识教学与思维训练的深度和广度;二是说教学方法选择的针对性、过程性以及该方法的实施步骤;三是对说课中若干板块——说教材、说学生、说教法、说程序等项目中的专项的构思和准备。

(三) 课前设计与课后反思兼顾模式

有些教师说课时,以传统的方法设计教学程序,用空洞的理论尽力美化自己的教学设计,使理论与实践相互脱节,造成说课程序化、教条化,失去了说课应有的活力。而采用上课以后说课的模式,教师既能讲清课前的构思与设想,又能说出"预想"与"现实"的差异,从而做出相应的调整与变更,最后请听课教师评议。

上课以后说课的基本程序是:教学设计(整体构思)—用教案方式表达(撰写教案)—上课(实施教学)—总结反思得失(重新审视教案)—提升理论层次(寻找理论依据)—用说稿文字表达(说案)—说课(展示说课过程)—评议(交流完善提高)。

1. 什么是说课?说出它的主要特征及其类型。
2. 说课的内容有哪些?它的基本结构是什么?
3. 说课活动的基本要素有哪些?它们之间有何关系?
4. 师范生说课评价项目有哪些?每个项目评价的主要内容是什么?
5. 比较"备课、说课、上课、听课及评课"之间的异同。

第二章 说课基本策略

> **※ 学习目标：**
>
> 1. 知道说课准备的一般内容。
> 2. 掌握说课的基本策略。
> 3. 熟悉说课的艺术特点。

2.1 说课准备

一、知识准备

知识是基础,没有比较丰富的知识,要想说好课是不可能的,因此,说课前首先要做好知识准备。知识准备的内容很多,其中比较重要的是学科课程标准、教材知识以及相关知识。

1. 熟悉学科课程标准

学科课程标准是指导学科教学的纲领性文件,教材是根据课程标准编写的。这一点说课教师往往会忽略。说课前,教师一定要研读课程标准,掌握其所规定的教学任务、教学目标以及各年级的教学要求、教学中应遵循的原则,尤其是要根据教学内容分解课程标准所规定的教学目标。离开课程标准的具体要求,说课就会迷失方向。

2. 钻研教材

说课者要熟悉所说教材的编写意图和教学目标,了解知识的承接性和延续性,对知识系统的内在联系要做到心中有数,还要掌握本节课在本册教材中所处的地位和作用,明确重点难点。

3. 涉猎边缘学科的知识

说课者要拓展知识视野,具备多学科、多层次的知识结构,这样才可以做到游刃有余,使说课具有深度和广度。

二、理论准备

说课的理论意味很浓，教师没有一定的理论水平是说不好课的。说课需要在理论指导下去研究教学内容的分析、教学过程的设计、教学方法的运用，否则说课就会缺少高度。因此，说课者在说课前要针对教学实际需要，有计划、有步骤地学习教育学、心理学、学科教学法等有关理论，了解教育规律，掌握所教年级学生的生理、心理特点，认识说本节课所要遵循的教学原则，明确本学科的主要教学方法及要求。只有这样，才能不断提高教育理论的素质，为说课打下坚实的理论基础。

三、技术准备

1. 明确说课的内容和要求

要想说好课，首先应明确说课要"说什么"。关于说课的内容，没有什么固定不变的"框框"，通常包括说教材、说学情、说教法、说教学资源开发、说教学程序和教学评价等几项内容，其中说教法里包括教师的"教"和学生的"学"两个方面。

说课不但要求教师要说出"怎样教"，而且要说清"为什么这样教"的理论依据（包括课程标准依据、教法学法依据、教育学和心理学的依据等），使得听者既能知其然，又能知其所以然，达到理论与实践的有机结合。

2. 掌握说课的技巧

（1）加强说的功夫。说课尽管有不同的类型、不同的目的，但都要用语言表述。要动口，要有说的功夫，就要加强说的训练。说课时要注重语气、语量、语调、语速、语感；要进入角色，脱稿说课，不能用背稿的语调，要用"说"或者"讲"的语气。

（2）分清内容主次。教师在说课时对说课的各方面内容，不能平均使用力量，不能胡子眉毛一把抓，要分清主次，只要说清"是什么"和"为什么"即可。应把主要力量放在说教学程序上，这是重头戏。

3. 准备好说课所需的用具

说课前要准备好本次说课所用的尺、挂图、小黑板、卡片、幻灯片、录音录像、多媒体课件等教学用具，以及表演和板书需要的饰品和图形。说课时根据需要可做必要的介绍和演示。

四、心理准备

由于说课时间短、信息量大、要求高，许多新手会有较大的心理压力。如果说课教师心理压力过大，则容易在说课时失去心理平衡，因过度紧张而手忙脚乱、顾此失彼，影响正常水平发挥，这就需要说课教师在说课活动之前做好充分的心理准备。

1. 充分认识说课的重要性

说课活动是在短时间内较快提高教师素质的最佳形式，也是大面积提高教学质量的有效途径。教师要充分认识到这一点,形成迎难而上的意识,从而变压力为动力,积极踊跃地参与这项活动,主动学习现代教育理论,认真钻研课程标准、教材和教法,使自己的教学水平和业务能力在原有基础上更上一层楼。

2. 增强自信心

由于说课之前已大概圈定了范围,教师已对这些内容做了准备,因此说课教师要卸下思想包袱,消除紧张心理,说课时从容自如,同时要正确地评估自己的实力,使自身能力得到应有的发挥。

3. 注意自我的心理调节

说课没有学生配合,一切靠自己完成,有时可能会出现小失误,这时需要教师发挥教学机智,消除心理紧张,稳定心理状态,巧妙、及时地予以弥补。这种自我控制心理的能力不能一蹴而就,需要在平时不断加以训练。

"凡事预则立,不预则废""不打无把握之仗",这都说明做好事前准备的必要性。做好充分的心理准备是说课成功的起点,也是自我提高的过程。只有准备充分,才能提高说课的质量,不断提高自身业务素质。

五、做好说课前的演练

说课是教师参与教育科研、提高教学能力与水平的重要路径。无论参加哪种类型的说课活动,要想取得理想的效果或成绩,还必须做好说课前的演练工作,邀请同行或专家参与说课现场模拟,检测说课准备情况,对说课稿件、说课各环节进行反思与评估,虚心听取同行和专家的意见与建议,并及时对说课稿和说课环节做修改和完善,为参加正式说课活动做好充分准备,以便取得好的说课效果和比赛成绩。在演练时,要关注细节,注意教师所处的位置,注意表情和肢体语言的运用,要做到自然、和谐、落落大方。

2.2 说课策略

说课策略包括理论的准备、程序的设计、说课现场情感的投入以及语言的表达等多个方面。

一、理论运用策略

说理是说课的灵魂,教学设计中的各个环节都需要一定的理论支撑,需要相应的理念、理论做指导。在说课中要将说理论与说教学实践有机地结合起来,不要片面追求高深的理论,否则容易空洞化。

(一)学习教学理论,指导教学实践

说课要求教师认真学习先进的教育理论、教育思想、课程知识和课程理论,了解国内

外教育改革动态,获取最新的教育信息,形成知识积淀。只有这样,才能在说课实践中找到相应的理论依据。

1. 认真研读学科课程标准

《基础教育课程改革纲要(试行)》指出:"国家课程标准是教材编写、教学评估和考试命题的依据,是国家管理和评价课程的基础。"内化课程标准是教师有效教学的基本保证。说课中,一是要熟悉课程标准对本节课内容的基本要求;二是要知道课程标准对学生的学习要求;三是要了解本学科的课改理念,应贯彻怎样的教学原则;四是要清楚课程标准中要求的教法和学法。教师只有研读课程标准,与新课程理念有效对接,其教学实践才能自觉有效。

2. 掌握相应的教育科学理论

教师不仅要学习教育学、心理学的有关原理,熟悉教学论基础知识,而且要学会应用系统论、控制论、信息论原理来设计自己的教学过程。系统是指由若干相互依存、相互制约的要素为了达到一定目的而组成的有机整体,教学系统是由师生共同活动组成的旨在提高教学质量的管理系统。运用系统论的观点和方法,旨在对教学活动的结构和过程进行系统考察与分析,从理论和技术上提供实现最优化教学的系统方案。教学系统的有效控制需要四个条件:精确的目标、详细的控制程序、良好的反馈、受控系统的调节。教学控制论是运用控制论原理和方法进行分析,以达到教学过程最佳控制的理论;教学信息论是运用信息论、系统论、控制论等学科的基本原理和方法研究教学过程中的教学信息传播、变换、反馈规律的理论。同时,教师要把握好理论与实践的结合度。一方面,理论过浅,没有针对性,说些通用的准则,就会给人以"虚设""不贴切"的感觉;另一方面,不是所有的教学程序、教法学法都要"寻根探底",无直接联系或不需要的理论,则没有必要说出来。

3. 彰显学科教学理念

学科教学理念是指导本学科教学的思想主线,也是说课的重要理论支撑,在说课时要将其放在突出位置,这样能使说课更加具有分量、力度和光彩。

如数学新课改中指出:注重学生发展,改变学科本位;数学源于生活实践,又应用于经济社会;提倡多元学习,学会科学探究;运用现代技术,感悟学习过程;积淀思想方法,培养创新能力。这样的学科教学理念要求说课者在说课时,设计出诸如问题探究式教学、发现式教学以及与社会生活息息相关的案例式教学等教学模式。

(二) 感悟教学实践,丰富教学理论

教师学习教学理论,通过理论来指导教学实践,可以达到从高位审视自己实践行为的目的。相反,教师感悟、总结教学实践,将自己行之有效的教学实践提升到理论层次,对实践做出合理的解释,则能丰富和发展教学理论。

教师要善于对自己课堂上的经常性做法、教法做梳理,做到能用精辟的话语概括行之有效、深受学生欢迎的具体教学经验,拓展教学理论,并不断去指导新的教学实践。

二、程序设计策略

说课中的程序设计总体策略是：① 理论依据要与教学过程行为密切相关，要将理性思考变为必然行为；② 让听说者明白教什么、怎样教以及为什么这样教，将实现怎样的教学目标；③ 说课思路清晰，详略得当，重点内容重点说，难点突破详细说，理论依据合理说，创新之处强调说。

程序设计一般从以下两方面入手：① 要厘清一节课的组成部分及各部分之间的联系、顺序和时间分配；② 根据各部分的教学功能给出教学阶段的"名称"。例如，新课改教学实践中有的老师将教学程序设计为：创设情境，导入新课；探究合作，学习新知；应用反馈，拓展提高；梳理知识，小结作业；资源开发，课堂延伸。

三、情感表达策略

《礼记·学记》云："知其心，然后能救其失也。教也者，长善而救其失者也。"课堂教学离不开情感交流，离不开对学生的情感智力培养。说课不仅要说教什么、怎样教，而且要用"心"来准备，用"情"来表现教师情感教育的活力。教师在说课现场要准确表达自己的情感，一方面，可以将预设课堂或过去课堂的情感，通过自己的语言予以表现；另一方面，可以用自己的情感语言调动听说者的情绪和思想，感染他人，以产生共鸣效应。

1. 说课要有激情

所谓激情，它是一种快速、强烈地爆发而又时间短暂的情感。这种激情往往表现出的是合理、恰当的自信，准确而又简洁的推论，生动而又贴切的陈述。如果能将科学的态度、科学的精神转化为激情，就能大大提高说课的表现力和感染力。

2. 说课要有热情

所谓热情，它是一种强有力的稳定而又深刻的情感。说课的说稿文字量不要太大，说课时间一般在10分钟左右，但完成一项说课任务花费的时间和精力较多，需要阅读许多相关的文献资料、分析教材、研究学生、选择教法学法以及深刻反思教学行为。因此，只有以积极的情感、饱满的激情、稳定的心境、满腔的热情投入到说课活动之中，才能保证说课活动取得丰硕的成果。

四、语言组织策略

师范院校高年级学生或新入职的年轻教师，在说课时往往会因为语言组织不到位而影响说课效果，而教师的教学语言是教师传授知识、进行思想沟通的桥梁，运用得好，可使教学取得事半功倍的效果。说课的语言组织应遵循以下几个原则：

1. 非理莫语

一方面，说课时不合理的话、没有依据的话不要说；另一方面，说课时要尊重他人，平易近人，力求做到语言表达有理有据，通俗易懂，教学态度和蔼可亲。

2. 言而有信

教学设计与构思都应建立在课堂实际之中,要求真实、具体、不虚假,能够前后呼应,让听者充分感受到说课者掌握知识的厚度、理解知识的深度以及教学技能的长度。

3. 言之有物

说课中的理论与实践、构想与践行、过程与环节都要力求"血肉丰满",避免空话连篇、装腔作势。谈理论时一定要有实践的辅证,谈具体做法时也必须有理论的提升。

4. 言而有度

这是指说课时要精选文字和语言,最大限度地发挥有限时间内的语言传播效应,既体现说课的连贯性、逻辑性和机智性,又干净利落,简洁得体,给人以美的享受。

五、特殊场景下的说课策略

(一) 新教师的说课策略

1. 重点要突出

说课的重点就是要说出教学的理论依据,即"为什么要这样教"。但是有些新教师弄不清重点,说课还是围绕着"怎么教"展开。由于偏离了说课的重点,结果把说课变成了讲课的浓缩,将本来一节 40 分钟课的内容压缩在 10 分钟或 15 分钟完成,效果当然很差。

2. 着装要得体

新教师刚从学校毕业,正是意气风发、个性张扬的时候,在衣着上有时会追求时尚和另类,这容易给评委留下浮躁和稚嫩的印象。因此,在参加说课时要尽量避免风格混搭,或者避免穿着带有嘻哈、朋克味道的服装,不穿色调过于灰暗的衣服,更不能以朴素为借口,穿着粗鄙。着装要么阳光简洁,要么端庄雅致,要能在外形气质上体现教师的职业特点。

3. 眼神要专注

由于紧张,不少师范生和新教师说课时目光闪烁游离,要么低头看地板,要么把说课稿当救命稻草,死死盯住稿纸,连说问候语都要看稿;还有的目光自始至终只盯在某一处,或只看着某一位评委。这些都会给人注意力涣散、准备不充分、心理素质低下等不良印象,影响说课效果。说课者眼神要清澈坚定、明朗真诚,尽可能地和每一位评委有眼神交流,可以和表情温和的评委多交流,和表情严肃的评委少交流,这样既对自己的发挥有利,也尊重了评委。与听众之间良好的目光交流,能使说课更具现场感、更有感染力。

4. 表情要自然

比哭还难看的笑,不如不笑;献媚讨好或故作深沉的表情,不如没有表情。做作多余、过于世故的笑容在说课时有害无益。有些习惯性的表情也是要不得的,比如紧张时不断吞咽口水,发现自己读错字或发错音时吐舌头、摇头和皱眉,并伴随满脸尴尬、歉意和惶恐等。说课者刚进场时要自然大方,向评委问候时要略带微笑,不卑不亢又礼貌敬重。最重要的是,表情是针对说课内容的,而不是针对人的,要根据自己的说课内容做出适当的表情辅助,或激昂、或深邃、或欢快,随其节奏缓急、情理交替做适当调整。至于失误如读错词、发错音时,可以自然纠正,或者将错就错,惶恐尴尬的表情只会加深、加重自己失误的痕迹。

5. 肢体要大方

说课者肢体上的细节误区,主要体现在握拳、持讲稿的手过高或过低、上半身僵硬或扭捏、站立时脚步移动频繁等,甚至有些人会呆立不动,如雕塑一般,这些都是说课时的大忌。大部分人都会为自己的说课内容配上一定的手势,然而大多存在幅度过大、频率过快、手势机械单一、无效动作过多等情况。在说课时,肢体和目光、表情一样,都是语言的左膀右臂,与语言相辅相成、交相辉映,适当的肢体动作不仅可以缓解紧张的心理,还能释放表达的热情,使得说课声情并茂、动静相宜。手势的收放、双肩的起落、头颈的摆动没有固定的模式,要因人而异、因稿制宜、扬己所长、避己所短。总的原则要舒缓柔畅、自然圆润,尽可能地与说课内容浑然一体,以达到最佳说课效果。

6. 语言要流畅

有些新教师的语言表达基本功不太扎实,在语音、语感上面存在不足,这需要长期的专业指导和用心调整,非数日之功就能立竿见影的。这里强调的是若干细节问题,如断句破词、咬字不清、经常重读回读、多余的注释与解说等,还有些人有明显的口头禅,如"这个……那个……""然后……然后……""嗯……哦……""是吧……对吧……"等,这些都会使说课效果大打折扣。有条件的情况下,说课者语速的快慢、语调的轻重、节奏的缓急以及字符间、段落间的间隔长短,都要在专业老师的指导下仔细地推敲和反复地练习,在语言上务求达到整个过程流淌着沉稳中带着激情的旋律、跳跃着理智里带着明快的音符。

7. 板书要讲究

新教师说课往往不重视板书,更缺乏对一节课板书的整体设计。有的新教师说课只写一个"课题",其他什么内容也没有;有的新教师板书重点不突出,胡子眉毛一把抓;有的新教师板书随手写,没有整体设计与规划,也不注意各知识点之间的逻辑关系。一手好的板书,能给人以美的享受,也能弥补说课中的不足,给评委一个好的印象。

8. 收尾要从容

收尾谢幕时,不少人有虎头蛇尾之嫌。好不容易把内容讲完,于是神经及口气一下子全松开了,匆匆鞠个躬,说句只有自己听得见的"谢谢"就仓皇逃离讲台。这显然是十分失礼的,甚至会影响评委对你最终的评判。在结束说课时,最好停顿三秒,然后说:"以上就是我说课的全部内容,谢谢大家,老师们辛苦了。"再大方微笑地鞠躬,从从容容地退场,为自己的说课画上一个圆满的句号。

(二)应聘教师的说课策略

现在绝大多数从师范院校毕业的学生在考编时都要进行理论考试和面试考核,其中说课技能考核是一项重要内容。多数学生往往对说课缺乏理解、准备不充分而导致考试结果不理想,从而失去一次就业选择的机会。从实践经验来看,一般要注意以下问题:① 不能把说课当作备课,按照教案来说课。② 不能把说课当作上课,把听课的老师和领导视为学生,如正常上课那样说课。③ 说课不是"背课",也不是"读课",要突出"说"字,既不能按说课稿一字不差地背下来,也不能按说课稿一字不差地读下来。一节成功的说课,一定是按自己的教学设计思路,有重点、有层次、有理有据、口齿清楚地进行表达。④ 说课的时间不宜太长,也不宜太短,通常按照考试要求,规定时间 10~15 分钟,一般以 8~12 分钟为宜,留 2~3 分钟进行现场答辩。⑤ 注意运用教学理论来分析研究问题,防止就事论事。⑥ 注意避免过于表述"理论依据",脱离教材、学生及教学实际,空谈理论;要提倡创新,但不要全盘否定常规教学,否定传统教学的思想和方法。⑦ 思路要清晰,语言要流畅,抑扬顿挫,富有变化,充满激情。⑧ 板书脉络清晰,书写规范,字体大小要合理,内容精炼。

2.3 说课艺术

一、说教学目标的艺术

美国著名教育学家布卢姆指出:"科学地确立学习目标是教学的首要环节。"他认为:"有效的教学始于知道希望达成的目标是什么。"因此,目标是说课的首要内容,是教学设计的依据和教学过程检验的标准。

1. 教学目标的确定

教学目标类型一般有课时教学目标、单元教学目标、学期教学目标与课程教学目标。每一学科、每一章节的教学目标应该是在该学科的课程理念指导下制定的,从而形成了以该课程标准为依据制定的课程目标。这些课程教学目标又必须分解到不同年级、不同教学单元来实现。可见,某教学章节、课时教学目标的确定,必须要通盘考虑和了解总目标与分目标的目标系统。要用新课程理念解读课程目标,用新课程的价值去追求更新的课程目标。

2. 教学目标的表述

教学目标的表述应该包括"行为"与"内容"两个层面,一方面要描述学生需要养成何种行为,另一方面又要说明这种行为能在其中运用的领域或内容,也就是说,"目标"重在叙述学生行为状态的变化,而不是描述教师教什么、怎样教。

教学目标如果描述得含糊笼统,就会很难检测;反之则便于检测。教学目标一般由四个要素组成:行为主体、行为动词、行为条件和表现程度。行为主体是学生;行为动词一般有认识、了解、知道、掌握、学会、运用等;行为条件一般表述为"通过_____观察分析""通过_____实验操作""通过_____分析比较""开展_____调查活动"等;表现程度一般表述为初步认识(初步感知)、深刻领会、掌握运用、形成技能、培养能力等。

二、说重点、难点的艺术

(一) 教学重点、难点的确定

教学重点是教学内容中最基本、最核心的知识与技能。基本知识主要有基本概念、基本原理、基本定律、公式法则、基本方法等;基本技能主要指用基本知识去完成某些学习任务,并且通过练习在实践中获得运用知识的一种能力。

教学难点是教学中难教、难讲、学生难以理解或容易产生错误的教学内容。学科教材有着自身的逻辑结构和知识体系,以其知识深度和思维难度呈现出教学中的难点,但它不是决定因素。教学难点主要取决于教师与学生的素质和能力。不同的学校、不同的班级、不同的教师的教学难点的分布和表现程度都不一样。可见,难点与重点相比,具有相对性和不稳定性。

(二) 教学重点、难点的关系

教学重点与教学难点是两个不同的概念,教学重点不一定是教学难点,教学难点也不一定是教学重点。一般情况下,教学重点中的局部内容很可能是教学难点。在特定条件下,教学重点与教学难点又具有同一性,即教学重点就是教学难点,教学难点就是教学重点。例如小学数学《角的度量》教学内容中,"量角的方法"既是教学重点,又是教学难点,因为读内外刻度的本领掌握了,重点也就解决了。

(三) 教学重点、难点的处理

说课者要全面正确地把握教学重点,应从以下几方面做起:

1. 认真研读新课程标准

新课程标准在课程理念、课程目标、课程内容、教学要求和教学建议等方面做了全面的阐述,有些学科在单元教学中还写出教材编写意图,对教学内容体系和教学进度也做了详细的说明。因此,新课程标准是教师确定教学重点的重要依据。

2. 深入、细致地钻研教材

教材是课堂教学的主要依据,教学重点体现着教学内容的主要脉络和内在逻辑联系,备课时要加以罗列和梳理,力求做到科学合理、全面准确。

3. 全面了解学生的知识结构和学习技能

学生是学习的主体,任何教学活动都是在学生现有知识结构和学习能力的基础上进行的,因此,教师深入了解学情显得尤为重要。对于大多数学生已经掌握或容易掌握的教学重点,教师就没有必要花费许多时间进行讲解,可腾出更多时间让学生自己去感悟与体验。

教学难点通常是教师难教、学生难学的内容,一般情况下,难点是学生基础知识和认识能力不足造成的。难点的突破与化解可以通过以下做法来排除。

(1) 降低坡度。教师在讲解难点时,要适当放慢学习节奏,尽力缩小问题之间的跨度,要给学生充分思考的时间与空间。

(2) 直观形象。在说教学难点时,说课者要讲清楚教学时教师是如何充分应用各种直观教学手段,帮助学生增加感性认识,努力使复杂语言直观化、抽象符号形象化、抽象问题具体化的;是如何利用教具、挂图、实物音像、动画和现场模拟等教学资源,形象生动地补充感性知识,然后归纳总结上升为理性知识的。

(3) 分散化解。有些教学内容难点可以逐步分解,说课者要讲清教学时是怎样采取分散讲解、各个击破的原则,当各个难点化解以后再用适当的方法组合起来,讲清该难点的概念或规律。

三、说教材地位的艺术

根据新课改要求,教师必须有先进的课程观和教材观,课程已经走向民主、走向开放,从"文本课程"走向"体验课程",教师不再是课程的执行者、旁观者,而是课程开发的参与者、研究者。教师对教材可以有自己的理解与解读,对教学内容可作变革与创新,课堂上的教学内容可以不同于课本上的内容,允许师生互动"生成"新的内容。

说教材一般可以从以下几项说起:① 教材是什么、有何特点;② 教学内容地位与作用是什么;③ 内容编写的思路、重点难点是什么;④ 通过教材内容的分析,说出本节课的教学目标是什么;⑤ 简单说明教材处理的意见,引出教学策略。值得注意的是,在实际说课时,以上五个方面不可能面面俱到,应根据教材特点有选择、有重点地说。

四、说教学方法的艺术

教学方法是教学过程中的基本要素之一,是说课整体结构中的重要组成部分。适当的教学方法有利于教学目标的达成,说课中要选择好教学方法,并且能在教学过程中有意识地实施好这种教学方法。一节课的教学方法是多样的,任何一种教学方法不可能是最佳的,在实际教学中通常以一种方法为主、多种方法为辅。小学教学方法一般有:① 语言性教学方法,如讲授法、谈话法、阅读指导法;② 直观性教学方法,如演示法、参观法;③ 实践性教学方法,如实验法、练习法、表演法、实习作业法;④ 研究性教学方法,如讨论法、发现法、探究法等。教学有法,教无定法,教学方法的选择一般由以下几个因素决定:

1. 因"课"选法

不同的学科、不同的课型、不同的教学内容应有不同的教学方法。例如,新授课通常选用讲授法、谈话法、讨论法、探究法等;复习课通常选用谈话法、练习法等;技能课通常选用实验法、演示法和练习法等。

2. 因"人"选法

不同的班级、不同的学生、不同的教师会有不同的教学方法。例如,小学低年级学生适宜选择动手实验法、演示法、情景激趣法和讲授法;小学高年级学生适宜选择谈话法、讨论法和探究法;幼儿园儿童适宜选用情景教学法、操作探索法、交流讨论法、电教演示法。

有些教师擅长生动的语言表达,有的教师擅长运用直观教具或多媒体制作,也可以根据教师自身特点选择教法。

3. 因"物"选法

不同的教学内容、不同的教学环境、不同的教学设备也会产生不同的教学方法。教师在选择教法时,可因地制宜,不可超越实际条件。

五、说教学过程的艺术

所谓教学过程,就是教学活动展开的过程,它表现为教学活动推移的时间序列,通俗地讲,就是教学活动是如何发起的,又是怎样展开的,最后是如何结束的。说教学过程是说课的重点部分,只有通过教学过程设计的阐述,才能反映说课者的教学思想、教学活动安排是否科学合理、具有艺术性及教学个性。

教学过程设计不仅与不同学科相关,还与不同的教学过程观相关。现代教学过程观主要有:教学是认识与实践的活动过程;教学是认知、情感、技能等领域的一种变化过程;教学是一种发现探究过程;教学是一种信息加工处理过程,如图 2-1 为传统课堂教学观与现代课堂教学观的对照示意图。

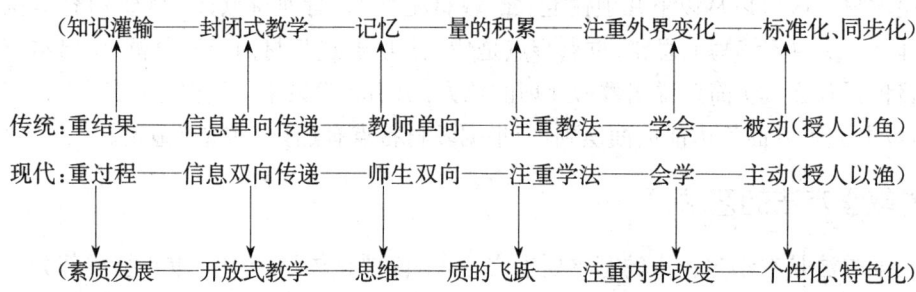

图 2-1 传统课堂教学观与现代课堂教学观的对照示意图

在说课中,针对不同的教学过程观,可有如下几种教学过程设计:① 复习导入—讲授新知—巩固应用—小结作业;② 创设情境—明确任务—提出猜想—探索证明—获得结果;③ 创设情境—观察想象—激发情绪—情感转化;④ 提供信息—接受信息—信息加工—演绎总结—感悟升华。

六、说板书设计的艺术

课堂板书,既是科学,又是艺术。称它为科学,指的是它要将课文内容系统化、条理化、形象化,有助于突出教学重点、突破教学难点;说它是艺术,指的是它能综合运用文字、图画、线条、色彩等手段,强化表现力,让学生的思想情操、审美观点受到感染和熏陶。

(一)板书的意义

板书可使学生通过视觉而获得知识信息,它是最简易的利用视觉交流信息的渠道,它比从听觉获得信息的时间长几倍。板书有利于巩固课堂所学的知识,因而是提高教学质

量和效果不可忽视的一种教学手段。其意义具体表现在以下三个方面:

(1) 调控学生思路。学生看着板书,听着教师的讲解,就会依据板书所提示的问题,边听边思考,板书的内容就可以引导和调控学生的学习思路,使学生的思考力和注意力集中在教师所讨论的课题上。

(2) 构建知识结构。每门学科都有自己的知识结构和体系,这些知识结构和体系往往用语言表述不容易阐述清楚,但以板书的形式将其表现出来,就可以为学生提供较为直观的知识框架和结构,有利于帮助学生构建知识。

(3) 化抽象为具体。课堂上只有教师的语言描述和抽象的讲解,学生不易在抽象思维的基础上扎实地建立起知识体系。如果通过板书,边讲边板书,就可以使抽象的知识变得形象具体,易混的概念、定理、法则、公式变得条理清楚,从而容易使学生理解和掌握。

(二) 说课板书设计的原则

(1) 学科性原则。不同学科的知识体系和特点是不同的,说课者在设计板书时一定要考虑自己所教学科的特点。

(2) 实用性原则。板书使学生按照教师的教学思路去分析、理解问题,使学生掌握知识、构建知识体系,所以说课者要根据不同年龄、不同年级设计不同形式的板书。

(3) 直观性原则。板书设计要图文并茂、言简意赅,能使学生通过简单形象的图画,从形象上理解抽象的概念原理和法则,从整个板书的排列总结出本课的主要内容、重点内容所在,一看板书就回忆起本课的内容。

(4) 灵活性原则。课堂教学是师生的"双边活动",没有一成不变的模式,需要灵活处理包括板书在内的课堂上出现的各种问题,预先设计的板书也应随着教学实际情况的变化而变化。

(5) 艺术性原则。板书是教学艺术的奇葩,它融科学性、实用性和艺术性于一体,是教师的微型教案。说课者要追求板书的艺术性,可将现代脑图理论、美术构图原理、硬笔书法艺术等融为一体,给听众留下深刻印象。

(三) 板书六忌

一忌空——黑板上只写寥寥几个字或仅仅留下课题,甚至是零板书。

二忌满——教学方法忌满堂灌,板书设计忌满黑板。说课中没有时间满黑板地写,评委和听众也不愿意看你满黑板地写。

三忌乱——板书无计划、序号乱、随手书写、层次不分、条理紊乱,缺乏内在联系;板书位置乱,东写一个公式,西写几个字,杂乱无章。

四忌散——中心不明确,犹似乱麻。

五忌潦草——板书龙飞凤舞,写得含糊不清,别人只好推测和猜想。

六忌差错——常见错误有以下三种:一是乱造字;二是写错别字,张冠李戴,鱼目混珠;三是演算失误。这些都会严重影响教学效果。

总之,在板书设计中,板书要规范、准确、赏心悦目。

(四) 板书设计的常见类型

精湛的板书,不是文字与线条的简单结合,而是教师通过有目的的构思将教材中的重要内容按一定规则画出的图形。

在说课中,教师必须根据教材特点,讲究板书艺术构思,做到形式多样化、内容系列化、表达情景化,同时要求教师根据教学实际,遵循板书的基本原则,具有明确的目的性、鲜明的针对性、高度的概括性、周密的计划性、适当的灵活性、布局的美观性、内容的科学性及形式的直观性。这样才能给人以清晰、顺畅、整洁、明快的感受。小学教学常见的板书设计形式有以下几种:

1. 提纲式板书

提纲式板书是最常见的形式,也最容易使用。它是将一节课的主干内容,按照教学进程,提纲挈领地写在黑板上。如苏教版《小学数学三年级(上册)》第十单元"认识分数"一课的说课板书设计如图2-2所示。

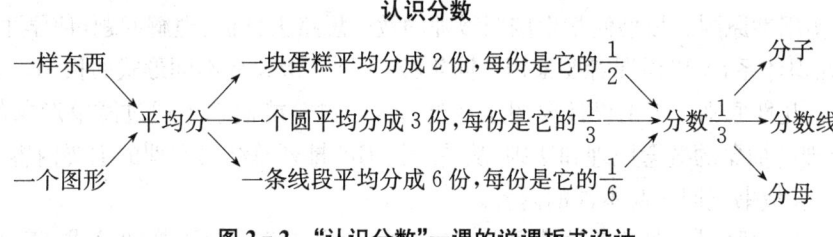

图2-2 "认识分数"一课的说课板书设计

2. 结构式板书

结构式板书常适用于表达有着密切联系的知识。设计时,用直线、箭头将知识点联系起来以形成知识块,便于学生综合认识。如苏教版《小学数学三年级(下册)》第二单元"年、月、日"一课的说课板书设计如图2-3所示。

年、月、日

一年→12个月 $\begin{cases} 31\text{天月份}:1、3、5、7、8、10、12; \to \text{大月} \\ 30\text{天月份}:4、6、9、11; \to \text{小月} \\ 28\text{或}29\text{天月份}:2(28\text{天})\to \text{平年}(365\text{天}); \\ \qquad\qquad\qquad\quad\; 2(29\text{天})\to \text{闰年}(366\text{天})。 \end{cases}$

图2-3 "年、月、日"一课的说课板书设计

3. 表格式板书

表格式板书以纵横不同的项目关系来呈现知识点及其内在联系,便于教师归纳总结及学生理解记忆。如苏教版《小学语文三年级(上册)》第19课"航天飞机"一课的说课板书设计如图2-4所示。

		航天飞机	
普通飞机	飞行高度	飞行速度	作　用
	两万米	4个多小时	运货、载客
航天飞机	几十万米(更高)	7分钟(更快)	释放、回收
智慧老人		各有所长，不可替代	

图2-4 "航天飞机"一课的说课板书设计

4. 对比式板书

对比式板书是把相近或截然相反的两件事物放在一起进行比较，分析其特点。进一步揭示事物的本质特征和发展规律。如苏教版《小学语文四年级(上册)》第22课"九色鹿"一课的说课板书设计如图2-5所示。

　　　　　九色鹿　　　　调达
　　　　　见义勇为　　　见利忘义
　　　　　不图回报　　　背信弃义
　　　　　　　誓守诚信

图2-5 "九色鹿"一课的说课板书设计

再如英语教学中的人称代词和所有格(物主代词)说课板书设计如图2-6所示。

人称代词		所有格(物主代词)	
主格	宾格	形容词性的物主代词	名词性的物主代词
I	me	my	mine
you	you	your	yours
he	him	his	his
she	her	her	hers
we	us	our	ours
they	them	their	theirs

图2-6 人称代词和所有格(物主代词)说课板书设计

上述板书让学生通过直观比较，深刻了解了人称代词和所有格(物主代词)的几种表现形式。这种板书形式还适用于名词的单复数、时态变化等，将其做对比，不仅可以促使学生积极思考，而且对于提高学生的分析、比较、判断的能力有积极的作用，还能使学生获得的知识不容易被遗忘。

5. 图文结合式板书

图文结合式板书通常是画出示意图，并附上文字说明。比如牛津版《小学英语三年级(下册)》第四单元"Time"、牛津版《小学英语六年级(下册)》第五单元"The Seasons"两课的说课板书设计分别如图2-7、图2-8所示。

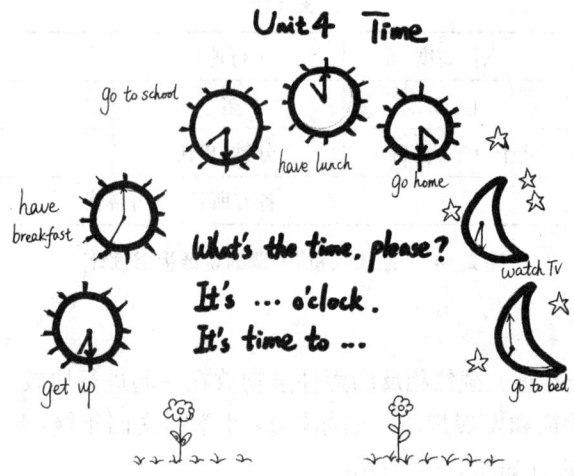

图 2-7 "Time"一课的说课板书设计

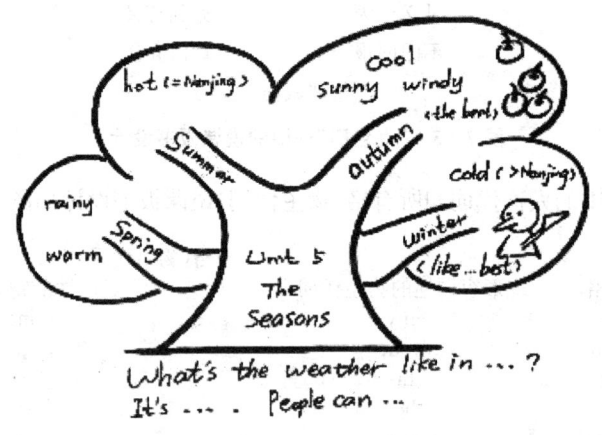

图 2-8 "The Seasons"一课的说课板书设计

6. 分解式板书

分解式板书是指以某种核心词汇、关键词语为母体,分解出若干要点,以便于进行深入剖析与讲解。如苏教版《小学语文(第6册)》第3课"庐山的云雾"一课的说课板书设计如图 2-9 所示。

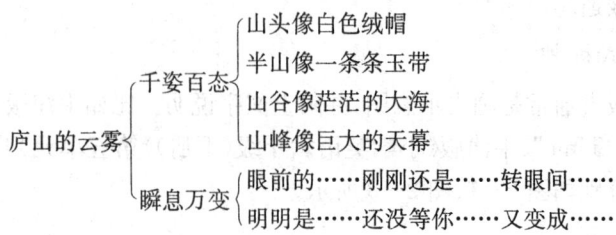

图 2-9 "庐山的云雾"一课的说课板书设计

七、说教学媒体应用的艺术

《基础教育课程改革纲要(试行)》中指出:"促进信息技术与学科课程的整合,逐步实现教学内容呈现方式、学生的学习方式、教师的教学方式和师生互动方式的变革","充分发挥信息技术的优势,为学生的学习与发展提供丰富多彩的教育环境和有力的学习工具"。因此,说课者要注意体现通过合理选择和运用现代教学媒体,调动学生学习的积极性,图文结合、音像并茂、动感与色彩有机融合,使学习内容形象直观,形成合理的教学过程结构,达到最佳的教学效果。

在说课实践中,由于说课时间有限,说课教师不可能像上课一样充分展示教学媒体在教学过程各个环节的使用情况,应着力向听说者说明:① 使用哪些教学媒体、什么地方使用、想产生怎样的教学效果;② 教学过程中,教师怎样调节与控制教学媒体使用;③ 在视听过程中,师生如何介入,学生需要领会、体验、感悟些什么。

课后练习

1. 说课准备需要做哪几个方面的工作?
2. 说好课的策略有哪些? 师范生说课主要问题有哪些? 如何解决?
3. 说课的艺术主要体现在哪些方面? 举例说明如何才能做到说课的艺术特点?

第三章 说课方法与评价

※ **学习目标：**

1. 理解说课的基本方法。
2. 知道说课评价一般观察点及评价标准。

3.1 说课方法

一、确定说课课题

说课时首先要确定说课课题。有时说课课题是指定好的，有时是可以自己选择的。自己选择课题时最好选择与自己业务能力专长相匹配的有关章节，要考虑其有代表性、典型性，既能充分体现本学科特点，又有利于将课程改革的最新精神融入其中。

二、找准理论依据

课堂教学策略、教学方法的理论很多，有教学论中的教学规律、教学原则、教学策略方法和教学组织管理等方面的理论；有现代流行的系统论、控制论和信息论；还有教学艺术与技巧方面的理论；等等。说课时要以教材为基础，以课程标准为依据，以学情为出发点，认真学习有关理论知识，向上找准理论依据，向下升华、提炼教学经验，力争做到"言之有理、自圆其说"。

三、定好说课程序

说课中的"程序"与教案中"教学过程"的主要区别：前者是理性思维下的过程呈现，它体现授课者的逻辑顺序和时间顺序，以及这两个顺序的有机组合；后者主要是过程性和阶段性的安排。

设计好说课程序，主要从以下三个维度来考量：一是要理清说课内容的知识体系与结构,它是静态的,是要求学生全面掌握的,是教师说教学程序中的内含主线;二是教师在课堂上所表现的教学程序和结构,它是动态的,是在师生互动中呈现出来的;三是教师说课时"说"的程序,即对于先说什么、后说什么、突出什么、淡化什么等问题的处理。

四、突出说课重点

说课的内容非常丰富,一节 40 分钟的课的构思与设计,不可能说得面面俱到,应有所侧重。说课应突出以下几点:一是着重介绍新的教学模式或者教学方法,以及对它们所产生的教学效果的预测;二是要从教育学、心理学角度出发,分析学科思维的特点,说明本节课进行思维训练的依据;三是从课堂实际出发,介绍具体学习方法与步骤。

五、彰显说课个性

教师在说课中,要明确说出目标意图、理论依据和内容缘由,说清"为什么要这样做";要亮出自己的观点与见解,同时要说出在这些观点的指导下,如何采取相应的教学措施与手段。教学方法与手段的选择是受教学经验和个性影响的,不同性格、个性的教师在各自教学经历中往往会积累出各不相同的个性化教学经验。因此,教师说课时要突出自己的个性,体现自己的独到之处、创新之处。

六、丰富表达手段

说课主要通过语言、文字、图表、图像以及多媒体辅助手段来表达。说课以科学理论为依据,体现说课的科学性;语言用于表达教学思维,交流情感;多媒体手段用于直观呈现,有利于调动听者的视觉、听觉,引起注意;体态语言有利于提高说课效果。

说课尽管有多种表达方法,但仍然以"说"为主。提高说课的表达能力,应注意以下六个方面:① 守时守信,不要随意超时;② 表情自然、大方、谦逊;③ 语言简练、流利、速度适中;④ 条理清楚,层次分明,逻辑性强;⑤ 表达完整,理由充分,具体实在;⑥ 个性特长显现,有感染力。

3.2 说课评价

一、说课评价原则

有说课,必然要有说课评价,否则难以引导和把握说课方向,也难以保证说课的质量和水平。说课评价一般遵循以下原则:

1. 及时性原则

要使说课评价收到最快、最佳的效果,最好的办法是"现场说、现场评",这样可以防止因遗忘而降低评价效果。"现场说、现场评",大家置于现场氛围中,思想情绪高涨,最容易阐述自己的观点,畅所欲言,使说、评双方都能得到有效启发,促进说课水平与质量的提高。

2. 客观性原则

评价的客观性,主要指评价者实事求是、客观、公正地对说课者所说的内容进行评价。评价者对说课活动的目的意义及评价的标准要求要相对统一,坚持用"一分为二"的观点来审视说课,尽力避免带有个人的兴趣爱好、情感倾向、价值观念等主观因素。评价者既要善于发现说课中的闪光点,肯定成功的做法或探索,以保护说课者的积极性,又要客观地指出说课中存在的问题与不足,提出改进和优化的意见与建议。

3. 发展性原则

发展性原则要求评价不是"面向过去的结果",而是"面向未来的发展",要用发展的眼光看待评价的结果,要将评价的结果作为未来进步和提高的起点,激励说课者加强学习,改变现状,求得新的发展。

4. 参与性原则

说课,从其活动形式和活动效果来看,实际上是一种教学研究方式。它符合当前教育改革与发展的新形势、新变化、新要求,能有效促进教师的专业成长与发展。因此,听说双方都能参与评价,相互研讨、共同切磋,这是说课的基本要求,也是提高教师说课水平的重要因素。

二、说课评价功能

1. 诊断性功能

说课评价是一种及时反馈,可以使听、说双方不断获得反馈信息,使听、说双方借助于反馈信息调节各自的行动。对一次具体的说课来说,评价它好在哪里,差在何处,可以让说课者了解自己说课过程中的成败得失及原因,看到自己的成绩和不足,找出问题的症结,以便总结说课经验教训,扬长避短,使自己的说课水平更上一层楼。

2. 激励性功能

说课评价等于把竞争机制引入说课活动,可以驱动被评价者的内部活力,促使说课者认真对待,想方设法地说好课;同时还可以有效地激励各方的积极性、创造性,为提高说课质量与水平而共同努力。

3. 导向性功能

说课活动的特点与性质决定着参加说课的教师的行为准则和价值取向,只要认真参与说课活动,教师必然会从中受益。说课评价的导向作用主要表现在以下几个方面:① 彰显先进的教学理念;② 诠释现代化教学思想;③ 展示丰富的教学才能;④ 体现新颖的教学境界。

4. 决策性功能

说课评价的结果是鉴定说课质量和教学质量以及教师水平的依据之一,既可以为教育行政领导推广说课和教学经验提供可靠的决策依据,也可以为在教师中客观公正地评先选优、晋职升级、奖优惩劣提供事实依据。

三、说课评价内容

（一）说课者理解教材情况评价

1. 能否全面理解和把握新课程标准

新课程标准规定了各门课程的性质、目标、内容体系，提出了教学与评价的建议。因此，只有新课程标准才是教师组织实施教学的唯一依据，而教材只不过是教学实施的重要载体。评价说课者是否理解和把握教材，就应该看教师在说课中是否全面正确理解新课程标准，是否掌握新课程标准中规定的教学要求和教学目标。

2. 能否全面准确掌握教材地位与作用

教材是教师根据新课程标准、按照学生身心发展特点和社会发展需要编写的一种教学资源，是教师实施教学活动的主要依据。评价说课者对教材的理解把握情况，就是要看他能否把教学内容置于整个教材体系进行通盘考虑，既要寻找到授课内容的"前继知识"，即新知识学习的切入点和生长点，又要衔接好"后继知识"，为进一步学习做好知识储备，做到承上启下。

3. 能否全面正确确定教学重点难点

突出教学重点、突破教学难点是组织教学的一个基本原则。评价说课者是否把握教学重点和教学难点，不能只听其有没有说明重点难点，而是要从设计教学流程中全面考察，重点内容需要花费足够时间详细阐述；难点内容应讲清讲透，而且要说出对难点问题的处理方法。

（二）说课者落实教学目标评价

基础教育课程改革提倡从知识与技能、过程与方法、情感态度与价值观这三个维度构建各学科的培养目标，并使之贯穿于基础教育全过程。因此，评价说课者落实教学目标情况，不能只看其有没有对三维目标进行阐述，而是要关注其所设计的各个教学环节和教学活动中有没有落实或实现教学目标。

（三）说课者选择教学方法评价

1. 方法选择是否体现学科特点

小学各学科都有自身特点和教学要求，不同的学科、同一学科的不同教学内容在选择教法时应该有其差异性。小学语文、数学、英语是基础性、工具性学科，侧重于传授基本知识和基本方法，为其他学科的学习奠定基础，这些学科一般选择"讲授法、谈话法、讨论法"等方法；小学体育与健康是运动技能、技巧性学科，目的是让学生锻炼身体、增强体质，了解健康知识，这门学科一般选择"演示法、练习法、讲授法"等方法；小学音乐、美术是培养学生鉴赏方面的知识和方法，提高学生的审美能力和人文素养，这些学科一般选择"实习作业法、练习法、参观法"等方法；小学科学是让学生了解一些科学现象、培养探索精神的学科，一般选择"演示法、发现法、实验法、探究法"等方法；小学思想品德课是一门形成优秀品德素养、养成良好行为习惯的学科，一般选择"游戏法、故事法"等方法。由此可见，在评价说课时，应从学科性质和特点出发，全面审视教学活动设计，对其选择的教学方法做出客观、公正的评判。

2. 方法选择是否符合学生身心特点和认知规律

教学实践证明，教学方法在一定程度上能引导学生的学习方法，选择符合学生身心特点和认知规律的教学方法，有助于学生形成学习方法，提高学习能力。因此，评价说课者教学方法的选择时，必须从教学内容出发，按照课程标准对教学目标进行要求，联系学生的年龄特点，综合分析教学方法使用的合理性与有效性。

3. 方法选择是否有利于激发学生的学习兴趣

评价教学方法的好坏，最显著的标志是这种教学方法能否激发学生的学习兴趣和学习积极性，能否便于形成民主、和谐、平等、互动的师生关系。因此，教学过程中努力构建自主、合作、探究的学习氛围是教学方法选择的重要标杆。

（四）说课者设计教学程序评价

说教学程序设计是说课的核心环节，这个环节可以充分检验教师是否准确把握课程标准、全面理解教材以及贯彻落实三维目标。评价一个教学程序设计的优劣，可以从以下几个方面加以观测：① 教学过程设计是否围绕教学目标展开，教学活动安排是否为教学目标服务；② 教学内容安排是否联系学生生活实际，是否与教材资源相结合；③ 教学结构是否完整，教学节奏是否合理，重点是否突出，难点是否化解；④ 教学方法、教学媒体使用是否得当；⑤ 教学过程是否条理清楚，步步相扣，逐步深入。

（五）说课者教学素养评价

说课活动中，对说课者教学素养评价应侧重于教学活动设计、教学理念陈述和突发事件处理策略等方面，通过设置"请你谈谈这样设计的理论依据""如果学生遇到这种情况，你有什么解决办法"等问题来评判说课者的教学素养。这种侧面的评价可以促使教师备课时"多问几个为什么"，上课时"多想几个为什么"，教学反思时"多提醒自己现在缺什么、应该多学些什么"。

四、说课评价方式

1. 自我评价

说课结束后，说课者可以根据实际表现对说课过程和说课结果满意程度进行自我评价和剖析，为别人的评价提供背景和现实支持，是进一步进行其他评判的基础。

2. 同行评价

说课活动结束后，参与说课活动的领导和其他老师应根据自己的经验和教学的理解，对说课的内容发表个人的意见和建议,最后由组长做总结。这种评价形式比较适合校本说课活动。

3. 专家评价

这种评价形式通常适合于主题型说课活动,组织教师以说课研究解决教学中遇到的问题,聘请课程专家、教材专家、教研人员和学术骨干(特级教师、学科带头人、教学能手等)对说课活动做出评价。这种评价行为本质上是一种专业引领,是教师与专家面对面的教学研究方式。

4. 评委评价

这种评价大多数应用于说课比赛活动,如江苏省"两课"评比活动、江苏省师范生教学基本功大赛就是把说课项目作为一个评比项目。教育行政部门组织评委班子,通过对选手的说课情况进行全面评价、评出结果与等第,去引导学校或教师自觉进行说课研究,带动地区和学校加强师资队伍建设和师范生教学基本功训练。

五、说课评价要求与标准

华东师范大学课程教学与比较教育研究所所长、博士生导师钟启泉教授曾指出:"评价是查明已形成和已组成的学习经验在实际上能产生多少预期结果,同时,评价过程总是包括鉴别计划的长处和短处。这有助于检查已组织和已编制的教学计划的基本假设的效度;同时能核查用于实施教学计划的其他条件的有效性。"因此,教学评价是教学过程的结束,也是新一轮教学过程的开始。

1. 小学教师说课评价表

表3-1 小学教师说课评价表

姓名		课题		科目		班级	
项目	评价指标		评价标准		等第		得分
说教材 (30分)	1. 确定教材地位与作用 2. 确定教学目标 3. 确定重点难点 4. 分析处理教学资源		1. 准确分析教学内容的地位与作用(6分) 2. 正确表达三维目标,可观察、可检测(8分) 3. 准确梳理教学重难点,能说出缘由(8分) 4. 能挖掘和整合课程资源,突出可行与创新(8分)		A(26~30) B(22~25) C(19~21) D(19分以下)		
说教法学法 (30分)	1. 选择教法 2. 选择学法 3. 教学手段应用		1. 教法得当,体现学生主体,有利于目标达成(8分) 2. 教法学法设计有依据(4分) 3. 一法为主、多法辅助,能在教学程序中有落实(5分) 4. 学法选择新颖,体现新课改理念(8分) 5. 现代信息技术使用合理,能优化教学效果(5分)		A(26~30) B(22~25) C(19~21) D(19分以下)		

(续表)

项目	评价指标	评价标准	等第	得分
说教学程序(30分)	1. 教学环节设计 2. 教学资源利用 3. 教学时间安排 4. 教学效果预测	1. 教学环节紧扣,符合学生认知规律,能与教法、手段紧密联系(8分) 2. 能围绕教学目标,创设教学情景,激发学习兴趣,突出主体地位(8分) 3. 采用多种学习形式,突出重点、化解难点,注重学习能力提升(5分) 4. 合理设计教学反馈与评价,及时预测教学效果(5分) 5. 科学安排好各环节的教学时间(4分)	A(26~30) B(22~25) C(19~21) D(19分以下)	
教师基本素养(10分)	1. 教师形象 2. 语言表达 3. 理论素养 4. 教学板书	1. 举止大方,文明规范,服饰得体(2分) 2. 语言流畅,普通话准确,表达精练,有感染力(3分) 3. 有较高的理论素养,且较好地与教学实际相结合(3分) 4. 板书工整、流畅、有条理(2分)	A(8~10) B(6~7) C(5) D(5分以下)	
定性评价			总分	

评价表中还保留了"定性评价"的空白,作为定量评价的补充和说明。根据说课类型不同(如示范性说课、研究性说课),为了让参与者更能充分发表自己的意见和建议,阐述自己的观点和想法,评价者在口头评价的基础上,还可做进一步精要的文字评价。

2. 幼儿园教师说课评价表

表3－2 幼儿园教师说课评价表

姓名		课题		科目		班级	
项目	评价指标	评价标准				等第	
说教材(30分)	1. 揭示教育价值 2. 明确重点难点 3. 确定活动目标	1. 运用幼儿教学的新课改理念,揭示教学内容的价值(6分) 2. 正确分析教学内容的特点、重点与难点(6分) 3. 根据《幼儿园教育指导纲要》与《3—6岁儿童学习与发展指南》要求和幼儿发展水平,设计好切实可行的活动目标(9分) 4. 做好"三个维度""五大领域目标"的整合,体现全面发展的要求(9分)				A(26~30) B(22~25) C(19~21) D(19分以下)	

(续表)

项目	评价指标	评价标准	等第	得分
说教法学法(30分)	1. 设计教法 2. 设计学法 3. 选用手段	1. 教法选择要彰显幼儿的主体地位,以游戏为主要形式,体现积极有效的师幼互动(5分) 2. 一种教法为主,多种教法辅助,注重个别差异,突出重点,突破难点(5分) 3. 有意识对幼儿"自主、合作、探究"学习方式进行引导(5分) 4. 教法学法设计要符合幼儿认知规律,有利于活动目标的落实(5分) 5. 灵活使用各种教学手段,优化教学效果(5分) 6. 具体阐述方法选择的理论依据(5分)	A(26～30) B(22～25) C(19～21) D(19分以下)	
说教学程序(30分)	1. 设计环节 2. 利用资源 3. 安排时间 4. 预测效果	1. 教学环节设计科学、合理,结构完整(6分) 2. 活动过程彰显幼儿主体性及互动的多样性(6分) 3. 突出重点难点,衔接过渡自然,时间分配合理(6分) 4. 充分利用直观教学手段和教学资源(6分) 5. 反思与评价教学设计,预测教学目标的达成情况(6分)	A(26～30) B(22～25) C(19～21) D(19分以下)	
教师基本素养(10分)	1. 教师形象 2. 语言表达 3. 理论素养	1. 举止大方,文明规范,服饰得体(2分) 2. 语言流畅,普通话准确,表达精练,有亲和力(3分) 3. 有一定的理论素养,富有教学机智(3分) 4. 板书工整、流畅、有条理(2分)	A(8～10) B(6～7) C(5) D(5分以下)	
总评	A(86～100) B(76～85) C(60～75) D(60分以下)		评委签名	

3. 师范生说课技能评价表

表3-3 师范生说课技能评价表

项目	评价内容	分值(分)	得分(分)
理念与目标	1. 体现新课程理念,符合课程标准要求(5分) 2. 教学目标明确、具体,表述角度一致,涵盖认知、能力、情感态度等维度,适合幼儿及小学生年龄特点(7分) 3. 对教学内容的特点、作用及其适宜性分析到位(4分) 4. 重点、难点确定准确,说理依据充分(4分)	20	

(续表)

项目	评价内容	分值(分)	得分(分)
内容与过程	1. 活动设计有创新,结构完整,环节衔接自然(10分) 2. 活动围绕目标设计,重点突出,层次清晰,安排合理,符合幼儿及小学生认知规律。充分体现他们的主体地位(10分) 3. 教学方法、手段运用、目标落实、重点难点解决及其师生互动等方面的阐述清晰(12分) 4. 恰当说明活动过程设计的教育教学理论依据(8分)	40	
方法与手段	1. 活动准备充分,教学具选择有利于目标达成,对活动准备及其依据分析合理(4分) 2. 教学方法和手段符合幼儿及小学生年龄特点,教学资源丰富,适时运用混合式教学(6分) 3. 灵活采用集体、小组、区域等多种教学组织形式,注重兴趣、智力、情感培养,关注探究体验(6分) 4. 教学方法、学习方法选择说理充分(4分)	20	
表达与展示	1. 普通话标准,教态自然、大方得体,口语、态势语表达符合儿童化口语要求(5分) 2. 体现教师专业素养和基本功(3分) 3. 运用多媒体课件恰当辅助说课(2分)	10	
答辩与交流	1. 紧扣问题回答,针对性强(4分) 2. 思路开阔、思维敏捷,逻辑性强(3分) 3. 语言流畅、富有情感(3分)	10	

课后练习

1. 简要叙述说课的一般方法。
2. 师范生说课评价项目有哪些?每个项目评价的主要内容是什么?

第四章　小学语文学科说课

> **学习目标：**
>
> 1. 理解小学语文学科的课程理念、目标及性质。
> 2. 掌握小学语文学科的基本特点。
> 3. 知道小学语文学科说课稿的基本结构。
> 4. 会撰写小学语文不同题材的说课稿。

4.1　小学语文学科新课程理念

一、全面提高学生的语文素养

　　九年义务教育阶段的语文课程，必须面向全体学生，使学生获得基本的语文素养。语文课程应激发和培育学生热爱祖国语言文字的思想感情，引导学生丰富语言的积累，培养语感，发展思维，初步掌握学习语文的基本方法，养成良好的学习习惯，使他们具有适应实际需要的识字写字能力、阅读能力、写作能力、口语交际能力，正确地理解和运用祖国语言文字。同时，语文课程还应通过优秀文化的熏陶感染，提高学生的思想道德修养和审美情趣，使他们逐步形成良好的个性和健全的人格，促进德、智、体、美诸方面的和谐发展。

二、正确把握语文教育的特点

　　语文课程丰富的人文内涵对学生精神领域的影响是深广的，学生对语文材料的感受和理解又往往是多元的。因此，应该重视语文的熏陶感染作用，注意教学内容的价值取向，同时也应尊重学生在学习过程中的独特体验。

　　语文是实践性很强的课程，应着重培养学生的语文实践能力，而培养这种能力的主要途径也应是语文实践。语文又是母语教育课程，学习资源和实践机会无处不在，无时不有。因而，应该让学生更多地直接接触语文材料，在大量的语文实践中体会、掌握运用语

文的规律,而不宜刻意追求语文知识的系统和完整。语文课程还应考虑汉语言文学的特点对识字写字、阅读、写作、口语交际和学生思维发展等方面的影响,在教学中尤其要重视培养学生良好的语感和整体把握的能力。

三、积极倡导自主、合作、探究的学习方式

学生是学习和发展的主体。语文课程必须根据学生身心发展和语文学习的特点,关注学生的个体差异和不同的学习需求,爱护学生的好奇心、求知欲,充分激发学生的主动意识和进取精神,倡导自主、合作、探究的学习方式。教学内容的确定、教学方法的选择、评价方式的设计,都应有助于这种学习方式的形成。

语文综合性学习有利于学生在感兴趣的自主活动中全面提高语文素养,是培养学生主动探究、团结合作、勇于创新精神的重要途径,应该积极提倡。

四、努力建设开放而有活力的语文课程

语文课程应继承语文教育的优秀传统,要面向现代化,面向世界,面向未来。应拓宽语文学习和运用的领域,并注重跨学科的学习和现代科技手段的运用,使学生在不同内容和方法的相互交叉、渗透和整合中开阔视野,提高学习效率,初步获得现代社会所需要的语文素养。

语文课程应该是开放而富有创新活力的,应当密切关注学生的发展和社会现实生活的变化,尽可能满足不同地区、不同学校、不同学生的需求,确立适应时代需要的课程目标,开发与之相适应的课程资源,形成相对稳定而又灵活的实施机制,不断自我调节、更新发展。

4.2 小学语文学科特点

从学科地位和作用的角度来看,小学语文学科具有基础性、人文性、工具性和实践性等特点。

一、基础性

小学语文知识的学前启蒙和正规的小学语文学科教育,是一个人接受教育的起点,是实施素质教育的重要基础。这一时期获得的语文知识,应对促进学生今后发展和终身学习产生重大影响。基础性的知识不在多而在于精,在于为学生以后的发展打下稳固的基础。根据我国多年的教学改革经验,根据小学语文教学规律和学生的发展需要,小学语文学科总的基础目标可做如下概括:

(1) 汉字:掌握汉字的基本笔画名称、笔顺规则、间架结构和常见部首。一年级应认识 1 000 个左右高频字,其中 400 个左右会写;二年级应认识 2 000 个左右高频字,其中 1 000 个左右会写;五年级后应认识国家颁布的全部 2 500 个常用字和 500 个左右的次常

用字,其中2 500个左右会写。能用铅笔、钢笔(能用毛笔更好)正确书写,并有一定的速度。

(2) 拼音:掌握所有汉语拼音声母、韵母和整体认读音节的读音,熟悉书写规则和拼音方法。认识大写字母。

(3) 词汇:掌握全国统编小学语文教材中由常用字构成的约8 000个常用词语(含成语)。

(4) 语法:知道汉语中的名词、动词、形容词、代词和数词、量词、副词、连词等基本词类的一般特点。了解汉语基本句子的形态,知道一般复句的基本结构。

(5) 作文:知道简单记叙文、最常见的小议论文、应用文和诗歌的基本样式及特点;熟悉一般的表达方法和最基本的文章结构方法。能在规定时间内写一篇内容具体、中心明确、条理清楚的文章,语句通顺、思想健康、立意新颖,有真实感受。知道常见标点符号的规范用法,会正确书写。

(6) 朗读、背诵、说话:能用普通话正确、流利、有感情地朗读课文,懂得轻读、重读和适当停顿;在课内和课外应有100万～120万字的阅读总量,懂得常用语文工具书的查法;能熟练背诵指定的名篇佳作,至少能记住100篇可作为范例的文章;在当众发言前,能记住讲话的主要内容及其顺序等;能用普通话当众回答问题或与人交流,能连贯、得体地表述一个完整的意思。

如果说,一个小学生能全面达成以上目标,即可认为其语文基础已够扎实,除此之外的知识就是非基础的语文知识。在教学过程中,根据学生的发展需要,适当增加一些必要的非基础的知识是可以的,但在课程和教材中若随意增加非基础的内容和要求,就会造成小学生学习负担过重,降低课堂教学效益。相反,在我们的课程和教材中,如有一些必要的基础知识经常被忽视的话,无疑也会影响学生将来的发展。

二、人文性

从学科联系和学科德育的角度来看,小学语文课程和教材首先关注的是人类悠久、灿烂的文化,是儿童的健康成长与发展,特别是对他们人文情感的熏陶。多年来,我们见到的各种小学语文教材的语言中无不充满了人类丰富、美好的情感,在选作课文的童话、诗歌、散文、小说里,在编者精心设计的练习里,在与学生的任何语言交流中,甚至在大多数实用文体中都或多或少地流露出人类应有的美好情感。如果说,文以载道的"道"中除了政治思想内容之外,还应包含人类所有灿烂文化和美好情感的话,那么,文以载"文(文化)"或文以载"情"则是语文学科的一个显著特点。在语文教学中,教师必须创设文化情境,以文传情、以情激情、以境陶情,才可能以文教人、以情感人,以健康、优美、高尚的人文情境育人。只有工具性而没有人文性的语文课是不可思议的,事实上也几乎是不存在的。

语文课程和教材除了要使学生获得语文知识和能力外,还应使其达成以下几个基本方面的人文目标:

(1) 知道我们伟大祖国是一个具有悠久历史和灿烂文明的国家,知道中国在世界上是一个重要的发展中国家,同时又是一个人口众多、资源相对贫乏的国家。应初步具有热爱社会主义祖国和人民,爱护人类赖以生存的自然环境,热爱祖国优秀文化的情感。

(2) 知道集体生活的重要性,初步具有为集体服务的义务感、责任感和荣誉感,热心参与适合儿童参加的公益活动;初步具有坦率、真诚、合群的性格和乐于助人的高尚情怀。

(3) 初步具有热爱学习,并善于在实践中、劳动中学习,向优秀人物学习的品质和审美情趣,初步具有尊重事实、尊重科学的态度,初步具有良好的意志品质和学习习惯。

(4) 对自然美和人格美具有一定的感受力,初步具有健康的审美观。

(5) 自尊、自信、自律、自强,懂得爱惜自己的声誉,自觉规范自己的行为;相信只有通过学习和努力,自己所预期的目标才有可能实现;明白任何人的帮助都是暂时的和有限的,都不能代替自己的努力。

我们若在小学语文课程和教材编写中紧紧抓住上述人文目标,就能不断给学生以学习动力,也抓住了教学生学会做人的根本。

三、工具性

小学语文只具有部分工具性。首先,因为语文学科的所有领域和所有语文产品确实并不都有工具性。一般地说,如果不是在打比方,小说、诗歌等文学作品中所塑造的人物形象,那些催人泪下的情节和美好、独到的意境不具有这种工具性,其所具有的主要是形象性和思想情感的感染性;在《人民日报》等媒体上发表的新闻、社论等所表现出来的政治态度和思想倾向也不具有这种工具性,有的只可能是舆论本身所具有的工具性,而不等于我们常说的那种语文工具性。从某种意义上讲,似乎只有语文工具书才具有语文工具性,而实际上语文工具书和小学语文教材一样,所应具有的只是典范性和可查找性。尽管上述这些离开了语言文字,一切就会化为乌有或根本什么都谈不上,但是,这就如同任何一部自然科学著作或一部哲学著作离开语言文字这个载体,同样也什么都谈不上一样,其中那些重要的研究成果和科学精神并不等于语言文字。我们这里所说的语文,主要是指人们通过学习才能获得的,用来从事下一步学习、工作和交际的语言文字材料本身。换句话说,语文这个工具常常仅限于语文形式或语言文字材料这一半。

其次,我们长期以来一直把语言文字看作思维和表达的工具,而不看作思维和表情达意的材料。殊不知,从语言文字所具有的功能来看,语言是思想的直接显示,是思想、文化的载体;文字是语言的外壳,主要体现的是材料性而非工具性。写文章、说话犹如盖楼,语言文字基本上起着砖瓦和预制件的作用而不是瓦刀的作用。因此,与其说语言文字是基础工具,还不如说语言(有时包括文字)是材料和载体更为切合实际,这是说语文只有部分工具性的又一个原因。

四、实践性

从语文教学和语文学习的过程来看,记住语文的实践性特征更为重要。小学语文学科知识、技能和方法只有通过不断实践才能逐步掌握。学生离开了丰富多彩的语文实践活动,即便在语文课上能够学到一些知识,也因不能运用而无法巩固和转化为语文能力。小学语文教学必须以语文实践和语感培养为基础,把默读、朗读、背诵、说话、书写、作文六项主要语文技能作为学生练习和实践的基本点。多年来,人们一直像对待外语一样,把语文技能分解成"听""说""读""写"四大项,但实践证明,"听"作为一种重要的学习途径和通用能力,并不能像"读、背、说、写"那样形成可灵活运用的语文技能技巧。对于儿童在学前阶段就早已听懂、听熟的母语来讲,"听"的训练基本上仅囿于"注意听"的范畴。过去我们对于"听"的所有切实可行的要求,几乎都是通过"注意"来解决的。"听"对于学习语文的要求也是如此,对于学习其他任何知识,都概莫能外。相反,"听"也不是最重要的学习方式。正如语文老师常对学生说的:"你只是听,所以你忘了;而你读过了,所以你记住了;你运用了,所以你理解了。"因此,应强化朗读、背诵、说话、书写和作文在语文实践中的地位,借以促进倾听、观察、归纳、联想和想象等一般学习能力的提高。小学语文实践只有技能还远远不够,还必须注意用于实践的一般能力的培养。简述如下:

(1)听话能力:作为一种注意的能力,应能做到专心倾听他人讲话,听清音节、听准音调、听懂意思;听记一段话时,不遗漏主要内容。

(2)观察能力:观察细致,能按照合理的观察顺序观察;善于发现事物的特点和事物之间的联系。

(3)读解能力:知道阅读、感知和归纳一段话或一篇文章主要内容的基本步骤。

(4)联想和想象能力:善于即时联想,想象比较丰富,能把分散而有一定联系的知识条理化和结构化。

(5)创新能力:初步具有创新意识,凡事都有好奇心,善于自主学习和独立思考,善于提出问题、归纳问题和选择计划,形成可行的实践思路。看问题不墨守成规,敢想并敢于动手操作。

语文课程和教材要使学生达成上述能力目标,就必须创设让学生能主动探索、自学自练和自主评价的问题情境,必须以培养语文表达、传承和交际能力为重点。事实上,儿童的聪明才智大多是在其自主的语文实践活动中发展起来的。

4.3 小学语文学科教学目标和教学设计要求

一、小学语文学科教学总目标

(1)在语文学习过程中,培养爱国主义、集体主义、社会主义思想道德和健康的审美情趣,发展个性,培养创新精神和合作精神,逐步形成积极的人生态度和正确的世界观、价值观。

(2)认识中华文化的丰厚博大,汲取民族文化智慧。关心当代文化生活,尊重多样文化,吸收人类优秀文化的营养,提高文化品位。

(3)培育热爱祖国语言文字的情感,增强学习语文的自信心,养成良好的语文学习习惯,初步掌握学习语文的基本方法。

(4)在发展语言能力的同时,发展思维能力,激发想象力和创造潜能。学习科学的思想方法,逐步养成实事求是、崇尚真知的科学态度。

(5) 能主动进行探究性学习,在实践中学习、运用语文。

(6) 学会汉语拼音,能说普通话。认识3 500个左右常用汉字。能正确工整地书写汉字,并有一定的速度。

(7) 具有独立阅读的能力,学会运用多种阅读方法。有较为丰富的积累和良好的语感,注重情感体验,发展感受和理解能力;能阅读日常的书报杂志,能初步鉴赏文学作品,丰富自己的精神世界;能借助工具书阅读浅易文言文。背诵优秀诗文240篇(段)。九年课外阅读总量在400万字以上。

(8) 能具体明确、文从字顺地表述自己的见闻、体验和想法。能根据日常生活需要,运用常见的表达方式写作。

(9) 具有日常口语交际的基本能力,学会倾听、表达与交流,初步学会文明地进行人际沟通和社会交往。

(10) 学会使用常用的语文工具书。初步具备搜集和处理信息的能力。

二、小学语文学科教学设计要求

新课标要求全面提高学生的语文素养,要求学生扩大知识面,要求课堂教学中师生互动等;同时,根据新的语文能力实践系统,致力于学生语文综合素质的提高,促进语文课程的呈现方式和学生学习方式的转变。对于小学语文教学来说,既要转变教的方式,又要转变学的方式,培养和形成"自主、合作、探究"的学习方式。在这两个转变中,教的方式转变是主要矛盾,教的方式转变,学的方式也随之转变。学的方式转变可以理性地在课堂中呈现,证明教的方式转变以及教师新理念的真正树立。把课标学习与教材教法研究结合起来,要钻研新教材,理解和把握新教材,用好新教材,要重视教学反思的研究和收集,要牢记验证课标和检验教材的实验任务。在教学实践中,力求打破传统封闭、单项、机械的教学模式,主要应采取以下几点做法:

(1) 认真学习新课标,深入领会《语文课程标准》的精神实质,切实转变观念,克服以往在语文教学中忽视学生的主体地位、忽视人文精神和科学精神的培养、过分追求学科知识系统的错误倾向,真正确立语文教育的新理念,通过教学任务的完成,全面提高学生的整体语文素养,注重提高学生的语文实践能力,积极倡导促进学生主动发展的学习方法,拓宽学习和运用的领域,注重联系生活,跨学科的学习和探究式学习,使学生获得现代社会所需要的终身受用的语文能力。

(2) 必须从整体上把握实验教科书,弄清其编写意图、体系特点,教科书与《课程标准》、教科书各内容之间的内在联系,以及教科书各种编辑设计的意图和着力点,以在备课和教学活动中准确设定教学的重点,找准达到《课程标准》提出的课程目标的落脚点,有效地实施语文教学。

(3) 在准确把握教科书编辑思想的基础上,从本班、本校、本地的实际出发,根据学生的年龄特征和不同教学内容,创造性地、灵活地选择和运用教科书的各种设计,采取合适的教学策略,把读写听说和综合实践活动落到实处。大力改进课堂教学,提倡启发式、讨论式教学,积极开发课堂学习资源和课外学习资源,沟通课堂内外以及平行学科,创造性地开展各种活动,增加学生语文实践的机会,让学生在实践中丰富语言积累,掌握学习方法,提高基本技能,接受熏陶感染,养成良好的学习习惯,打下扎实的语文基础。鼓励学生采用各种手段扩大阅读面,增强学生在一切场合学语文、用语文的意识,积极参加各种课改活动,促进学生语文素养的整体提高。

4.4 小学语文说课稿模式

各位评委老师,大家好!

我今天说课的题目是_____。

下面我将从说教材、说教法和学法、说教学过程、说板书设计和说教学评价五个方面进行说课。

一、说教材

_____是_____教版_____年级(上/下册)第_____单元的第_____篇课文。该单元以"_____"为主题进行展开。《_____》是_____(文章体裁),主要写了_____(内容),表达了_____(中心)。课文最大的特色是(语言简练、层次清晰;描写生动、细致,充满诗情画意……)。

根据新课标对该学段语文教学的要求和本文的内容特点,结合学生的实际情况,我确定本课的教学目标如下:

(1)知识目标:能正确读写本课要求掌握的生字词(能正确、有感情地朗读课文;把握文章主要内容,抓住重点语段,品味重要词句所包含的思想感情……)。

(2)能力目标:通过研读课文,培养学生敢于质疑、收集处理信息和解决问题的能力,初步学会探究性学习。

(3)情感态度价值观目标:引导学生从生活经历与体验出发,通过有感情地朗读课文,感受_____(培养_____,喜爱_____)。

考虑到学情实际,再加上本文的突出特点,为了落实本课的教学目标,我把教学重、难点确定为:紧扣课文语言文字,抓住关键词,着重体会_____。

二、说教法和学法

语文课程标准要求:学生是学习和发展的主体。为让学生充分理解本课教学内容,结合学生阅读实际,教学中我主要选择学生参与式的教学模式,采取朗读感悟法、想象感悟法、情境教学法、评价激励法、问题探究法等教学方法,辅以现代教学手段,使学生积极参与到教学活动中来,乐于学,勤于思。

(1)朗读感悟法:结合本课的语言特色,以读代讲,以读促学,通过自读自悟让学生在读中思、读中悟,充分感受课文的语言美、意境美。

(2)想象感悟法:在本课的教学中,力求挖掘教材的空白处,开启学生想象的闸门。

(3) 情境教学法：有情有趣方是教学。我借助现代化的教学手段，利用图画、语言、音乐来再现、描绘和渲染情境，使学生在情境中理解课文语言，提高审美情趣。

(4) 评价激励法：在本课的教学中，我给学生充分的阅读时间和开放的阅读思维空间，只要言之有物、言之有理，都给予认可与鼓励。

除了以上方法外，在本课的教学中，还穿插了自主探究、合作学习等方法，力求使学生在读中受到情感的熏陶，在实践中学习语言，在品味中积累语言，在体会中掌握方法。

三、说教学过程

围绕本课教学目标、教学重点和难点，根据"教师主导—学生主体—训练主线"的原则（紧紧抓住课文的主要内容，依据教材本身的特点，以充分发挥学生的主体性为宗旨，让学生边学、边悟、边总结、边创造，达到巩固知识和培养能力的目的。）从以人为本的教育理念出发，按照学生的认知规律，设计以下五个教学环节：

1. 创设情境，激趣导入

（激情导入、课件导入、图片导入、分析题眼、质疑课题、实物观察等方式，课前搜集资料……）

兴趣是最好的老师。小学生的情感极易受环境气氛和他人情绪的感染。

基于这点，开课之初，我首先通过多媒体营造气氛，将学生带入情境，为课文的学习奠定情感基础，进而拉近学生与课文的时空距离。然后揭示课题，简要阐述课文内容，顺势进入第二环节。

2. 初读课文，整体感知

新课标明确指出："阅读是学生个性化的行为，要让学生充分地读，在读中整体感知。"

因此，在导入新课后，我先让学生大声、自由朗读，把自己最喜爱的语句多读几遍，适时对某些容易读错写错的生字词语进行个别指导。同时提出问题："你读懂了什么？告诉老师你是怎样把课文读正确、读流利的？"这样做，目的是让学生在初读课文时有一个整体的感知，理清课文写作思路，为接下来的研读赏析、体验情感做好铺垫。

3. 研读赏析，体验情感

叶圣陶说：语文教学的最终目的就是让学生自己能读书，不待老师讲。鉴于此，在本环节中，我首先挑选几个学生分段朗读课文，此时其他学生边听边勾画关键词句，培养学生自主学习的能力。朗读过后，让学生分组讨论交流，归纳出本课的生字、词语和重点句子，并让学生议一议："这篇文章可以分为几个部分？每个部分分别讲了什么？给你印象最深的是哪一部分？"（让学生用自己的话把事情发生的起因、经过、结果清楚地说出来，既理清文章脉络又训练了学生的语言表达能力、概括能力）力图使学生在反复朗读和讨论交流中对课文有所思、有所悟。

紧接着，让全体学生品读重点词句，并借助多媒体展示课前预设的内容，适时加以引导和阐述，让学生图文结合地品味和理解本课重点词句。如读到"＿＿＿＿"时，用多媒体展示＿＿＿＿的画面。这一幅幅画面，不仅将学生带入＿＿＿＿的情境之中，还能帮助他们更好地理解"＿＿＿＿""＿＿＿＿""＿＿＿＿"等词语，从而体会文章的意境美，领会作者表达的特点。

最后,借助多媒体再次展示一组配乐的画面,引读课文,使学生与文本、读者与作者再次产生共鸣,身临其境地体会作者的感受,激起他们对_____的感情。

总之,这一系列的"读、悟、议、赏",让学生在循序渐进的学习中加深理解和体验,有所感悟和思考,从而受到情感熏陶,获得思想启迪,最终达到突出教学重点、突破教学难点的目的。

4. 总结评价,拓展延伸

新课标指出:学生带着疑问走出课堂是学生可持续发展和终身发展的必需。因此,在对课文做出总结和评价后,我通过问题引导学生进行知识延伸,让学生想一想:_____?这个问题,能再一次激发学生的思维,培养学生的语文能力。

以"情"延伸课堂内容,使学生感到课虽然结束了,但学习是无穷尽的。在学完课文后,我设置了让学生看生活中_____的图片,如_____等,再次启发学生结合自己的生活实际,说一说:_____。引导学生在生活中学语文,在生活中用语文。

5. 安排作业,复习强化

一堂课的结束并不意味着学习活动的完结,而应该以此为一个新的起点,激发学生进一步学习的热情。

本课计划安排两道课后作业:

(1) 将本课中自己喜欢的优美词句摘抄到专用小笔记本上;

(2) 根据课文内容,画一幅_____画(编排一个课本剧……)。

以上是我对教学过程的安排。

四、说板书设计

根据课文内容和特点,我设计了这样的板书:_____。

该板书力求让学生抓住课文的内容主线,表现作者的写作思路(思想感情),简单明了。

五、说教学评价

总之,通过朗读、讨论、交流合作以及多媒体展示等师生双边活动,绝大部分学生能积极参与到教学活动中来,认知生字,读懂新词,交流讨论,不同层次的学生均有收获,同时力求让学生能发现问题、提出问题和解决问题,我设想能实现本课的教学目标。

以上就是我今天说课的全部内容,谢谢各位评委老师!

4.5 小学语文说课案例

"九色鹿"说课稿

各位评委老师:

大家好!

我今天说课的题目是苏教版小学《语文》四年级上册第22课"九色鹿"。下面我将从说教材分析、说教法学法、说设计思路、说教学过程、说板书设计、说教学反思等几个方面进行说课。

一、说教材分析

从教材看,本单元以"诚信"为主题。"九色鹿"作为本单元的第三课,是一篇民间故事,主要讲九色鹿救了一个落水人,落水人发誓永远不说出九色鹿的住处,但是在金钱面前,落水人背信弃义,出卖了九色鹿,最后受到了应有的惩罚。

从学情来看,四年级学生有一定的阅读思考能力,对故事中的人物有比较主观的评价能力,对学习这类课文有一定的兴趣。

根据这样的分析,我将本课的教学目标定位如下:
(1) 能正确、流利、有感情地朗读课文;
(2) 学会本课10个生字,理解由生字组成的词语,能用"竟然"和"只好"造句;
(3) 理解课文内容,懂得做人要恪守诚信的道理。

教学重点:把握文中三个重要角色——九色鹿、调达、国王,分析各自特点。

教学难点:领悟九色鹿的美好品质,谴责调达背信弃义、恩将仇报的可耻行径。

二、说教法学法

为使学生充分理解本课教学内容,教学中,我主要选择朗读法、讨论法、探究法等教学方法,辅以现代教学手段,使学生积极参与到教学活动中来,乐于学、勤于思。在学法指导上,主要采用的是朗读感悟法和想象感悟法,培养学生的阅读理解能力和想象思维能力。

三、说设计思路

在教学过程中,我力求用问题引导学生。以"调达到底是怎样一个见利忘义、背信弃义、恩将仇报的人"为主线,进入课文的学习。在教学过程中,为学生创设了理解语言、运用语言的情境,把更多的时间给学生读和说,让学生融入文本,在理解语言文字的过程中去感受、领悟人物形象。

四、说教学过程

第一课时

基于以上对课文的理解,我将本课时的教学过程确立如下:

1. 导言、揭题——走进文本

同学们,在我国甘肃敦煌莫高窟,有着许多美丽的壁画,其中保存最完整的是"九色鹿"。"九色鹿"取材于一个美丽的传说。今天我们就一起走进这个古老的民间故事。

(板书,齐读课题)

【设计意图:富有情感的导语,就像师生之间一座沟通心灵的桥梁。通过桥梁,师生的心拉近了。】

2. 自由练读,整体感知——读通课文

(1) 初读要求：边读边圈出生字词语，读准字音，读通课文，遇到难读的句子多读几遍。

【设计意图：著名特级教师于永正说过："书不读熟不开讲。"】

(2) 检查生字词语

  调达 发誓 泄露 皇榜

  发财 气愤 暴露 斥责

  灵魂肮脏 残害无辜 背信弃义

在读音方面，重点强调"誓、斥"是翘舌音。

在字形方面，重点指导"魂、辜"字的书写。

在字义方面，引导学生理解"誓"上面是个"折"，下面是个"言"。古人起誓是十分郑重的事，常常手拿枝条，说完后就把枝条折断，意思是如果说话不算话，就会像这根枝条一样遭到恶运。

(3) 根据出示的词语，概括课文的主要内容。

板书：

$$九色鹿 \underset{害}{\overset{救}{\longleftrightarrow}} 调达$$

【设计意图：从全局出发了解课文全貌，把握文章的脉络，更有利于学生理清文章的叙事线索。】

3. 课堂小结，总结学法

(1) 为什么九色鹿救了调达，而调达却要害九色鹿呢？下节课，我们将继续学习。

(2) 这节课，我们学了什么？你能说说吗？

【设计意图：安排学生提前阅读、思考，为后续学习做好准备；总结学法，为今后的阅读人生设色。】

第二课时

我设计了以下五项活动内容：

1. 复习词语，概括大意

(1) 出示词语

  救命之恩 千恩万谢 知恩图报

  见利忘义 背信弃义 恩将仇报

(2) 通过上节课的学习，谁能简要地说说课文讲了一个什么故事？

【设计意图：成语的出现，既学习巩固了字词，又将文章的脉络再次做了梳理。】

2. 精读文本，感悟形象

(1) 自由读文，初悟形象

在这篇课文中出现了哪几个人物？（板书：九色鹿、调达、国王、王妃）

自由读课文2～9小节，想想他们分别给你留下了什么印象？你喜欢谁，不喜欢谁？读的时候画出相关的语句。

(2) 感悟九色鹿的形象

我喜欢九色鹿,因为(勇敢、善良、不图回报……)。从哪里看出来的?
课件出示:
(1)突然,耳边传来"救命啊,救命!"的呼喊,只见一个人在汹涌的波涛中奋力挣扎。九色鹿立即纵身跳进河中,将落水人救上岸来。
(2)九色鹿打断了调达的话,说:"我救你并不是要你做我的奴仆。快回家吧。只要你不向任何人泄露我的住处,就算是知恩图报了。"
【设计意图:让学生有感情地朗读、设身处地地感受,领悟九色鹿勇敢、奋不顾身的美好品质。】

3. 感悟调达的形象
(1)课件出示:
落水人名叫调达,得救后连连向九色鹿叩头,感激地说:"谢谢你的救命之恩。我愿永远做你的奴仆,终身受你的驱使!"
调达郑重起誓,决不说出九色鹿的住处,然后千恩万谢地走了。
(2)请同学们看图,想象一下,当时他会怎么向九色鹿起誓?(出示誓言)
我发誓:_____
【设计意图:语文是实践性很强的课程,结合生活经验,进行想象,体会调达唯利是图的丑恶心理。强调学生巧用课本上的词语和句子,意在进行语言的内化,构建学生更完善而丰富的语言系统。】

4. 痛斥小人,提升形象
我们来看看九色鹿是怎样斥责调达的。
课件出示:
九色鹿非常气愤,指着调达说:"陛下,您知道吗? 正是这个人,在快要淹死时,我救了他。他发誓永不暴露我的住地,谁知他竟然见利忘义! 您与这种灵魂肮脏的小人一起来残害无辜,难道不怕被天下人笑话吗?"
【设计意图:课标提倡"加深理解和体验""有所感悟和思考""受到情感熏陶"。遵循这一理念,设计了感情朗读、引导学生设身处地去想象、感受、体验故事中角色的真与善、美与丑,从而让他们的思想得到升华。】

5. 拓展训练,升华"诚信"
(1)学习了这篇课文,你一定会有很多感受。在生活中,你要做个什么样的人,拿笔写下来。
(2)课件出示诚信名言:
人的最大美德莫过于诚信。
诚信是人之根,业之本。
人无信不立;言必信,行必果。

五、说板书设计

在板书设计方面,前人有太多的至理名言和特点体现:少则得,多则惑。画龙点睛、提纲挈领……就是说好的板书应该反映出教学内容的系统、重点和层次;少而精;简洁扼要,便于归纳、总结、概括……

据此,本课的板书设计如下:

第一课时板书设计:

$$九色鹿 \xrightleftharpoons[害]{救} 调达$$

第二课时板书设计:

　　　　九色鹿　　调达
　　　　见义勇为　见利忘义
　　　　不图回报　背信弃义
　　　　　　誓守诚信

其中,第一课时板书的设计意图是,帮助学生了解课文全貌,把握文章的脉络,整体感知课文。第二课时板书的设计意图是,帮助学生感悟九色鹿和调达的形象。这样的设计应该会取得预期的教学效果。

六、说阅读延伸

推荐学生阅读《曾子杀猪》《韩信报恩》等诚信小故事。

七、说教学反思

总之,这两节课,我想要充分体现学生学习的自主性、独创性,在自由、有序、愉悦的课堂活动中积极思维,大胆表达,认真倾听,敢于质疑,乐于探究,善于合作,充分发挥课堂的效能,使学生的语文素养得到整体提升。

案例评析

1. 总体评价

总的来看,"九色鹿"说课比较全面,介绍到了每一个点,但是部分环节稍欠具体,有些地方介绍不够清晰。

教学流程和学习方法,介绍清楚,但对于教学内容和学情分析,不是很具体,尤其是学生的整个知识体系和能力体系,不够明确;关于教学内容在知识体系和能力体系中的作用,体现不够。

2. 具体评价

(1) 教育理念

体现了高效课堂理念,突出新型的师生关系和学习方式的转变,注重科学精神、人文精神、创新精神的渗透和培养。

知识和技能、过程和方法、情感态度和价值观三维教学目标能够自然融合,但表述不够具体到位,比如10个生字并未列举,至少也应列举三个,再加上"等等"字样。

(2) 学科知识

准确、熟练、系统，无科学性错误；重、难、关键点把握精准，但学科语言尚欠严谨缜密，比如在第一课时的导言、揭题环节接连出现"甘肃敦煌莫高窟、美丽壁画、美丽传说、古老民间故事"四个词语，本想表达它们是一回事，但表达出来的却是另外一回事，无形中加大了学生听说和理解的压力；教学设计科学合理，符合教学原则。

(3) 教材把握与学情分析

能正确把握教材的地位、作用及纵横联系；教学目标明确，重点、难点突出；能客观分析学情，把握学生认知规律，但比较概括笼统，未能注意到学生发展的不均衡和尊重学生个体的差异性。

(4) 教学过程与教学方法

创设情境，导入方法自然、新颖；教学方法灵活多样，教学环节安排科学合理；师生互动，合作交流，体现主体作用；恰当使用多媒体辅助教学；作业练习设计合理，符合高效课堂要求；特别是评价方法能促进学生的进步与发展；但教学环节安排有疏漏，比如用生字组词环节、用"竟然"和"只好"造句环节等在教学过程中都没有呈现。有些活动，还可优化出新的空间，比如拓展训练，升华"诚信"活动中，完全可以布置学生课前搜（收）集关于诚信的至理名言，在课堂上展示，既调动了学生的兴趣，培养了动脑动手能力，又能加深学生对诚信做人重要意义的认识。

(5) 基本能力与素质

说课稿思路清晰、语言规范，板书设计合理，尤其是第一课时的板书设计，从全局着眼，概括了课文全貌，有利于学生很好地把握文章的脉络，理清文章的叙事线索。在说板书设计环节，倘若能将第一、二课时的板书设计成一个和谐的整体，会更利于学生对课文的整体把握。

课后练习

1. 简述小学语文学科的课程理念、目标及性质。
2. 说出小学语文学科的基本特点。
3. 选取小学语文课本低、中、高三个不同题材分别撰写说课稿。

第五章 小学数学学科说课

※ 学习目标：

1. 理解小学数学学科的课程理念、目标及性质。
2. 知道小学数学学科的基本特点。
3. 掌握小学数学学科说课稿的一般结构。
4. 会撰写小学数学不同题材的说课稿。

5.1 小学数学学科新课程理念

义务教育阶段的数学课程应突出体现基础性、普及性和发展性，使数学教育面向全体学生，实现：

——人人学有价值的数学；

——人人都能获得必需的数学；

——不同的人在数学上得到不同的发展。

数学是人们生活、劳动和学习必不可少的工具，能够帮助人们处理数据、进行计算、推理和证明，数学模型可以有效地描述自然现象和社会现象；数学为其他科学提供了语言、思想和方法，是一切重大技术发展的基础；数学在提高人的推理能力、抽象能力、想象力和创造力等方面有着独特的作用；数学是人类的一种文化，它的内容、思想、方法和语言是现代文明的重要组成部分。

学生的数学学习内容应当是现实的、有意义的、富有挑战性的。这些内容要有利于学生主动地进行观察、实验、猜测、验证、推理与交流等数学活动。内容的呈现应采用不同的表达方式，以满足多样化的学习需求。有效的数学学习活动不能单纯地依赖模仿与记忆，动手实践、自主探索与合作交流是学生学习数学的重要方式。由于学生所处的文化环境、家庭背景和自身思维方式的不同，学生的数学学习活动应当是一个生动活泼的、主动的和富有个性的过程。

数学教学活动必须建立在学生的认知发展水平和已有的知识经验基础之上。教师应激发学生的学习积极性,向学生提供充分从事数学活动的机会,帮助他们在自主探索和合作交流的过程中真正理解和掌握基本的数学知识与技能、数学思想和方法,获得广泛的数学活动经验。学生是数学学习的主人,教师是数学学习的组织者、引导者与合作者。

评价的主要目的是为了全面了解学生的数学学习历程,激励学生的学习和改进教师的教学,因此应建立评价目标多元、评价方法多样的评价体系。对数学学习的评价不仅要关注学生学习的结果,更要关注他们学习的过程;不仅要关注学生数学学习的水平,更要关注他们在数学活动中所表现出来的情感与态度,帮助学生认识自我、建立信心。

现代信息技术的发展对数学教育的价值、目标、内容以及学与教的方式产生了重大的影响。数学课程的设计与实施应重视运用现代信息技术,特别要充分考虑计算器、计算机对数学学习内容和方式的影响,大力开发并向学生提供更为丰富的学习资源,把现代信息技术作为学生学习数学和解决问题的强有力工具,致力于改变学生的学习方式,使学生乐意并有更多的精力投入现实的、探索性的数学活动中去。

5.2 小学数学学科特点

义务教育阶段的数学课程,其基本出发点是促进学生全面、持续、和谐地发展。它不仅要考虑数学自身的特点,还要遵循学生学习数学的心理规律,强调从学生已有的生活经验出发,让学生亲身经历将实际问题抽象为数学模型并进行解释与应用的过程,进而使学生获得对数学理解的同时,在思维能力、情感态度与价值观等多方面得到提高和发展。结合小学生身心发展的特征和智能发展水平,小学数学学科应具备以下特点:

一、小学数学是学生自己的数学

小学数学知识是学生借助已有的生活经验通过具体活动产生的;数学教学要向学生提供探索、讨论、实践、调查和解决问题的各种机会,其基本方式不应该是"授予",而是"引导",给学生的思考和发展留下充分的空间,使学生真正成为学习活动的主人;数学学习不再是单纯的记忆、模仿和训练,而是自主探索、合作交流与实践创新等多种形式的学习;数学课堂应由单纯的知识传授的殿堂转变为学生主动从事数学活动的场所;数学教师应由单纯的知识传授者转变为学生数学学习的组织者、引导者和合作者。

二、小学数学是生活化的数学

从儿童的生活经验来看,数学学习不再是局限于教室中的活动,而是一种社会性的活动。学生的生活环境及任何一个活动场所都应该作为数学学习的课堂。校外的买卖活动、房屋的建造备料、面积的估计测量都含有丰富的数学问题和知识。学生数学学习的内容应当是现实的、生活化的、有趣的和富有挑战性的,这些内容有利于学生观察、实验、猜测、验证、推理、交流等能力的培养。

三、小学数学不同于科学数学

（1）目的不同。作为科学的数学以揭示数量关系和空间形式为目的，往往通过逻辑推理形成数学理论，主要着眼点是精确阐明某些数学理论。小学数学不是为了构建一个逻辑体系，而是使学生乐学、活学，以促进学生的终身可持续发展为学校数学教育的基本出发点。数学教学的目的是促进学生学习数学知识，推动思维的发展，并对学生进行思想品德的教育。

（2）形式不同。数学科学中，需要对相关的定理和法则进行严格的推证，这是非常重要的。在小学数学中，有关的定理和法则往往不是以严格的证明方式呈现，而是借助观察，通过一些不完全归纳得出结论。小学数学必须从学生的智力结构特点和生活经验出发，逐步加深学生对数学的理解，如学生学习三角形知识时，可以让他们观察三角形纸片，并撕下三个角拼成180°，使学生了解三角形的内角和等于180°。

（3）起点不同。作为科学的数学，对所有的定理、法则都要严格论证。小学数学的认知起点往往不是逻辑公理，而是学生生活中的一些具体实例，如我们讲运算法则时，并不是从定义出发，而是从学生生活中的事例出发，然后总结法则和意义。

（4）小学数学是大众数学而非精英数学。大众数学的理念：首先，数学教育必须照顾到所有人的需求，以促进全体公民数学素养的提高；其次，在数学学习中，人人都能学有价值的数学，每个人都可以学习他所需要的数学，不同的人可以达到不同的数学水平，构筑不同的数学世界。数学教育应该为大众服务，满足全社会各领域的人对数学的不同水平的需求。

从以上四个角度看小学数学，实质上是强调数学与学生生活的本质联系；强调学生在数学学习中的主体作用，突出数学促进学生发展的功能；强调各种生活化的活动，启迪和诱导儿童的多种智能，为将来在不同领域充分展示其才能做好准备。

5.3 小学数学学科教学目标和内容要求

一、小学数学教学目标

小学数学教学目标为：① 能够获得适应未来社会生活和进一步发展所必需的重要数学知识（包括数学事实、数学活动经验）以及基本的数学思想方法和必要的应用技能。② 初步学会运用数学的思维方式去观察、分析现实社会，去解决日常生活中和其他学科学习中的问题，增强应用数学的意识。③ 体会数学与自然及人类社会的密切联系，了解数学的价值，增进对数学的理解和学好数学的信心。④ 具有初步的创新精神和实践能力，在情感态度和一般能力方面都能得到充分发展。

具体阐述如下：

（1）知识技能：① 经历将一些实际问题抽象为数与代数问题的过程，掌握数与代数的基础知识和基本技能,并能解决简单的问题。② 经历探究物体与图形的形状、大小、位置关系和变换的过程,掌握空间与图形的基础知识和基本技能,并能解决简单的问题。③ 经历提出问题、收集和处理数据、做出决策和预测的过程,掌握统计与概率的基础知识和基本技能,并能解决简单的问题。

(2) 数学思考:① 经历运用数学符号和图形描述现实世界的过程,建立初步的数感和符号感,发展抽象思维。② 丰富对现实空间及图形的认识,建立初步的空间观念,发展形象思维。③ 经历运用数据描述信息、做出推断的过程,发展统计观念。④ 经历观察、实验、猜想、证明等数学活动过程,发展合情推理能力和初步的演绎推理能力,能有条理地、清晰地阐述自己的观点。

(3) 问题解决:① 初步学会从数学的角度提出问题、理解问题,并能综合运用所学的知识和技能解决问题,发展应用意识。② 形成解决问题的一些基本策略,体验解决问题策略的多样性,发展实践能力与创新精神。③ 学会与人合作,并能与他人交流思维的过程和结果。④ 初步形成评价与反思的意识。

(4) 情感态度:① 能积极参与数学学习活动,对数学有好奇心与求知欲。② 在数学学习活动中获得成功的体验,锻炼克服困难的意志,建立自信心。③ 初步认识数学与人类生活的密切联系及对人类历史发展的作用,体验数学活动充满着探索与创造,感受数学的严谨性以及数学结论的确定性。④ 形成实事求是的态度以及进行质疑和独立思考的习惯。

以上四个方面的目标是一个密切联系的有机整体,对人的发展具有十分重要的作用,它们是在丰富多彩的数学活动中实现的。其中,数学思考、问题解决、情感态度的发展离不开知识技能的学习,同时,知识技能的学习必须以有利于其他目标的实现为前提。

二、小学数学的内容与教学要求

在各个教学段中,《标准》安排了四个方面的内容:"数与代数""图形与几何""统计与概率""综合与实践"。

(1) "数与代数"的主要内容有:数的认识,数的表示,数的大小,数的运算,数量的估计;字母表示数,代数式及方程。在"数与代数"的教学中,应帮助学生建立数感和符号意识,发展运算能力,树立模型思想。数感主要是指关于数与数量表示、数量大小比较、数量和运算结果的估计等方面的直观感觉。建立"数感"有助于学生理解现实生活中数的意义,理解或表述具体情景中的数量关系。符号意识主要是指能够理解并且运用符号表示数、数量关系和变化规律;知道使用符号可以进行一般性的运算和推理。建立"符号意识"有助于学生理解符号的使用是数学表达和进行数学思考的重要形式。运算是"数与代数"的重要内容,运算是基于法则进行的,通常运算满足一定的运算律。学习这些内容有助于理解运算律,培养运算能力。模型也是"数与代数"的重要内容,方程、不等式、函数等都是基本的数学模型。从现实生活或者具体情境中抽象出数学问题,是建立模型的出发点;用符号表示数量关系和变化规律,是建立模型的过程;求出模型的结果并讨论结果的意义,是求解模型的过程。这些内容有助于培养学生的学习兴趣和应用意识,体会数学建模的过程,树立模型思想。

(2)"图形与几何"的主要内容有:空间和平面的基本图形、图形的性质和分类;平面图形基本性质的证明;图形的平移、旋转、轴对称;运用坐标描述图形的位置和图形的运动。在"图形与几何"的学习中,应帮助学生建立空间观念。空间观念是指根据物体特征抽象出几何图形,根据几何图形想象出所描述的实际物体;能够想象出空间物体的方位和相互之间的位置关系;根据语言描述或通过想象画出图形等。直观与推理是"图形与几何"学习中的两个重要方面。几何直观是指利用图形描述几何或者其他数学问题,探索解决问题的思路,预测结果。在许多情况下,借助几何直观可以把复杂的数学问题变得简明形象。几何直观不仅在"图形与几何"的学习中发挥着不可替代的作用,并且贯穿在整个数学学习中。推理是数学的基本思维方式,是人们学习和生活中经常使用的思维方式,与直观一样,推理也贯穿在整个数学学习中。推理一般包括合情推理和演绎推理。合情推理是从已有的事实出发,凭借经验和直觉,通过归纳和类比等推测某些结果,是由特殊到一般的过程。演绎推理是从已有的事实(包括定义、公理、定理等)出发,按照规定的法则(包括逻辑和运算)验证结论,是由一般到特殊的过程。在解决问题的过程中,合情推理有助于探索解决问题的思路,发现结论;演绎推理则用于验证结论的正确性。

(3)"统计与概率"的主要内容有:收集、整理和描述数据,包括简单抽样、记录调查数据、描绘统计图表等;处理数据,包括计算平均数、中位数、众数等;从数据中提取信息并能判断简单随机事件发生的概率。在"统计与概率"中,帮助学生逐渐建立起数据分析的观念是重要的。数据分析包括:了解在现实生活中有许多问题应当先做调查研究、收集数据,通过分析做出判断,体会数据中是蕴涵着信息的;体验数据是随机的和有规律的,一方面对于同样的事情每次收集到的数据可能会是不同的,另一方面只要有足够的数据就可能从中发现规律;了解对于同样的数据可以有多种分析的方法,需要根据问题的背景选择合适的方法。在概率的学习中,所涉及的随机现象都基于简单事件:所有可能发生的结果是有限的,每个结果发生的可能性是相同的。"统计与概率"的内容与现实生活联系密切,必须结合具体案例组织教学。

(4)"综合与实践"是以一类问题为载体、学生主动参与的学习活动,是帮助学生积累数学活动经验的重要途径。针对问题情景,学生借助所学的知识和生活经验,独立思考或与他人合作,经历发现问题和提出问题、分析问题和解决问题的全过程,感悟数学各部分内容之间、数学与生活实际之间及其他学科的联系,激发学生学习数学的兴趣,加深学生对所学数学内容的理解。这种类型的课程对于培养学生的抽象能力和逻辑思维能力以及创新意识和应用能力是有益处的,还有利于培养学生的合作精神。合理地设计课程内容以及教学方法是达到教学目标的关键,既要考虑学生的直接经验,能够启发学生思考,也要考虑问题的数学实质,培养学生的数学素养。这种类型的课程对教师是一种挑战,教师应努力把握住问题的本质,能够引导学生思考;同时,教师又应努力帮助学生整理清楚自己的思路,指导学生以不同的形式展示自己的成果或报告自己的工作。这种类型的课程应当贯彻"少而精"的原则,保证每学期至少一次。它可以在课堂上完成,也可以将课内外相结合。

5.4 小学数学说课稿模式

各位专家评委,大家好!

今天我说课的课题是:_____(板书课题)。

一、说教材

1. 教材所处的地位和作用

本节内容在全书和章节中的作用是:_____是九年制义务教育小学《数学》实验教科书第_____册第_____章第_____节内容。此前学生已学习了_____基础知识,具备了_____学习能力,初步掌握了_____数学思想方法。这为过渡到本节内容的学习起到了铺垫作用,是本次课学习的起点和新知识的生长点。本节内容的学习将为以后的_____知识学习以及_____学科学习打下良好的基础,起到纽带和桥梁作用。

2. 教学目标

根据上述教材分析,考虑到学生已有的认知结构和心理特征,依据新课程标准的要求,制定如下教学目标:

(1) 知识目标:应知、应会。(结果目标使用"了解、理解、掌握、运用"等术语表述;过程目标使用"经历、体验、探索"等术语表述。)

(2) 能力目标:通过_____教学初步培养学生分析问题、解决实际问题、读图分析、收集处理信息、团结协作和语言表达能力;通过师生双边活动,初步培养学生运用知识的能力,培养学生加强理论联系实际的能力。(数学能力主要有数感、符号意识、空间观念、几何直观、数据分析观念、运算能力、推理能力和模型思想以及应用意识和创新意识。数学活动主要有参与观察、实验、猜想、证明、综合实践等。)

(3) 情感目标:通过_____教学引导学生从现实的生活经历与体验出发,激发学生学习兴趣,渗透思想品德教育。(数学情感目标描述主要有积极参与数学探究活动,对数学有好奇心和求知欲;在数学学习过程中,体验获得成功的乐趣,锻炼克服困难的意志,建立自信心;体会数学的特点,了解数学的价值;养成认真勤奋、独立思考、合作交流、反思质疑等学习习惯,形成实事求是的科学态度。)

3. 重点、难点以及确定依据

为了使学生能达到本节课预设的目标,从教材内容来看,我认为本节课的教学重点是:①_____,②_____,③_____。从学生认知水平和生活经验来看,本节课的教学难点是:①_____,②_____。

二、说教法、学法及教学准备

1. 根据本节课内容及学生特点,应着重采用_____等教学方法

小学数学课常用教学方法有谈话法、讲解法、练习法、尝试法、发现法、讨论法、探究

法、迁移法、类比法、直观演示法、情境教学法、动手操作法、启发引导法、问题解决法、目标导控法等。

教学方法及其理论依据(描述):坚持"以学生为主体,以教师为主导"的原则,根据学生的心理发展规律,采用学生参与程度高的教学法。在学生看书讨论的基础上,在老师启发引导下,运用问题解决式教法、师生谈话法和讨论法。在采用讨论法或问题解决法时,特别注重不同难度的问题,提问不同层次的学生,面向全体,使基础差的学生也能有表现机会,培养其自信心,激发其学习热情。有效地开发各层次学生的潜在智能,力求使学生能在原有的基础上得到相应的发展。同时,通过课堂练习和课后作业,启发学生从书本知识回到社会实践。提供给学生与其生活和周围世界密切相关的数学知识,学习基础性的知识和技能,在教学中积极培养学生的学习兴趣和动机,明确学习目的,老师应在课堂上充分调动学生的学习积极性,激发来自学生主体的最有力的内在动力。

2. 说学法(学情分析)

与中学生相比,小学生自控力、理解力和接受力要逊色很多。但是小学生有强烈的好奇心,凡事喜欢问为什么;生活与数学是紧密相关的,从实际生活中寻找例子引入课题,有利于激发学生的学习动力。具体做法:① 根据兴趣需求,激发情感动力。兴趣是最好的老师,要根据教学内容,最大可能地创设问题情景,调动学生的学习积极性。② 关注知识需求,满足求知欲望。小学生遇到问题往往急于知道答案,教学中通过师生交流,共同探索,让学生自己找到问题答案。③ 关注思维需求,促进思维发展。教学中要充分利用教学资源,注重内容的延伸与拓展,发展学生的思维能力。④ 关注认知误区,避免错误隐患。小学生的认知能力有限,学习中会出现这样那样的错误,教师要及时加以纠正。⑤ 关注书写规范,养成良好习惯。小学生的学习习惯对今后的进步与发展影响较大,教师要在各个教学环节中加以要求与培养。(小学生学习方法主要有善于观察、仔细分析、认真思考、动手操作、整理归纳、类比迁移、图形直观、自主阅读、尝试练习、合作交流、建立模型、探索质疑等。)

3. 教学准备

教具、学具;多媒体课件;音像播放;实物投影仪;网络视频。

三、说教学程序

为了突出重点,突破(化解)难点,实现教学目标,我对本节课的教学过程预设如下:

1. 创设情境,激趣导入

把教学内容转化为具有潜在意义的问题,让学生产生强烈的问题意识,使学生的整个学习过程成为"猜想"继而紧张的沉思,期待寻找理由和证明过程。在实际情况下学习可以使学生利用已有的知识与经验,同化和索引出学习的新知识,这样获取知识,不但易于保持,而且易于迁移到陌生的问题情境中。

2. 参与体验,探究新知

由实例得出本课新的知识点。根据各个知识点设计相应的师生活动过程,探究有关数学问题。设计活动要考虑学生的主体性、参与性、问题的层次性和数学学习过程的体验性。

3. 尝试练习，应用新知

在分析讲解例题时，不仅要让学生学会怎样解，更重要的是让学生知道为什么这样解，并且能及时对解题方法和规律进行概括总结，这样有利于培养学生的思维能力。课后练习使学生能自觉运用所学知识解决实际问题，从中总结提炼出解题思想方法。

4. 拓展延伸，内化提高

变式延伸，进行重构，重视课本例题，适当对题目进行引申与拓展，使例题的作用更加突出，有利于学生对知识的串联、累积与加工，从而达到内化知识、举一反三的效果。

5. 分层练习，总结提升

针对学生素质的差异进行分层训练，既使学生能掌握基础知识，又使学有余力的学生有所提高。总结结论，强化认识。知识性的内容小结，可把课堂教学传授的知识尽快内化为学生的素质；数学思想方法的小结，可使学生更深刻地理解数学思想方法在解题中的地位和应用，并且逐步培养学生良好的个性品质。

四、说板书设计

好的板书就像一份微型教案，此板书力图全面而简明地将授课内容传递给学生，清晰直观，便于学生理解和记忆，理清知识脉络。根据不同情况和需要，可以边说课边板书；也可以在说课结束后，在黑板上写出本节课的板书设计；如果可能，也可以将板书设计写在事先准备好的小黑板上，待说课结束后，呈现并做简要说明即可。小学数学板书设计一般采用提纲式板书、结构式板书、问题式板书、对比式板书和图文结合式板书等形式。

五、说教学评价

教学评价是教师进行教学反思的重要载体，是教师优化教学行为的最好形式，是说课者与听说者交流的有效平台，是提升说课者理论层次的不可缺少的环节。

数学说课活动的教学评价主要有预设教学目标是否达成；教学重点难点处理是否得当；教学手段方法运用是否合适；教学活动设计和学生的数学思维能力训练是否达到预期效果；因材施教和学法指导处理情况如何；数学思想方法引导、归纳和总结是否突出；数学教学资源开发与使用是否有效等。在说课评价过程中，还要有意识地评说说课者是否进行"立德树人"方面的教育。小学数学教材中有丰富的德育教育资源，在教学活动设计过程中，要根据具体教材特点，有针对性地对学生进行"爱国主义、民族精神、绿色生态、合作意识、节约奉献、探索真理、高尚品德"等方面的德育教育。

5.5 小学数学说课案例

"分数的基本性质"说课稿

尊敬的各位评委：大家好！（鞠躬）今天我的说课课题是"分数的基本性质"。下面我将从说教材、说教法学法、说教学流程、说板书设计和说教学评价等环节进行说课。

一、说教材

"分数的基本性质"是义务教育课程标准小学《数学》实验教科书五年级下册第六单元第一节课内容(例1、例2)。本节内容是在学生已经掌握了分数的意义和分数大小的比较的基础上进行教学的。学习本节内容对学生以后进一步学习约分、通分、分数四则运算以及分数应用题起到非常重要的铺垫作用。根据新课标要求以及本课在教材中的地位和作用,并结合学生的年龄特点和认知规律,我预设了如下教学目标:

(1) 知识与技能:通过参与学习活动,让学生理解并掌握分数的基本性质;能运用分数基本性质将一个已知分数化为指定分母的分数,大小不变;正确认识和理解变与不变的辩证关系;培养学生的观察能力、分析能力和抽象思维能力。

(2) 过程与方法:通过情景创设,引导学生运用实验、对比、归纳的方式,进行观察分析、合作交流,探索发现分数的基本性质。

(3) 情感态度与价值观:通过对分数基本性质的学习,让学生发现事物的本质特征,激发探究兴趣,体验数学学习活动带来的乐趣。

教学重点:掌握分数的基本性质。

教学难点:分数基本性质的应用,能把一个分数化成指定分母的分数。

二、说教法学法

1. 教学方法

五年级学生有一定的数学语言表达水平,有良好的数学思考习惯,具备较高的数学问题探究意识。所以本节课采用"讨论法""探究法"等教学方法。

2. 学习方法

数学学习的灵魂在于主体探究,教师要重视学法指导,通过各种手段让学生亲身体验知识形成的过程,从中发现规律和总结规律。本节课是五年级内容,高年级学生具有一定的数学基础和较好的语言表达能力,初步掌握了一些数学问题的探究方法。因此本节课采用"观察发现"与"合作探究"等学习方法。

3. 教具学具准备

多媒体课件,学生每人准备4张完全一样的长方形纸条和一支彩笔。

三、说教学流程

为了突出重点,突破难点,实现预定目标,我设计如下教学流程:

1. 创设情境,激趣导入

学生的学习动机和求知欲取决于良好的学习情境创建。兴趣是学习的最好老师,因此上课前,设计这样一个问题:先通过对商不变规律的回顾,建立新旧知识之间的联系,用猜想的方式激发学生的学习兴趣,通过创设妈妈分苹果的故事情境,增强解决问题的现实性。这样能使教材与学生之间建立相互包容、相互激发的关系,引导学生大胆自然地提出猜想,从而引出新课题。(板书:分数的基本性质)

2. 尝试探究,感悟过程

新课标强调,教学应以学生为主体,倡导自主探究式学习方式。让学生自己阅读课本第60页例1的内容(板书:例1),然后让学生用准备好的学具自己动手做实验,通过"涂一涂""比一比""议一议"等活动,让学生在活动中寻找答案,引导学生初步感悟分数基本性质的规律。这样的学习,既体现了学生在课堂教学中的主体地位,又培养了学生的独立思考能力。

3. 合作交流,内化提升

合作学习是新课改倡导的又一重要学习方式。在这一环节,将以分组的形式,让学生讨论交流,并比较以上几个分数的分子和分母的内在联系。鼓励学生从多个角度寻找规律,从中发展学生的个性,再引导学生概括出规律,并重点讨论"0除外"的问题,使学生全面、准确地掌握分数的基本性质。[板书:$\frac{a}{b}=\frac{am}{bm}=\frac{a\div m}{b\div m}(m\neq 0)$],再放手让学生解决例2的问题(板书:例2),突出学生学习的主体地位,并不断强化对分数基本性质的理解。合作交流学习,使学生得出规律性结论,激发学生的学习兴趣,启迪学生的思维,从而增强学生的学习自信心。

4. 强化应用,巩固提高

数学学科的一个重要特点就在于它的应用性。因此,这一环节主要围绕如何让学生突出重点、化解难点设计了三个层次的练习,并让学生根据自己的能力自由选择题目解答,使不同的学生在解答问题中都能享受到成功与快乐。遵照因材施教的原则,体现不同的人在数学上有不同的发展新课程理念。

(1) 基础题(课本第61页练一练:1,2)

以基础为主,主要激发中下游学生的兴趣,体验成功的乐趣。

(2) 联系生活实际题(用多媒体课件展示)

问题:一天,唐僧师徒四人分吃一个西瓜,唐僧吃这个西瓜的四分之一,孙悟空和沙和尚都吃这个西瓜的八分之二,猪八戒吃了这个西瓜的十六分之四,他们四人谁吃得多,为什么?以生活实例为主,体现"数学来源于生活,又应用于生活"的特点。

(3) 提高题(用多媒体课件展示)

问题:① 在下列各种情况下分数的大小有什么变化?

分子扩大到原来的4倍,分母不变;

分子缩小到原来的一半,分母不变;

② 一个分数,分母比分子大10,它与三分之一相等,这个分数是多少?

③ 一个分数,分子加上3,分数值就是自然数1,它与二分之一相等,这个分数是多少?

为上游学生设计,以达到培优效果,并激发学生竞争意识,使学生的知识、能力、智力同步发展。以上练习采用的是开放式评价,不仅有教师对学生的评价,还放手让学生自评、互评,引起共鸣与争论,充分体现学习评价的多元化。

5. 总结提炼,拓展延伸

在本环节,让学生说出自己在这节课的学习所得(包括知识、技能、方法和感悟),并让学生联系生活实际,深刻体会所学知识的实用价值。

四、说板书设计

本节内容主要围绕两个例题展开教学,因此将两个例题内容板书在黑板上,作为研究问题的起点和落脚点。分数基本性质的内容是本节课学习的重点,通过"数学符号"和"文字符号"两种语言对比方式呈现,帮助学生从多角度理解与记忆分数基本性质,增强学生不同符号之间的转化意识。

附板书:

课题:分数的基本性质

例1:_____ 例2:_____

$$\frac{a}{b} = \begin{cases} \dfrac{am}{bm} \\ \dfrac{a \div m}{b \div m} \end{cases} (m \neq 0)$$

——分子分母同乘以非零数,分数值不变。

——分子分母同除以非零数,分数值不变。

五、说教学评价

在教学设计中,我根据新课标理念,教学以学生为主体,让学生在参与中学习,在学习中体验,在体验中获得成功。课堂的组织形式和结构都以学生如何学为中心展开,把课堂交给学生,通过教师引导、师生互动,让课堂成为学生合作学习与自主探究的平台,使每一个知识点都成为学生学习的兴奋点,让学生在鼓励与赞美声中快乐地学习,使学生获得成功的、积极的情感体验。

教学是一门学问,更是一门艺术。没有最好,只有更好,恳请各位专家评委提出宝贵的意见。我的说课完毕,谢谢各位!

案例评析

本次说课在新课引入时创设妈妈分苹果的故事情境,在新知识应用时又出现了生活实际题,在总结提炼时还让学生联系实际谈新知识的实用价值,以大量生活实例,为学生数学学习提供了丰富多彩的原料和素材,能使课堂充满趣味性、探索性和应用性,激发学生的学习热情,真正体验到数学源于生活又回归生活,充分体现了积极向上的情感、态度与价值观,达到弘扬社会正能量的时代要求。

在新知识学习中,指导学生用自主探究、合作交流的学习方式,充分体现学生学习的主体性,蕴含了数学学习方式转变的时代精神和新课改要求。

在知识应用时,设计三个层次的练习题,兼顾不同层次的学习个体,体现教学要求的差异性,让不同的人学不同的数学;在习题讲评时,采用自评、互评、教师评等方式,体现评价形式的多元化,彰显了教学的民主性与开放性。

在教学反思时，总结了学习主体的参与、体验、探索、互动等数学课堂活动，既反映了数学教学的特点，又体现了数学新课程的理念。

本节课在"总结提炼，拓展延伸"这个环节，除了让学生总结知识、技能、方法、感悟以外，要有意识引导学生研究和品味分数基本性质的逆运用，这样不仅可以培养学生的逆向思维能力，同时还可以与教材地位分析中的约分、通分相呼应。另外，在说明新知识的应用价值时显得比较笼统，不够具体、细致。

1. 简要叙述小学数学学科的课程理念、目标及性质。
2. 小学数学学科的一般特点是什么？
3. 根据小学数学课本低、中、高三个不同题材分别撰写说课稿。

第六章 小学英语学科说课

※ 学习目标：

1. 了解小学英语学科的课程理念。
2. 知道小学英语学科的基本特点。
3. 理解小学英语教学目标及要求。
4. 了掌握小学英语学科说课稿的一般模式。
5. 会撰写小学英语的说课稿。

6.1 小学英语新课程理念

基础教育课程改革核心理念是"以学生的发展为本"。英语学科新课程标准也明确指出："英语课程的学习既是学生通过英语学习和实践活动，逐步掌握英语知识和技能，提高语言实际运用能力的过程；又是他们磨砺意志、陶冶情操、拓宽视野、丰富生活经历、开发思维能力、发展个性和提高人文素养的过程。"其主要理念有以下几个：

一、面向全体学生，注重素质教育

英语课程教学应面向全体学生，注重素质教育。课程特别强调要关注每个学生的情感，激发学生学习英语的兴趣，帮助他们建立学习的成就感和自信心，使他们在学习过程中发展综合语言运用能力，提高人文素养，增强实践能力，培养创新精神。

二、整体设计目标，体现灵活开放

基础教育阶段英语课程的目标是以学生语言技能、语言知识、情感态度、学习策略和文化意识发展为基础，培养学生综合语言运用能力。课程目标设定为九个级别并以学生"能够做某事"具体描述各级别的要求，这种设计旨在体现基础教育阶段学生能力发展循序渐进的过程和课程要求的有机衔接，保证国家英语课程标准的整体性、灵活性和开放性。其中,国家英语课程要求从小学3年级起开设英语课程。《标准》第二级为小学6年级结束时应达到的基本要求。

三、突出学生主体,尊重个体差异

学生的发展是英语课程的出发点和归宿。英语课程在目标设定、教学过程、课程评价和教学资源的开发等方面都突出以学生为主体的思想。课程实施应成为学生在教师指导下构建知识、提高技能、磨砺意志、活跃思维、展现个性、发展心智和拓宽视野的过程。

四、采用活动途径,倡导体验参与

英语课程倡导任务型的教学模式,让学生在教师的指导下,通过感知、体验、实践、参与和合作等方式,实现任务的目标,感受成功。在学习过程中进行情感和策略调整,以形成积极的学习态度,促进语言运用能力的提高。

五、注重过程评价,促进学生发展

评价体系由形成性评价和终结性评价构成。在英语教学过程中应以形成性评价为主,注重培养和激发学生学习的积极性和自信心。终结性评价应着重检测学生综合语言技能和语言应用能力。评价要有利于促进学生综合语言运用能力和健康人格的发展,促进教师不断提高教育教学水平,促进英语课程的不断发展与完善。

六、开发课程资源,拓展学用渠道

英语课程要力求合理利用和积极开发课程资源,给学生提供贴近学生实际、贴近生活、贴近时代的内容健康和丰富的课程资源;要积极利用音像、电视、书刊、网络信息等丰富的教学资源,拓展学习和运用英语的渠道;积极鼓励和支持学生主动参与课程资源的开发和利用。

6.2 小学英语学科特点

英语既是一门记忆与实践紧密结合的语言学科,又是一门包罗万象、涉猎广泛的知识学科,同时还是一门集人生哲理与人类成长经验于一体的文学学科。学习英语可以帮助我们在学习语言知识的同时扩大知识面,把握时代脉搏,提升自身文化素养。英语学习是记忆与实践的紧密结合体,学生自主学习在整个英语学习过程中占到60%～70%;而教师的方法点拨与语言知识传授却只占到30%～40%。也就是说,在小学英语试题的100分总分当中,学生需要通过自主学习才可以得到的分数是65～80分,甚至更高。英语学科有与其他学科一样的教学特点和难度,不一样的是它需要更多的练习时间。但是不管时间多紧,如果听写训练不到位,不仅得不偿失,可能还会适得其反。

小学阶段的英语学习特点:① 以培养学生的看图阅读能力为主,即扩大阅读量,注重阅读方法指导。② 以培养学生的语言表达能力为辅,注重语言输出。③ 厚积薄发。英语学习是一个先慢后快的进步过程,只要量的积累达到一定程度,必然会有质的飞跃,而这种飞跃往往是在不经意间获得的。

6.3 小学英语教学目标与要求

目前对小学英语教学共提出两个级别的要求:一级为小学三、四年级的教学目标要求,二级为小学五、六年级的教学要求。

小学英语教学的语言技能目标要求:

一、一级

1. 目标类别:听、做

(1) 能根据听到的词语识别或指认图片或实物;

(2) 能听懂课堂指令并做出相应的反应;

(3) 能根据指令做事情,比如指图片、涂颜色、画图、做动作、做手工等;

(4) 能在图片和动作的提示下听懂小故事并做出反应。

2. 目标类别:说、唱

(1) 能根据录音模仿说话;

(2) 能相互问候;

(3) 能交流简单的个人信息,如姓名、年龄等;

(4) 能表达简单的情感和感觉,如喜欢和不喜欢;

(5) 能够根据表演猜意思、说词语;

(6) 能唱简单的英语歌曲15~20首,说歌谣15~20首;

(7) 能根据图、文说出单词或短句。

3. 目标类别:玩、演

(1) 能用英语做游戏并在游戏中用英语进行交际;

(2) 能做角色表演;

(3) 能表演英文歌曲及简单的童话剧、小红帽等。

4. 目标类别:读、写

(1) 能看图识字;

(2) 能在指认物体的前提下认读所学词语;

(3) 能在图片的帮助下读懂小故事;

(4) 能正确书写字母和单词;

(5) 能模仿范例写词句。

5. 目标类别:视听

能看懂语言简单的英文动画片或程度相当的教学节目。视听时间每学年不少于10小时(平均每周20~25分钟)。

二、二级

1. 目标类别:听
(1) 能在图片、手势的帮助下,听懂语速较慢但语调自然的话语或录音材料;
(2) 能听懂简单的配图小故事;
(3) 能听懂课堂活动中简单的提问;
(4) 能听懂常用指令和要求并做出适当的反应。

2. 目标类别:说
(1) 能在口头表达中做到发音清楚、重音正确、语调达意;
(2) 能就所熟悉的个人和家庭情况进行简短对话;
(3) 能恰当运用一些最常用的日常套语,如问候、告别、致谢、致歉等;
(4) 能在教师的帮助下讲述小故事。

3. 目标类别:读
(1) 能认读所学词语;
(2) 能根据拼读规律读出简单的单词;
(3) 能读懂教材中简短的要求或指令;
(4) 能读懂问候卡等中的简单信息;
(5) 能借助图片读懂简单的故事或小短文,养成按意群阅读的习惯;
(6) 能正确朗读所学故事或短文。

4. 目标类别:写
(1) 能根据要求为图片、实物等写出简短的标题或描述;
(2) 能模仿范例写句子;
(3) 能写出简单的问候语;
(4) 写句子时能正确使用大小写字母和标点符号。

5. 目标类别:玩、演、视听
(1) 能按要求用英语做游戏;
(2) 能在教师的帮助下表演小故事或简单话剧;
(3) 能表演歌谣或简单的诗歌30~40首(含一级要求);
(4) 能演唱英文歌曲30~40首;
(5) 能看懂英文动画片和程度相当的英语教学节目,每学年不少于10小时,平均每周不少于20~25分钟。

注:① 小学英语的话题范围包括数字、颜色、时间、天气、食品、服装、玩具、动植物、身

体、个人情况、家庭、学校、朋友、文体活动、节日等。

② 小学阶段学生接触的词汇以话题范围为主,总量控制在 600～700 单词。

6.4 小学英语说课稿模式

Good morning, dear judges!

I'm glad to interpret my teaching design here. The teaching content is about 'Fun with English' Book _____, Unit _____, Part _____, the _____ period. Now I'll interpret it from the following aspects:

一、The teaching content 说教材(体现教材的整合)

Firstly let's focus on the analysis of teaching content. The lesson is a new one of this unit. It includes part _____ and _____. In section 1 it mainly deals with key words _____. And in section 2 it deals with the patterns _____.

二、The students 说学生(根据不同年级的学生,描述其特点)

Secondly it is about the students.

My students are in Grade _____. They are active, curious and interested in new things. After learning English for _____ years, they have some basic English knowledge, so the teacher should attach the importance to the communication with them, providing them the chances of using language. They have already known _____, and it is not difficult for them to understand and use the language patterns in this unit.

三、The teaching aims 说教学目标(根据具体内容定目标和要求)

Based on the above analysis and the understanding of the teaching content, I set the following teaching aims:

(1) language knowledge

By the end of the lesson students will be able to read, recognize and understand the meaning of new words and phrases: _____ and these sentences: _____

(2) language skills

By the end of the lesson, Ss can understand _____ and get useful information from others through attentive listening/reading.

Ss are able to talk about _____.

Ss can use _____ to _____.

Ss' abilities of listening and speaking will be developed.

(3) emotional aims (affect, learning strategies, cultural awareness)

In this lesson the emotional aims are:

to help students cultivate and foster their abilities of working in groups.

to foster Ss' consciousness of good-cooperation and proper competition.

to help Ss cultivate their abilities of analyzing and solving problems independently.

to foster Ss' initiative and creativeness.

to help Ss to recognize and identify the differences between Chinese and English cultures on _____.

to help Ss know some and comprehend the _____.

The main points of this lesson are:

to make sure that Ss can use _____ correctly and skillfully.

to develop Ss' interest in English.

The difficult point is: _____.

四、Teaching approaches and learning methods 说教法、学法

Fourthly I will talk about teaching approaches and learning methods. The new curriculum requires that we pay more attention to Ss' interests and life experience, let them take part in, practise and cooperate in class, and my students already have abilities of reading short passage. So I will mainly use 'Task-based teaching method', 'Communicative language teaching method' and 'TPR teaching method' to help Ss to focus and overcome key and difficult points.

There is an old saying: To teach one the skill of fishing is better than to offer him fish, so in class, I mainly guide Ss to learn to use 'cooperative learning method' and 'self-leaning method' to get useful information. Teaching Ss to learn is also the demand of the new curriculum.

五、Teaching aids 说教学准备

In this lesson, CAI and some cards will be used.

六、Teaching procedures 说教学过程

Next let's focus on the teaching procedures.

I will finish the lesson in _____ steps.

Step 1. Warming-up

It will cost about _____ mins.

I will begin the lesson by singing the song _____ together with the Ss.

The purpose of this is to form a better English learning atmosphere for the Ss, and at the same time, it provides situations to review the learnt knowledge _____ for the next step.

Step 2. Presentation

It will cost about _____ mins.

With the help of the PPT, I set a situation of _____ by _____ to stimulate the Ss' interest in the lesson.

By playing the PPT, I _____, And then _____.

The purpose of this is to present the new words and sentences in the situation which relates to the Ss' real life experiences, and to help them understand the language easily and naturally.

After presenting each new word by the guessing game I will impart the knowledge of pronunciation rules in teaching the new words.

It can facilitate the Ss' abilities to pronounce the words and help them to remember the spelling of the words.

Step 3. Practice(机械练习；有意义操练；let's do 课文对话表演)

It will cost _____ mins including：

(1) mechanical activity

Purpose：to help Ss to recognize and read the new words _____ and sentences _____.

(2) meaningful activities

purpose：

to make Ss use the new words and sentence structures in _____.

to help Ss use the language in a real situation.

to draw the whole Ss' attention to the spelling of the words.

to help Ss to learn through a real situation.

Step 4. Production

In this step I will give Ss a free space to show their abilities. I will _____ _____, then _____.

Task-based teaching method and Communicative language teaching are used here.

This activity is to develop Ss' ability of communication, and also their ability of cooperation will be well developed.

Making a new dialogue can help to check if Ss can use _____ correctly and skillfully.

Step 5. Conclusion（总结上课内容；德育渗透）

In this step I will guide the Ss to sum up the key words _____ and sentences _____, and also I will _____.

The purpose of this is to stimulate Ss' interest of learning English and wide their knowledge about communication across cultures.

Step 6. Assignment(布置作业)

I'll design the following three assignments to help to consolidate what they have learned in this class, their study can be extended to extracurricular, and their interest will be well maintained.

七、Blackboard design 说板书设计

This is my layout design. The blackboard is divided into three parts. On the left are the new words, middle are the key sentences, and on the right, I'll note down the Ss' behaviors to evaluate them timely, so that they can know their achievements. The entire design focuses on the key and difficult points of the lesson, and this allows students to learn, to practice, to consolidate and to sum up the content easily in class.

That's all for my teaching design. Thank you a lot for listening.

八、The teaching prediction 说教学效果预测

By learning this lesson, Ss will not only have a clear idea about the target language of this unit, but also improve their spirit of using the language and enjoy a happy learning. The activities in my lesson allow them to learn from each other, to help each other and to develop a spirit of independence, cooperation and exploration, and the teaching results will be ultimately achieved.

That's all for my teaching design. Thank you a lot for listening.

6.5 小学英语说课案例

5B Unit 8 At the weekends (Part A 1st. period) 说课稿

Good afternoon, dear judges!

I'm glad to interpret my teaching design here. The teaching content is about 'Fun with English' Book 5B Unit 8 At the weekends, Part A Read and Say, the 1st period. I'll interpret it from the following aspects:

Part One: The teaching content(说教材)

'Fun with English' pays more attention to children's interest, experience, and the topics are related to our daily life. That is helpful for children to learn.

The topic of this unit is about 'weekend activities', and in this class, we'll learn some new words and phrases: catch, butterfly, sport, watch cartoons, at the weekends, learn from, etc. and the sentence patterns: 'How do you spend your weekends? I often ... , sometimes I ... How does he/she spend his/ her weekends? He /

She often..., sometimes he / she...', it has some relation to the content in Unit 4, so it's not difficult for the Ss to understand.

Part Two: The students(说学生)

Secondly it is about the students.

My students are in Grade 5, they are active and interested in the topics related to life, and they already have some basic English knowledge to exchange simple information, so I design some teaching activities to provide them the chances of using English, and encourage them to participate actively in them.

My students also know the knowledge of the third person, and after learning Unit 4, They can use the sentences: What does he / she usually do on Sundays? He /She usually.... All of this helps them learn sentence patterns in this unit.

Part Three: The teaching aims(说教学目标)

Based on the above analysis and the understanding of the teaching content, I set the following teaching aims:

(1) language knowledge

By the end of the lesson,

Ss will be master the four-skilled words, phrases catch, butterfly, sport, watch cartoons, at the weekends, learn... from..., etc. and the sentences:

'How do you spend your weekends?'

'I often _____ Sometimes _____.'

'How does he/she spend his/her weekends?'

'He/ She often _____ Sometimes _____.'

Ss can listen, say, and read the sentence: I can learn a lot from it.

Ss will understand the usage of adverbs: usually, often, and sometimes.

(2) language skills

By the end of the lesson,

Ss can use the new words and the sentence patterns to talk about their weekend activities freely.

Ss can get useful information through listening, reading, and communicating with others in English.

(3) emotional aims (affect, learning strategies, cultural awareness)

In this lesson the emotional aims are:

to encourage Ss to know how to spend weekends meaningfully.

to foster Ss' consciousness of good-cooperation and proper competition.

to help Ss cultivate their abilities of analyzing and solving problems independently.

Part Four: Key and difficult points(说教学重点、难点)

Key and difficult points in this lesson are:

To enable Ss to use the words, the phrases and the sentences proficiently in this part.

To enable Ss to understand the usage of adverbs: usually, often, and sometimes.

To enable Ss to use the singular verb form of the third person correctly. The last two are also the difficult points.

Part Five: Teaching approaches and learning methods(说教法、学法)

Fifthly, I will talk about teaching approaches and learning methods.

According to the curriculum standards and the characteristics of my students, in this lesson, I'll mainly use 'situational teaching approach' and 'task-based teaching approach' to stimulate students' interest in learning and participating in activities. This is also helpful for them to focus on and overcome key and difficult points. (E. g. free talk, survey in post-reading, writing an e-mail.)

In this period, I mainly guide Ss to learn to use 'cooperative learning method' 'self-learning method' and 'task-based teaching method' to get useful information. Teaching Ss to learn is also the demand of the new curriculum.

Part Six: Teaching aids(说教学准备)

In this lesson, CAI, cards, and two sheets of exercise paper will be used.

Part Seven: Teaching procedures(说教学过程)

Next let's come to the teaching procedures. I will finish the lesson in 6 steps.

Step 1: Warming up

It will take 3 mins.

sing the song *Hobbies*

I'll ask Ss to sing the song *Hobbies* together, showing some phrases on cards for them to replace. (E. g. surf the Internet, go swimming, play football, go climbing, listen to music, go to cinema, go to a park, play on the wings….)

【Purpose】English song is one of a better way to arouse students' interests in learning. It can make students feel relaxed and get ready for the lesson. Replacing phrases in the song helps to prepare for the new lesson.

Step 2: Pre-reading

It will cost about 8 mins, including:

(1) Lead in

Tell Ss they have learned the song from me, and today they will learn Unit 8 from me. With an example sentence on the screen, I'll teach the phrase: learn ... from ... and write down the title and the new phrase on the Bb.

【Purpose】The purpose of this is to present the new phrase 'learn ... from ... ' in a situation which relates to the Ss' real life experiences, and to help them understand the language naturally and unconsciously.

(2) Free talk about weekends

Then I'll make a free talk with Ss:

T: What do you usually do on Saturdays and Sundays/ at the weekends?

S: I usually ...

T: What does he/she usually do on Saturdays and Sundays/ at the weekends?

S: He usually ...

T: How do you spend your weekends/ Saturdays and Sundays?

S: I often ...

T: How does he/she spend his/her weekends / Saturdays and Sundays?

S: He often ...

【Purpose】In this step, first I'll teach the new word 'spend' and the phrase 'at the weekends', and write the main sentences on the Bb for them to tell the differences, then I'll use the knowledge they learned in unit 4 to help them to understand the new knowledge. That is: from 'usually' to 'often', from 'What do you usually do at the weekends?' to 'How do you spend your weekends?' from 'What does he/she usually do at the weekends?' to 'How does he/she spend his/her weekends?', at the same time, I'll use their information gap to help them to understand the difference between 'do' and 'does', 'usually' and 'often'. That is also key and difficult points in my teaching.

(3) Let's chant

Let Ss chant sentences with music, using the phrases on cards to replace.

【Purpose】It can facilitate Ss not only remember and understand the sentences, but also train their spoken English.

Step 3: While-reading

This step will cost 22 mins including five mini tasks.

Task 1: Listen and tick.

I'll show video of the text on the screen, and ask Ss to listen and tick 'how do they spend their weekends?' (Teach the phrase 'talk about' with the help of PPT, and let the Ss do it on their exercise paper)

Listen to the tape and do the F or T.

① It is Saturday afternoon. (   )

② Wang Bing often surfs the Internet at the weekends. (   )

③ Mike doesn't like sport. (   )

④ Helen does housework at the weekends. (   )

⑤ Su Hai often watches cartoons, sometimes she catches butterflies. (   )

Task 2: Look, listen again and check on the screen.

Task 3: Learn to say and make sentences.

I'll use pictures to teach new language points: sports, of course, watch cartoons, catch butterflies, and let Ss learn make sentences after model first in groups and then one by one until they are sure to say them. (E. g. Hello, I'm Wang Bing. I often ... Sometimes I ... Sometimes I ... , I can learn a lot from the Internet, etc.) Much attention should be paid here, because these are main sentences of this lesson.

Task 4: Imitate and make dialogues.

I'll let Ss listen and imitate together and make dialogues in pairs after the teacher's giving a model with a student.

Task 5: Read Part A and complete the sentences:

① Wang Bing often _____ the Internet at the weekends, sometimes he _____ swimming, sometimes he _____ basketball.

② Mike often _____ climbing, sometimes he _____ to music or _____ to the cinema.

③ Helen often _____ TV at home.

④ Yang Ling often _____ to the park.

⑤ Su Hai often _____ cartoons, sometimes Su Hai and Su Yang _____ butterflies in the park.

【Purpose】By completing the four tasks with different learning strategies, the Ss can gradually master the content in the discourse. Task 1～2 is designed for Ss to understand the main idea of the text easily, at the same time, their listening ability is developed; Task 3 is a process from input to output, and it helps to overcome difficulties unconsciously (the language items: sports, of course, watch cartoons, catch butterflies, and the key sentence patterns); Task 4 helps Ss form a coherent memory of the text and learn to make dialogues after model; Task 5 helps Ss not only make out what each person does in the text effectively, but also practice using singular verb form of the third person correctly, this is also the difficult points of this lesson. Learning authentic, natural tone of voice under the teacher's guidance is also good for Ss to develop good pronunciation and reading habits.

Step 4: Post-reading

Doing a survey in a competitive way.

I'll ask them to do a survey on a printed questionnaire sheet within 8 mins.

Model T: How do you spend your weekends?

S1: I often read newspapers, sometimes I play chess.

T: He often reads newspapers, sometimes he plays chess.

Who?	How?	
	Often	Sometimes
S1	Reads the newspapers	plays chess
S2	…	…
S3	…	…

The survey is done by the three steps:

① I'll make a model with a student so that Ss know what to do.

② Ss ask and answer in pairs to fill in the blanks.

③ Each group reports findings in the third person to give feedbacks.

④ The teacher evaluates each group's behavior.

【Purpose】English curriculum standards advocates 'task-based' teaching approach, so I creatively design these mini tasks for them to consolidate the knowledge. By doing a survey, they would try to communicate and cooperate actively with each other. The practical, workable teaching activities are very close to their life, which fully embodies the teaching philosophy 'to come from life, and to go in life'. This helps them to break through the limitations of simple questions and answers, to improve their ability in using English properly, and to develop their intercultural awareness and communication abilities.

Step 5: conclusion

I'll leave them 2 mins in this step.

I'll ask 'What do you learn from me today?' to inspire them to sum up what they learned in class with the help of the Bb design.

【Purpose】Using 'learn ... from ... ' to help them to summarize plays a good role throughout the front and rear. Ss can find their achievements in learning, their advantages and the problems to be overcomed. All of these stimulate their enthusiasm for further learning.

Step 6: Homework

Now I'll use 1 min to announce the homework:

Ss are asked to do a survey at home and complete an e-mail to the teacher about their family activities at the weekends:

An e-mail

Dear Ms. Zhu:

My name is _____. I hope we can be good friends. I'll tell you something about me.

I have a happy family. I like _____, so at the weekends, I often _____. Sometimes I _____.

My father is a worker, he often _____. Sometimes he _____.

My mother is a nurse, How _____ she spend her weekends? Oh, she often _____. Sometimes she _____.

Have a nice weekend! (过一个愉快的周末)

Yours

×××

【Purpose】After their experience of listening, practicing, I integrate everything in this letter for them to review again. Such a letter can not only effectively consolidate what they've learned in class, know how to spend the weekends meaningfully, but also enhance students' writing ability. Their study can be extended to extracurricular, and their interest will be well maintained.

Part Eight: Blackboard layout(说板书设计)

Unit 8 At the weekends

talk about	How do you spend your weekends?				
learn ... from ...	I often ... sometimes I ...	Group: A	B	C	D
of course		★	★	★	★
like sport	How does he/she spend his/her weekends?		★		★
watch cartoon	He often ... sometimes, he/she ...		★		
catch butterflies					

【Purpose】This is my layout design. The Blackboard is divided into three parts. On the left are the new words, middle are the key sentences, and on the right, I'll note down each group's behavior to evaluate them timely so that they can know their achievements. The entire design focuses on the key and difficult points of the lesson, and this allows students to learn, to practice, to consolidate and to sum up the content easily in class.

Part Nine: The teaching prediction(说教学效果预测)

By learning this lesson, the Ss will not only have a clear idea about the discourse of this unit, but also improve their spirit of using it to talk about things in life, and enjoy a happy learning. The activities in my lesson allow them to learn from each other, to help each other and to develop a spirit of independence, cooperation and exploration, and the teaching results will be ultimately achieved.

That's all for my teaching design. Thank you a lot for listening.

Attachment(附):

Exercise sheet

Exercise 1:

Listen to the tape and do the F or T.

① It is Saturday afternoon. (　　)

② Wang Bing often surfs the Internet at the weekends. (　　)

③ Mike doesn't like sport. (　　)

④ Helen does housework at the weekends. (　　)

⑤ Su Hai often watches cartoons, sometimes she catches butterflies. (　　)

Exercise 2:

Read Part A and complete the sentences:

① Wang Bing often _____ the Internet at the weekends, sometimes he _____ swimming, sometimes he _____ basketball.

② Mike often _____ climbing, sometimes he _____ to music or _____ to the cinema.

③ Helen often _____ TV at home.

④ Yang Ling often _____ to the park.

⑤ Su Hai often _____ cartoons, Sometimes Su Hai and Su Yang _____ butterflies in the park.

Exercise 3:

Do a survey in a competitive way.

You're asked to do the survey on the printed questionnaire sheet in groups, then report your results to the class.

Model: S1 often reads newspapers, sometimes he plays chess.

　　S2……

　　S3……

Who?	How?	
	Often	Sometimes
S1	Reads the newspapers	plays chess
S2	…	…
S3	…	…

案例评析

　　Fun with English 以学生的发展为宗旨,按"话题—功能—结构—任务"的体系编排教学内容,要求以联系社会生活、贴近学生实际的活动为上课的主要形式,强调让学生通过体验、实践、参与和合作等方式完成学习任务,从而逐步形成综合语言运用能力,这也完全符合《英语课程标准》的要求。本篇说课稿就是在充分吃透教材编写意图基础上,以新课标为准绳,以教育教学理论为指导,系统分析了教材和学生,阐明本课时的教案设计、教学中所要选用的教学方法和学生的学习方法及其理论依据。整个说课稿结构严谨,环节完整,思路清晰,理论性强,具体表现在:

　　1. 对教材和学情分析"透"

　　本说课稿对该课教学内容和学生状况进行了详细的分析,说明了该部分教学内容在教材中的地位和 Unit 4 的联系,很好地引导学生实现了知识的迁移。在组织教学内容与安排教学活动时,教者更是从学生的兴趣和实际生活出发,设计多个贴近学生生活的活动(Doing a survey, Making sentences),使课堂内容与学生生活实际紧密相连,使英语知识生活化,恰到好处地拉近了学生与文本的距离,培养了学生说英语的意识和用英语的能力。

　　2. 对教学目标分析"准"

　　在综合分析的基础上,本说课稿根据实际情况确立了该课时教学后学生在语言知识、语言技能和情感态度三方面应达到的具体目标,并准确地定位了本课时的重点和难点。该教学目标和教学重难点的确立既符合教材和新课标要求,又切合学生的实际。

　　3. 对教法、学法选择"好"

　　从说课内容可以看出,该教师在对教学内容、教学目标、学情、教学组织形式等综合分析的基础上,主要采用了"情境教学法"和"任务型教学法"完成本课时的教学任务。通过创设语言情境引导学生积极思考,充分调动了学生的学习积极性;一系列的任务活动又让学生在完成任务的过程中理解课文,掌握和运用语言,自然地实现了由输入到输出的过程。这些教学方法的选择既科学又合理,同时又完全符合语言习得规律。另外,该教师从学科内容与特点着眼,针对学生的年龄特征、思维特点和学习基础等情况,重视培养学生主体学习、合作学习的能力,对学生的学习方法、学习能力等进行相应的指导,这也是新课程理念所倡导的。

　　4. 对教学过程阐述"清"

　　说课者将教学过程说得清楚明确,让听者感受到其独具匠心的教学设计以及这样安排的理论依据。

　　首先,在教学思路的设计与教学环节组织上,说课者根据自己对教材内容的理解和处理,针对学生实际,借助多媒体和图片等教学手段,分六个环节完成教学任务;各环节的衔接和过渡自然、所占用的时间合适、所设计的活动恰当;导入和总结方法巧妙、编排的目的和意图明确等,这些都给听者留下了清晰的印象。

　　其次,在任务活动编排上,说课者在充分了解《英语课程标准》要求的前提下,结合教学内容，创造性地设计了贴近学生实际的、操作性强的任务活动，让学生通过调查、交流和合作等方式学习和使用英语，真正体现了"从生活中来，到生活中去"的教学理念。说课者将这些活动的设计、顺序、要求、组织形式、所要达成目标也都阐述得一清二楚（如怎样做 survey，如何做 report、homework 的要求等），让听者切实领略到教师设计每项活动任务的目的和作用。

再次，在重点与难点的处理上，所有的教学活动始终围绕怎样有效地突出本课的重点、突破难点来设计的，说课者在说课过程中也多次突出了这一点。

如：在 Pre-reading 中教师在教授本课重点句型后，适时地设计了"Let's chant"活动，巩固了本课的重点句型；又如：while-reading 中的 Task 5 和 post-reading 中的 survey 设计就是帮助学生巩固掌握第三人称单数时动词的用法这一教学难点的。

另外，说课者对教学辅助手段的选择、作业的布置、关键性问题和环节的处理，以及教师为主导、学生为主体的思想，教学效果预测等方面也阐述得非常清楚，在此不再一一赘述。

1. 叙述小学英语学科的课程理念。
2. 说出小学英语学科教学目标。
3. 根据小学英语课本内容撰写一份说课稿。

第七章　小学信息技术学科说课

※ **学习目标：**

1. 了解小学信息技术的课程理念及目标。
2. 知道小学信息技术学科特点。
3. 理解小学信息技术学科的教学要求。
4. 会撰写小学信息技术学科的说课稿。

7.1　小学信息技术新课程理念

信息技术课的核心价值是培养学生的信息素养。课程标准要求：小学生信息技术课程教学主要是训练基本操作技能，初步了解信息技术的简单知识，形成感性经验。

一、形成运用计算机处理信息的基本能力

（1）能识别计算机的外观和常用输入设备（如鼠标、键盘）、输出设备（如监视器、打印机）及其他常用外接设备（如音箱、耳机、话筒等）；能通过动手组装或观看组装示范，探究计算机的基本构成，认识不同部件的基本功能（活动学习——直接经验；观察学习——间接经验）。

（2）通过打字任务或简单的游戏，熟悉计算机的基本操作。熟悉操作常用输入、输出设备。

（3）能在实际操作的基础上，总结利用计算机输入、存储、加工、输出信息的基本流程；借助自己获取、加工信息的经验，体验计算机在处理信息方面的优势，知道计算机是现代信息技术的核心。

二、树立与终身学习和现代社会生活相适应的信息意识，形成积极的信息技术学习态度，养成健康负责的信息技术使用习惯

（1）结合生活和学习经验，体验信息在生活、学习、科研中的重要作用，逐步形成理性

认识信息价值(理念先行)、敏锐捕捉有用信息(选择性注意)、主动获取相关信息(有目的的任务驱动)、甄别筛选正确信息(针对性、准确性、价值高低)、共享交流有益信息的良好信息意识;逐步形成判断和使用健康信息、主动抵触不良信息的道德判断能力;能讨论每个个体在创作和共享有益信息方面的责任。

(2) 通过身边的事例或观看案例,体验现代信息技术在获取、加工、存储、表达和交流信息方面的作用,理解信息技术是人的信息加工器官的延伸,讨论人类发明创造信息技术的基本历程,形成乐于学习、勤于操作、敢于创新的信息技术学习态度,树立不断提高自身信息素养和技术操作的能力;主动参与科技创新的意愿。

(3) 观察和列举日常生活、学科学习和其他综合实践活动中信息技术的常见应用,能讨论这些技术应用带来的利弊。

(4) 能讨论应用信息、信息产品、信息技术设备和软件时涉及的法律、法规和道德问题,能描述不恰当应用带来的后果;知道如何负责地使用技术设备和信息资料,在引用他人的观点、成果和信息时,知道如何注明出处和给予恰当的致谢;养成保护自己信息安全的意识,学会防查杀病毒、简单的文件加密(如设置使用口令)等信息保护方法——"行为指导"和"使用技能"。

三、学会利用信息技术工具收集和处理信息,以支持学习、探究和解决日常生活问题

(1) 能根据学科学习和其他活动需要,分析所需的信息及其类型,讨论确定合适的信息来源(如他人、书籍、报刊、光盘、录像、电视、因特网等),学会从不同的信息来源搜集资料的方法(如实验、调查、访谈等)。对信息搜集过程进行一定的规划,初步形成信息需求分析的意识和习惯。

(2) 学会利用常用设备(如数码相机、探测器、扫描仪、录像机等)获取第一手的信息,或利用常见信息技术设备对传统介质的信息进行必要的数字转换。

(3) 学会利用计算机输入和存储资料,学会利用计算机的资源管理功能对文件资料进行合理的分类整理、建立以及重命名文件(夹)、保护文件等,能迅速查找和提取自己计算机内存储的信息;通过比较和实际体验,感受对信息进行数字化编码、存储和管理的优势,认识到数字化是信息技术的核心概念之一。

(4) 能熟练有效地运用远程通信工具和在线资源(如 E-mail、因特网等),浏览、查找、下载和保存远程信息,以满足自主学习、合作探究及其他问题解决的需要。

(5) 能根据任务需要评价信息的相关性、准确性和可能存在的偏差,甄别和选用有价值的信息。

四、学会使用常用信息处理工具和软件,展开写作、绘画等活动,制作电脑作品

(1) 学会使用一种计算机画图软件,设计并绘制图形。例如,根据表达意图确定图画的主题和大体构思,能设置背景颜色和图画的颜色;能使用常用的电脑绘画工具画出点、线、面;能通过剪切、复制、粘贴等电脑特用的功能对点、线、面进行组合、编辑,构成符合表

达意图的完整图画;能给图画上色,能对图画的整体或某个部分进行修改,或设置必要的效果。

(2) 学会使用一种文字处理软件处理文字信息、写作,在学会常用文字处理功能的基础上,学会通过文字编辑、版面设置、剪贴画、艺术字、绘制图形、插入图片、制作文字表格等方式,增加文档的表现力。

(3) 熟悉信息处理软件的界面和常用工具,比较不同软件界面的异同,总结具有广泛适用性的操作方式,积累技术应用经验。

五、学会使用多媒体制作软件,运用文字、图片、声音等多种方式,灵活地表达想法、创意和研究结果

(1) 能根据内容的特点和表达的需要,思考并确定表达意图和作品风格,进而根据表达意图,比较图画、文字、表格、声音等不同信息表达形式的优缺点,选择(组合)合适的表达方式,对作品的制作过程进行初步的思考和规划。

(2) 学会运用合适的信息处理工具或软件(如文字处理软件、画图或图形处理软件、计算机录音软件等),导入、插入图画、文字、表格和声音,并进行必要的编辑或修改,设置图像和文字的效果;制作或插入表格;录制或截取一段声音等。

(3) 学会使用一种简单的多媒体制作软件,集成文字、图画、声音等信息,制作简单的多媒体演示文稿。

(4) 能根据作品特点和受众的需要,学会选择合适的方式演示或发布电脑作品,表达主题和创意。

(5) 能对自己和他人的电脑作品进行评议,并在评议基础上对电脑作品进行必要的优化以增强表现力。比较利用电脑制作作品与传统作品制作过程的异同。

(6) 讨论所用信息技术工具的优缺点,提出可能的技术改进建议,形成初步的技术创新意识。

六、学会运用常用远程通信工具进行合作学习,开展健康的社会交往

(1) 学会使用电子邮件与他人共享信息、获取支持、表达观点或开展合作。

(2) 学会使用在线讨论工具或已有的学习网站,讨论课程相关问题或开展持续深入的主题研讨。

(3) 学会使用网页制作软件,规划、设计、制作发布简单的网站,通过网站共享信息、发表看法、发布成果、交流思想,支持合作探究或其他有意义的社会活动。

(4) 能观察和讨论网站交往中产生的法律、法规和道德问题,在使用网络与人交往时,能遵守相关的法律、法规和网络礼仪;能结合实例,讨论网络应用对个人信息资料与身心安全的潜在威胁,形成网络交往中必要的自我保护意识,知道不恰当的网络应用和网络交往可能产生的后果。

七、学会设计和制作简单的机器人,体验"采集信息—处理信息—控制动作"的基本过程(该部分内容为选修)

(1) 能识别机器人的基本构造,说出各类传感器(如声音、光敏、红外、温度、触摸)的功能及其对人类功能的模拟,能描述机器人各部分的功能和工作原理,如通过传感器搜集信息。通过程序判断处理信息、控制外部动作等流程。

(2) 研究和了解现代机器人的发展趋势,讨论机器人与人类在解决相关问题上的优缺点。例如,机器人对复杂情况的反应,机器人可以完成哪些人类难以完成的任务等。

(3) 学会根据生活和学习中的实际需要,设计、动手制作或组装简单的实物机器人(如机器人导盲,机器人迎宾、灭火、踢足球、走迷宫等),将编制好的控制程序(使用流程图方式)导出到实物机器人,运行机器人并对机器人及其控制程序做出必要的调试和修改,或使用简单易学的程序语言(如 LOGO)编制简单的程序控制机器人做出简单动作或解决简单问题。

(4) 在不具备实物机器人的情况下,也可以利用机器人仿真环境来模拟机器人的运动和调试,使用流程图编制的简单的控制程序;初步感受利用程序解决问题的一般过程。

7.2 小学信息技术学科特点

小学信息技术课程特点是由信息技术学科性质和小学生的年龄特征共同决定的。它既不同于原来的小学计算机课,也不同于小学语文、数学等传统课程。它重在对小学生进行初步的信息意识、信息素养和信息技能的培养,主要体现如下几个特点:

一、基础性

在信息化时代,信息技术已经与读、写、算等基本能力一样,成为现代社会每个公民必须具有的基本素质和基本能力。小学开设信息技术课,主要是着眼于基础教育在培养人才方面的重要作用。现实表明,以计算机和网络为核心的信息技术发展速度是当今任何一门学科都未曾有过的,计算机硬件技术的高速发展带来了软件的不断更新换代。应在小学阶段为学生打好基础,使小学生在有限的在校学习时间内学到信息技术的基本知识和基本技能,尽可能地对其长远发展起作用,从而更好地适应信息技术的高速发展。

二、应用性

小学信息技术课程是一门应用性学科课程,培养学生运用信息技术解决实际问题的能力是课程的核心目标。在小学信息技术教学中,学生不需要死记硬背一些术语和概念,不需要面对一张枯燥的试卷,他们要接受真正的生活对他们的考试,需要学习的是如何对各种信息进行检索、筛选、鉴别、使用、表达和创新,以及用所学的信息技术知识解决学习和生活中的问题。应用性是小学信息技术课的显著特点。

三、整合性

小学信息技术课程与小学其他课程相比,具有较强的整合性。整合性在于它的学科交叉性和它支持知识联系的整体性。它涉及众多的边缘和基础科学,比如信息论、控制论、美学、文学、外语、数学、物理、电子学等,这就要求在实际教学过程中不仅要培养学生的信息能力,而且要培养其他学科素养。信息技术作为认知工具的本质使它的教学内容不能脱离其他学科内容而独立存在,只有在利用信息技术工具学习其他学科内容的过程中才能学会使用信息技术。

四、趣味性

小学信息技术课程是一门趣味性很强的学科,这一特点与小学生的心智发展水平密切相关,小学生学习兴趣越浓,则学习动力越大,学习效果也越好。因此,小学信息技术课教学要突出趣味性,无论教学内容还是教学形式都应该重视挖掘和体现信息技术课程的趣味性,重视激发、培养和引导学生对信息技术的学习兴趣,让"趣味"贯穿整个教学过程。

7.3 小学信息技术教学目标和内容要求

一、小学信息技术教学目标

(1) 了解信息技术的应用环境及信息的一些表现形式。

(2) 建立对计算机的感性认识,了解信息技术在日常生活中的应用,培养学生学习、使用计算机的兴趣和意识。

(3) 能够通过与他人合作的方式学习和使用信息技术,学会使用与学生认识水平相符的多媒体资源进行学习。

(4) 初步学会使用网络获取信息、与他人沟通;能够有意识地利用网络资源进行学习,发展个人的爱好和兴趣。

(5) 知道应负责任地使用信息技术系统及软件,养成良好的计算机使用习惯和责任意识。

(6) 在条件具备的情况下,初步了解计算机程序设计的一些简单知识。

二、小学信息技术内容要求

模块一:信息技术简介

(1) 初步了解信息技术基本工具的作用:采集信息、存储信息、传输信息、处理信息。

(2) 从外观上了解计算机的基本组成和作用。

(3) 比较熟练地掌握键盘和鼠标器的基本操作。

(4) 初步了解承载信息的几种媒体;了解计算机在学习、生活中的应用。

(5) 了解与信息技术相关的文化、道德和责任；培养使用计算机的良好习惯。

模块二：操作系统简单介绍

(1) 掌握操作系统的简单使用方法。

(2) 学会一种汉字输入方法。

(3) 学会文件和文件夹（目录）的基本操作。

模块三：用计算机画画

(1) 学会使用基本的绘图工具。

(2) 学会绘制图形。

(3) 学会给图形着色。

(4) 学会编辑修饰图形。

模块四：用计算机作文

(1) 掌握一种文字处理软件的基本操作。

(2) 学会文章编辑、排版和保存的基本方法。

(3) 学会插入图片、艺术字（美术字）和表格。

模块五：网络的简单应用

(1) 了解有关网络的基本常识。

(2) 学会使用浏览器浏览信息、下载并保存有用信息。

(3) 学会收发电子邮件。

模块六：用计算机制作多媒体作品

(1) 了解多媒体素材类型。

(2) 学会一种常用的多媒体制作工具制作、编辑简单的多媒体作品。

(3) 学会展示多媒体作品。

模块七：LOGO 绘图

(1) 学会用 LOGO 基本绘图命令绘制基本图形，添加颜色，并组成组合图形。

(2) 学会用 LOGO 音乐命令演奏乐曲。

(3) 了解用控制命令操作机器人的方法。

(4) 了解 LOGO 简单编程。

7.4 小学信息技术说课稿模式

尊敬的各位评委、各位老师：

大家好！（鞠躬）

我是＿＿＿＿＿号考生。今天我说课的题目是＿＿＿＿＿（板书标题）。我准备从教材、教法、学法、教学过程四个方面进行说课。

一、说教材

本课是_____版小学《信息技术》课本第一册上册第_____课,属于第_____单元的内容,是在学生已经掌握了什么知识之后,开设的更高层次的任务,使学生在原有基础上学会_____。本课内容操作性强,可以充分调动学生的手和脑,培养他们学习计算机的兴趣。(教材是课程的载体,说课须说出教师对教材准确而深刻的理解,对教材编写意图或知识结构体系的分析,以及在理解基础上自然随顺地应用教材的基本思路。注重说明"教"与"学"的链接,并重点分析教材的前后联系,弄清学习的起点。)

根据本课的知识结构和课文在整个课程中的地位,我将教学目标设计为:

(1) 知识与技能目标;

(2) 过程与方法目标;

(3) 情感、态度与价值观目标。

本课教学的重点是_____。

本课学习的难点是_____。("说目标"要说清三个基本问题:① 教学目标设定依据;② 教学目标在课堂上如何呈现;③ 教学目标分类及其逻辑结构。)

二、说教法

根据本课内容和学生的知识基础,主要采用以下几种方法(选用三个):

(1) 创设情境法:在课堂上通过有目的地引入生动的场景,引起学生的情感体验,帮助他们更好地理解教材。

(2) 讲解演示法:根据信息技术学科操作性强的特点,教师要边讲边操作,使学生边听边动手。

(3) 任务驱动法:通过为学生设置具体任务,让学生在完成任务的过程中进行自主探究、合作学习。

(4) 分组教学法:使学生在分组讨论、合作交流、评比竞赛中共同进步。

(5) 游戏教学法:通过引进一些游戏,激发学生的学习热情。

(6) 辅助教学法:利用指法练习软件 CAL 进行指法教学与指法训练。

(7) 竞赛活动法:通过组织学生进行分组比赛,检测并提高学生的操作水平。

三、说学法

该年龄段的学生对信息技术课非常感兴趣,乐于探究利用计算机做自己想做的事情且已经初步形成了使用计算机的良好习惯。学生在教师的指导下带着任务通过小组合作、实际操作、探究学习等方式,逐步完成任务,使学生在完成任务的过程中不知不觉地实现知识的传递、迁移和融合。在这个过程中我将采用"小组制",目的是考虑到整个班级水平差异,分 8~10 个小组,在每组中设立一位计算机水平相对较好的学生担任组长,负责这组学生的答疑和管理这组的纪律等工作,这样不但能分担教师的负担,而且能让更多的学生当堂掌握知识,如果有问题还可以及时解决,在发挥学生的团结互助精神的同时也使得本组学生的配合更加默契,也为今后的合作学习打下基础。

本课教给学生的学法是"探究尝试—比赛提高"。在教学中巧妙设计,让学生在教师的指导下进行尝试操作,然后通过相互比赛,提高自己的操作水平。

本课教给学生的学法是"思考讨论—探究尝试—合作操练"。在教学中巧妙设计,让学生带着一个个问题,通过课堂讨论、相互合作、实际操作等方式,在解决问题的过程中,实现对知识的掌握。

本课教给学生的学法是"接受任务—思考讨论—合作操练"。在教学中巧妙设计,让学生带着一个个任务,通过课堂讨论、相互合作、实际操作等方式,在完成任务的过程中,实现对知识的掌握。

教学准备:

本节课在多媒体教室进行,所需教具是教师机、学生机、投影仪、黑板、课件、图片等。

四、说教学过程

根据本课教学内容和信息技术学科特点,结合学生的认知水平和生活情感,设计教学流程如下:

1. 创设情境,激情导入(对比观察,揭示课题)

我提出:这样的视频(动画、画面)我们也能制作,你们想不想也来动手制作一件这样的作品呢?

此环节设计的目的是创设美好的学习环境,调动学生的积极性,利用学生好奇好动和对美好事物的向往,激发学生的学习兴趣,使学生积极参与活动,主动地接受学习任务,从而乐学。

2. 提出任务,探索新知

让学生自主提出问题。如果学生没有提出问题,老师提出问题,提前预设问题。

任务一:_____,由我来通过屏幕广播方式演示示范操作过程,让学生们观看我操作过程中作品的变化是什么?(这样设计是为了勾起学生的好奇心,训练学生的观察力)给学生_____分钟,在学生完成任务后,对操作过程中的问题加以强调、说明,同时肯定学生的成绩。(我这样设计,目的是及时对学生的每一个操作成果进行评价,让每个学生都能确定自己的方向)

任务二:_____,如果_____,我们接下来该如何操作呢?

在这一环节里我设计让学生通过自己的理解、同桌交流以及我及时必要的补充,完成设定的任务。

设计意图:教学过程以启迪学生思维为核心,以学生参与为标志,不能将结果简单地塞给学生,而应让学生自己得出结论,然后互相讨论补充,教师总结。

任务三:_____,这是与_____学科有关的问题,这个任务我设计让学生通过认真研读操作流程后,与同桌交流讨论,自己发现问题、解决问题。然后制作演示,适时请几名同学谈一下自己的操作过程及在操作过程中出现的问题与解决的办法,如果问题还没解决可以请其他小组帮忙解决,最后由教师总结,使学生在交流中弥补自己的不足。

任务四:我们生活中真实的_____是这样吗?学生回答后,接下来我们共同来学习制作什么。在任务的驱动下,学生借助老师的直观演示学习什么。

通过完成以上四个任务,学生基本掌握了用法或者操作,我通过步步为营的方式达到教学目标,突破重点、难点。

3. 实践操作,学以致用

以小组讨论竞赛的形式,让学生自己动手动脑创作或者演示,巩固练习,培养学生的创新能力。

4. 展示评价,共同进步

首先组织学生进行"自我评价"和"小组评价",然后教师对本课内容进行梳理归纳,并对学生的总体情况进行评价分析。重点从"行为养成""学习内容""学习兴趣"三个方面进行评价,要积极体现评价是鼓励、评价是指导、评价是教学相长。在评价的最后,指出不足之处,以有利于学生进一步提高。

5. 课外延伸,作业布置

问题:是否还有其他方法可以操作?制作什么?

纵观全课,我在教学中积极体现"以学生为中心"的思想,将培养学生的兴趣和能力放在首位,把探究的主动权交给学生,给他们多一些学习的兴趣、多一些表现的机会、多一份创造的信心、多一份成功的体验,同时努力营造生动活泼的课堂气氛,力求达到最佳教学效果。

五、教学反思

随着科技的发展,对信息技术的应用能力要求也就越显重要,因此,在课堂教学中我注重培养学生的自学能力和动手操作能力,强调把学生学习的主动性放在首位,提高综合运用能力。通过本课的学习,基本上可以达到预设的教学目标,让学生掌握什么样的操作方法及技能,培养了学生的自主学习能力及大胆探索、相互协作的精神。

我的说课完毕。请各位评委老师多多指导。谢谢!(鞠躬)

7.5 小学信息技术说课案例

课题:"查找文件"

尊敬的评委老师:大家好!

我说课的内容是苏教版小学《信息技术》教材上册第20课"查找文件",《中小学信息技术课程指导纲要》将其划在模块二"操作系统简单介绍"的教学范畴,根据我校教学情况将教学对象界定为三年级的学生。

下面我将从教材、教法和学法、媒体运用、设计理念、教学程序等五个方面进行说课。

一、教材分析

1. 教材的地位和作用

"查找文件"是如何调用文件单元的一个重要内容,是在学生学习了保存文件、打开一个窗口、键盘操作、鼠标操作等基础上进行的,是对原有知识内容的深化和完善,也为以后学习 21 课"文件操作"等内容起铺垫作用。根据小学生认知心理,结合新课标要求,本课以"玛丽邀我斗恶魔"为主线,引导学生在乐学、爱学、轻松的学习氛围中掌握学习内容,从而激发学生学习信息技术的浓厚兴趣,培养学生良好的信息素养。

2. 教学目标的确立

根据以上教材的地位和作用以及学生已有的信息素养,我依据《信息技术课程标准》确定本节课的教学目标为:

（1）知识与技能目标

① 掌握使用"我的电脑"查看的四种方式。

② 初步会用"资源管理器"打开文件与查看文件。

③ 了解查看命令中详细资料的含义。

④ 学会应用查找程序按名称或日期查找文件。

（2）过程与方法目标

通过任务驱动、小组协作、讨论交流等多种模式,学生快速掌握查找文件的三条途径。

（3）情感、态度与价值观目标

① 通过探索过程中的合作交流,让学生体验团结协作的力量;

② 通过自己的个性创作,体验成功的喜悦,增强自己学习的自信心;

③ 通过评价交流,学会欣赏他人。

基于以上分析,我认为本节课的教学重点是查看与查找文件;教学难点是使用"资源管理器""查找"程序查找文件。

二、教法学法

为了达成上述教学目标,本着培养学生全面素质的原则,我以建构主义理论为指导,采用情境激趣、任务驱动、启发引导、作品展示等多种教学方法,努力做到面向全体又能发展个性。在学生的学习过程中注重让学生将理论学习与上机实践相结合,采用自主探究、合作学习、成果评价等多种方法,使学生在实践中学得真知,在探索中得到发展,为终身学习打下基础。

三、媒体运用

苏亚星多媒体网络教室、自制多媒体教学课件、学生机存放"超级玛丽"的文件及有关图片。

四、设计理念

我在设计本课教学时,主要体现以下几方面的思想:

(1) 体现新课标要求,课堂以学生为主体,培养学生的创新精神和实践能力。

(2) 创设情境与任务,让学生在完成任务中自己发现问题,解决问题,培养学生的自主探究和相互协作能力。

(3) 根据小学生的年龄特征,课堂气氛轻松、活跃,让学生在学习中找到乐趣,从而激发学生学习兴趣。

五、教学过程

根据本课的内容和信息技术学科的特点,结合三年级学生的实际认知能力,设计教学过程如下:

1. 创设情境,激趣导入

爱迪生曾说过:"兴趣可以创造出人间奇迹",这是有心理学依据的。对于学习来说,学生对学习内容产生兴趣,就能自觉地排除内外主客观因素的干扰,集中注意力积极主动地投入学习,把学习当成愉快的事。在课的开始,我介绍:"小朋友们,今天老师给你们带来一位好朋友,它的名字叫超级玛丽。它的本领可大呢。请看大屏幕吧。(教师播放用Flash做成的课件)《超级玛丽智斗恶魔》。在学生看得起劲之时,我问:你们想和它一起去战胜恶魔吗?学生的回答是肯定的。那么这个游戏就存放在你们电脑的C盘中,怎样才能找到它呢?这就是我们今天要学习的内容:查找文件。"(教师板书课题)这样的情景创设符合小学生的心理特征,能调动学生的学习积极性,使学生思维活跃,激发其探究新知的强烈欲望,达到"课伊使,趣已生"的效果。

2. 任务驱动,自主探究

现代教育理论认为:知识不是一种告诉,而是一种自我尝试和自我建构。在教学用"我的电脑"查找文件时,我是采用"发现法"教学的。具体流程为:尝试发现(让学生快速阅读全课,看看能发现什么)——汇报结果(要求学生说出发现结果,并集体交流;引导学生总结出查找文件有三种方式:我的电脑、资源管理器和查找程序)——实践操作(让学生在实践中运用已掌握的新知,即在我的电脑中查找"超级玛丽"。在学生打开我的电脑中双击C驱动图标后,就可以看到C盘根目录下的文件夹和文件。想知道详细的情况单击菜单栏的查看命令,有四种查看方式:大图标、小图、列表、详细资料,在超级玛丽文件夹打开后就可以看到那个可执行文件了)。(播放Flash)这样,通过让学生自己发现、探索,点燃了学生求知的火花,最后让学生在实践中感受到初步的成功所带来的喜悦。

用"资源管理器"查找文件是本节教学的一个难点。对此,我是采用直观演示来进行教学的。通过苏亚星多媒体网络教室软件演示,可以使学生一目了然地感受查找的操作过程,在操作过程中让学生发现"+"号与"-"号操作的实际意义,通过学生的小组讨论、交流,总结出具体的实际意义,即"+"表示该文件含有子文件夹,"-"表示含有子文件夹且已被打开。(播放Flash)

"查找文件"是本节教学的又一个难点,由于学生已有前一个阶段的操作基础,因此本环节我采用了小组协作、互启互惠法来引导学生自主探究新知。"在我的电脑中还有许多可执行文件,有的也是小游戏哦!你会用查找程序的方法去查找吗?"学生会情绪高涨,几人一组,边看书边讨论边操作,课堂气氛会非常活跃。在时机成熟之时,引导学生总结出:开始—查找—文件或文件夹—输入查找文件名称—选定搜索。(播放 Flash)

3. 自由展示,评价激励

在信息技术教学中,留给学生充足的创作时间,能及时加深其对知识点的理解和掌握,便于教师及时得到信息反馈并能因材施教。对此我刻意设计了这样的练习:我们已学会了用三种方式查找文件,你会用吗?请分别演示一下。会用一种的将在以后的游戏课上奖励2分钟的时间。同学们会兴趣盎然,急于展现自己的才能,积极主动地进行操作。在巡视中我使用多媒体网络教室软件广播优秀学生的操作过程,让他们体验到成功的乐趣,并请学生进行自我评价和相互评价,锻炼学生的表达能力和评价能力。这样的设计,课堂气氛活跃,能使学生及时运用所学的知识指导实践,知识点得到及时反馈,做到既面向全体又突出个性。

4. 学生总结,意犹未尽

带着疑问走出课堂才是学生可持续发展和终身发展的需要。我是这样来结束本节课的教学的:让学生自己谈谈今天学会了什么,这是一个对知识的系统化和梳理过程,有利于培养学生独立概括知识、口头表达的能力,又能加深对本课重、难点的理解。然后我播放超级玛丽求救:有一只恶魔要来了,它的位置已经暴露了,要赶快转移地点啊!这可怎么办呢?课后请同学们预习第21课,这样就把课外的预习巧设其中,学生既乐于接受又能激发他们下阶段的学习热情,而他们的心也会紧紧地与超级玛丽在一起,期待着下节课的到来。(播放歌曲)

我的说课完毕,敬请各位评委老师批评指正。谢谢大家!

案例评析

优点:① 三维目标准确可行,符合学生实际,教学理念新;② 采用游戏方法导入,能引起学生兴趣;③ 由于学生知识层次和实践操作能力的差异,在实践操作部分采用有层次性的任务驱动更能让所有的学生都能获得成功的体验。

建议:① 在内容的安排上,显得量大且头绪多,应在重点、难点处安排较大训练量;② 教学组织形式较为简单,如果能针对学习难点,设计一些活动,使学生学得再活泼一些、轻松一点就更好了;③ 教师组织课堂教学的语言,还要再准确、精练一些。

1. 叙述小学信息技术学科的课程理念。
2. 说出小学信息技术学科的教学目标。
3. 小学信息技术学科的教学内容主要是什么?
4. 选取小学信息技术教材中的某一课题撰写一份说课稿。

第八章 小学思想品德学科说课

> ※ **学习目标：**
>
> 1. 知道小学思想品德学科的课程理念。
> 2. 理解小学思想品德学科的基本内容。
> 3. 明白小学思想品德学科的教学目标及要求。
> 4. 会撰写小学思想品德学科的说课稿。

8.1 小学思想品德学科新课程理念

一、帮助学生参与社会、学习做人是课程的核心

课程要关注每一个儿童的成长，发展儿童丰富的内心世界和主体人格，体现育人为本的现代教育价值取向，培养他们对生活的积极态度和参与社会的能力，成为有爱心、有责任心、有良好的行为习惯和个性品质的人。

二、儿童的生活是课程的基础

儿童的品德和社会性源于他们对生活的认识、体验和感悟，儿童的现实生活对其品德的形成和社会性发展具有特殊的价值。教育的内容和形式必须贴近儿童的生活，反映儿童的需要，让他们从自己的世界出发，用自己的眼睛观察社会，用自己的心灵感受社会，用自己的方式研究社会。课程以儿童生活为基础，但并不是儿童生活的简单翻版，课程的教育意义在于对儿童生活的引导，用经过生活锤炼的有意义的教育内容教育儿童。

三、教育的基础性和有效性是课程的追求

儿童期是品德与社会性发展的启蒙阶段，教育必须从他们发展的现实和可能出发。同时，有效的教育必须采用儿童乐于和适于接受的生动活泼的方式，帮助他们解决现实生

活中的问题,为他们今后人格的和谐发展与完善奠定基础。

8.2 小学思想品德学科特点

"品德与生活(社会)"是一门活动型综合课程,总目标是:"促进学生良好品德的形成和社会性发展,为学生认识社会、参与社会、适应社会,成为具有爱心、责任心、良好的行为习惯和个性品质的社会主义合格公民奠定基础。"它表明了课程的人文性和方向性。小学思想品德课的教学内容以学生的生活为基础,教学目标以育人为主旨,教学过程以活动为主线,教学方式更重视道德行为的实践。苏教版"品德与生活""品德与社会"课程与教材的基本特色可归纳为以下四个方面:

一、德育生活化

"回归生活"是小学思想品德课程的核心理念,体现为课程源于生活、为了生活、在生活中学习生活,儿童只有在自己的生活中才能进行有意义的学习。小学思想品德课程和教材的生活性体现在三方面:第一,源于儿童生活,"儿童的品德和社会性源于他们对生活的认识、体验和感悟";第二,贴近儿童生活:"教育的内容和形式必须贴近儿童的生活,反映儿童的需要,让他们从自己的世界出发,用自己的眼睛观察社会,用自己的心灵感受社会,用自己的方式研究社会";第三,引导儿童生活:"课程是以儿童生活为基础,但并不是儿童生活的简单翻版,课程的教育意义在于对儿童生活的引导,用经过生活锤炼的有意义的教育内容教育儿童。"

"品德与生活"课程关注了儿童与学前生活的衔接,将如何熟悉学校环境、认识新同学、适应作息制度、了解重大节日等初入学儿童生活中面临的重要也是主要问题,作为此阶段教育的重心,按照儿童生活面的不断拓宽,认识体验的不断加深,由近及远、由浅入深的逻辑安排学习内容。"品德与社会"课程内容与学生的生活紧密结合,如学校生活《同学之间》《真正的友谊》《为你介绍我们的学校》《我在班级中的权力》;家庭生活《家庭树》《家里的烦人事》《爸爸妈妈我想对你说》《我是独生女(子)》;社会生活《有多少人为了我》《逛商场》《我是共和国公民》《我来做市长》……内容涵盖儿童日益扩大的生活面,从自我到家庭、学校、社区、国家、世界。课程伴随着学生逐渐扩大的生活逐步展开。

二、活动多样化

课程和教材设计了不同形式的课内活动和课后活动,努力做到符合儿童的年龄特征,引发学生参与的兴趣,帮助学生在活动过程中主动建构知识、锻炼能力、升华情感、养成习惯。教材在活动形式上设有"小辩论""小调查""小组讨论"等,尤其可贵的是,在活动中一般都设计了具体的情境,指导学生有效进行活动。同时,由于教材的活动设计在面向一般学生时充分考虑到学生个别差异的客观存在,各个部分活动的操作性也很强。

教材的活动性还体现在单元主题式的结构设计,彰显了活动的完整性。单元的独立性和活动的相对完整性具有内在的一致性。单元活动主题的表述,除奠定了活动单元的情感基调、表达活动的情绪状态外,还能激发儿童参与活动的积极性。如"快乐每一天""我的生活好习惯""成长乐园"等。与多样的活动相匹配的是,教材不同程度地为儿童的学习活动预留出展示活动成果的空间,即教材留白,体现了教学合一,教学内容与自我体悟有机地融合为一体的思想。教材还对培养儿童创造性、动手能力、探究和解决问题的能力给予了足够的重视。教材引领着教师的"活动"意识,通向理想的课堂,教和学的行为植根于儿童的活动之中,让课堂活动彰显生命的活力。

三、课程综合化

作为一门综合课程,"品德与生活(社会)"课程有机地融合了品德、生活、科学、自然、历史、地理等学科中道德与非道德的内容,因此更接近于儿童的生活原貌。比如,让学生了解我们的文化传统、风俗民情,学习生活中一些重要的礼仪等,让学生"生活在生活中","生活在世界中"。从儿童的生活经验出发,围绕生活,在以生活为主题指向的活动中,综合学习生活,获得对生活比较完整的认识和看法,建构起个体与自我、社会、自然方面基本的价值观念,促进个体良好品德和社会性发展,是这门课程的基本理念。

教材的每一个单元都从儿童与自我、儿童与社会、儿童与自然,即"新课标"提出的教材内容组织的三条轴线进行了综合。课标提出儿童发展的四个方面:健康安全地生活、愉快积极地生活、负责任有爱心地生活、动手动脑有创意地生活。品德与生活教材的各个单元都在这四个方面的基础上进行了综合,体现了螺旋上升的特点。

四、视角儿童化

苏教版《品德与生活》教材每一册都由四个单元组成,四个单元分别为代表健康、快乐、爱心、创造的卡通小动物——康康熊、乐乐猴、爱爱鸽、创创鼠,他们也分别代表着儿童发展的四个方面:健康安全地生活、愉快积极地生活、负责任有爱心地生活、动手动脑有创意地生活。这种设计在昭示着本套教材高扬着的健康、快乐、爱和创造的旗帜,课堂教学应当以这四个主题为主旨。

教材把儿童放在了学习的主体这一位置上。首先,每册教材一开始都设计一段前言,在前言中,学习教材的儿童是"小同学""小朋友",编写者是"你的编辑大朋友""为你们编书的叔叔阿姨"或"你的大朋友",文中的人称代词基本上全是"我""我们""你""你们"这些用于对话语境的呼语,读起来亲切易懂、平易近人,有利于拉近儿童心理与教材之间的距离;其次,教材单元主题和活动主题命名的出发点是儿童,儿童是教材或隐或显的主体;再次,教材中常用词语大量出现,教材中的句子主要是简单句,简洁、生动、活泼,与低年级儿童的语言发展阶段一致,让儿童因熟悉而产生亲近感。教材中有许多儿童喜闻乐见的童话故事、读来朗朗上口的韵文等,它们有助于儿童敞开心扉,更有效地接受教材的教育影响。在呈现形式上值得一提的是,教材在活动的设计上非常活泼,一个个小栏目新颖、有趣,如"现场发布""小调查""精彩回放""我当小记者""小采访""故事会"等栏目既以一种生动、有趣的方式提出了学习活动的内容和要求,又活跃了教材版面,提高了教材对儿童的吸引力。教材设计上的这些主体转向表层原因是教材功能的转变,从着眼于教师的"教"到侧重于学生的"学";更深层的原因则是生活德育论、主体德育论等素质教育理念的渗透。

《品德与社会》教材,从三年级到六年级,帮助学生把握好自己从儿童到少年的生活。仅从儿童与自我这一维度来说,就很好地体现了螺旋上升的特点:第一,从认识自己到自我悦纳,如《我的自画像》《我更了解自己了》;第二,从自我管理到自我规划,如《我要攀登》《我的课余生活》;第三,从自我保护到自我约制,如《心中的110》《让危险从我们身边走开》《心中有规则》……层层递进,螺旋上升,强调以学会做人为核心来学习做事,既学做事又学做人,在做事中学做人,在做人的指导下学做事,以正确的价值观引导儿童全面发展。

8.3 小学思想品德教学总目标和内容要求

一、小学思想品德教学总目标

1~2年级"品德与生活"的课程目标是培养具有良好的品德和行为习惯、乐于探究、热爱生活的儿童。

具体要求:教育学生爱亲敬长,爱集体、爱家乡、爱祖国;珍爱生命,热爱自然,热爱科学;初步养成良好的生活劳动习惯,养成基本的文明行为,遵守纪律;保护环境,爱惜资源;掌握自己生活需要的基本知识和劳动技能;尝试用不同方法进行探究活动。

3~6年级"品德与社会"的课程目标是"促进学生良好品德的形成和社会性发展,为学生认识社会、参与社会、适应社会,成为具有爱心、责任心、良好的行为习惯和个性品质的社会主义合格公民奠定基础。"它表明了课程的人文性和方向性。

具体要求:珍爱生命,热爱生活。养成自尊、自信、自强、自主、热爱科学、热爱劳动、勤俭节约的态度;乐观向上、顽强拼搏、立志成才的意识;在生活中养成文明礼貌、诚实守信、热爱集体、团结合作、有责任心的品质;热爱祖国,珍视祖国的历史、文化传统;尊重不同国家和人民的文化差异,初步具有开放的国际意识;关爱自然,认识自我,初步掌握基本的自护、自救的本领,养成良好的生活和行为习惯。

二、小学思想品德教学设计要求

按照课时安排,"品德与生活"和"品德与社会"每周两课时,已经不是基础教育阶段所谓的"副科"。并且随着课改的深入和学科的发展,人们对它的重视程度会越来越高。要上好这门课程,应该要树立以下新的观念:

1. 教材观

新的教材观应该是,教科书不只是传递知识信息的载体,更重要的功能是学生进行学习活动所凭借的话题、范例。教材是教师引发儿童活动的工具,是儿童开展活动时可利用的资源。教材是开放的,给教学留下空间,使教师能够联系当地和学生的实际,及时地把社会中新的信息、科学技术新的成果、学生生活中新的问题和现象等吸收到课程内容中去，不断提高教育教学的针对性、实效性和主动性。

2. 教师观

新课程要求教师由单纯的知识传授者转变为学生学习活动的指导者、支持者和合作者，教师首先要为人师表。教师的任务不是讲解教科书，而是努力创造适宜的活动环境与条件，灵活多样地选用教学活动和组织形式，保护学生的好奇心，引发学生探索的欲望，让他们能够生动活泼、主动地学习。教师要善于从学生的生活中敏感地捕捉有教育价值的课题，开展学生喜欢的活动，指导学生在积极主动的参与中，生活得到充实，情感得到熏陶，品格得到发展，身心健康地成长。

3. 学生观

教师要尊重和爱护学生，确立学生在学习活动中的主体地位。学生只有作为学习的主人，积极主动地参与到课堂教学活动和社会实践活动中去，才能从中感受、体验、领悟并得到个人的发展，构建起真正属于他们自己的知识和能力，形成内化的心理品质和道德品质，修炼出属于他们自己的健康人格。

4. 教学观

教与学的新观念：首先，要注重教会学生如何学习，而不是强调知识的灌输。要善用启发式的教学方式，帮助学生在学习过程中培养态度和能力。其次，要教会学生如何做人、如何处事、如何与人相处。教学不是偏重单纯的学术能力的提高，而是为了促进学生知识、技能、能力、态度、情感、价值观等方面的整体性发展。再次，教学要有开放性和活动性。知识的来源并不限于课本，学生周围的人和身边的事物都是学习的资源。要利用这些教育资源，因地制宜，开展好各种学习活动，提高教学效果。总之，新的教学观念，新就新在不是为了教而教，是为了学而教，是以学为中心的教。

小学品德课教学设计的内容包括确立教学课题、进行学情分析、教材课题分析、教学目标分析、教学要点分析、教学准备、教学过程主要环节、板书设计。教学过程是新课堂教学设计最核心的内容，它是由具有一定内在联系的前后步骤或顺序的各个主要活动环节构成的，也称教学程序，一般分为导入、新授、总结、拓展四个环节，每个环节又分别包含了不同的、具有一定程序安排的活动内容。从总体上说，新课堂教学过程设计必须要体现出以下几点：一要教学过程活动化（即体现师生互动交往，把过去那种讲解提问式教学，灵活地设计为学生的多种活动）；二要学习方式多样化（即既要重视学生的自主学习，又要重视他们的合作学习和探究学习）；三要过程设计粗线条化（这里所说的粗线条，不是指环节语言笼统、简单，而是环节语言要抓关键、抓重点，严格遵循新课堂教学课例提倡或强调的"大环节要清，小环节要精"）。每个课例的教学过程主要环节要完整，思路清晰，概括到位，做到一方面以儿童为主体，以各种活动为媒介，充分体现三维目标的要求；另一方面将儿童现实生活中各个方面的不同事件进行综合，做到知、情、意、行相统一，充分体现出品德课程的综合性。

8.4 小学思想品德说课稿模式

评委老师好！我说课的课题是：_____（板书课题）。

一、说教材

1. 教材的地位和作用

_____是九年义务教育六年制小学《品德与社会(生活)》_____年级_____册第_____单元第_____课。本单元由_____个内容组成。本单元体现了_____，重在_____。_____是这一单元的_____，处于_____地位，有着_____作用。

2. 教学目标

根据教材特点和_____年级学生的认知水平以及心理特征，依据新课程标准的要求，我确定了如下教学目标：

（1）情感、态度、价值观目标

通过_____，让学生感受到_____，激发_____的感情，形成_____的意识(态度)。

每节课的教学目标不必面面俱到，应简洁、清晰、具体，注意针对性和可操作性，尽可能根据本校和本班学生的实际状况和需求进行设计，避免大而空。《品德与社会课程标准(2011年版)》对情感态度价值观维度的目标表述为：① 珍爱生命，热爱生活，养成自尊自律、乐观向上、勤劳朴素的态度。② 爱亲敬长，养成文明礼貌、诚实守信、友爱宽容、热爱集体、团结合作、有责任心的品质。③ 初步形成规则意识和民主、法制观念，崇尚公平与公正。④ 热爱家乡，珍视祖国的历史与文化，具有中华民族的归属感和自豪感，尊重不同国家和民族的文化差异，初步形成开放的国际视野。⑤ 具有关爱自然的情感，逐步形成保护生态环境的意识。在制定某一课的目标时，可适当参照其中的部分表述。

（2）能力与方法目标

在参与活动的过程中，引导学生_____，学会_____的方法，初步培养_____的能力。

《品德与社会课程标准(2011年版)》对能力与方法维度的目标表述为：① 养成安全、健康、环保的良好生活和行为习惯。② 初步认识自我，掌握一些调整自己情绪和行为的方法。③ 学会清楚地表达自己的感受和见解，倾听他人的意见，体会他人的心情和需要，与他人平等地交流与合作，积极参与集体生活。④ 学习从不同的角度观察社会事物和现象，对生活中遇到的道德问题做出正确的判断，尝试合理地、有创意地探究和解决生活中的问题，力所能及地参与社会公益活动。⑤ 初步掌握收集、整理和运用信息的能力，能够使用恰当的工具和方法分析、说明问题。在制定某一课的目标时，可适当参照其中的部分表述。

（3）知识目标

通过本节课的学习，帮助学生了解_____，知道_____，理解_____，掌握

_____。

《品德与社会课程标准(2011年版)》对知识维度的目标表述为：① 理解日常生活中的道德行为规范和文明礼貌，了解未成年人的基本权利和义务，懂得规则、法律对于保障每个人的权利和维护社会公共生活具有重要意义。② 初步了解生产、消费活动与人们生活的关系，知道科学技术对生产和生活的重要影响。③ 知道一些基本的地理常识，初步理解人与自然、环境的相互依存关系，了解人类共同面临的人口、资源和环境等问题。④ 了解家乡的发展变化，了解一些我国的历史常识，知道在历史发展过程中形成的中华民族优秀文化和革命传统，了解影响我国发展的重大历史事件和社会主义建设的伟大成就。⑤ 初步了解影响世界历史发展的一些重要事件，知道不同环境下人们有不同的生活方式和风俗习惯，懂得不同民族、国家和地区之间相互尊重、和睦相处的重要意义。在制定某一课的具体知识目标时，可适当参照其中的部分表述。

3. 教学重点、难点

品德与生活课程是一门以小学低年级儿童的生活为基础，以培养具有良好品德与行为习惯、乐于探究、热爱生活的儿童为目标的活动型综合课程。围绕本节课的教学目标，我认为本节课的教学重点是：①_____；②_____；③_____。从学生认知水平和生活经验来看，本节课的教学难点是：①_____；②_____。

二、说教法、学法及教学准备

1. 教法

新课程标准倡导品德教育要贴近儿童的现实生活，关注儿童的生活经验，让儿童在具体的情景中和活动中去感悟、体验。因此，在本节课的教学中，我计划主要采用_____、_____等教学方法(一般不宜超过三种)。

小学思想品德课的教学活动方式多样，如阅读、讨论、辩论、参观、调查、访问、游戏、角色扮演、模拟活动、两难问题辨析，以及撰写报告书、制作图表等，每一种活动都有其适用的范围和价值。除了这些常规的手段外，还有① 故事讲解法：利用小学生爱听生动有趣的故事这一天性，讲述生动有趣的故事，寓抽象的道德观念和深刻的哲理于具体形象的故事之中，使学生明理悟道，受到启发教育。② 情景设计法：根据教学目标和施教内容的要求，配合说理而创设特定的教学情境，使学生如临其境、如见其人、如闻其声，受到情绪的感染，引起感情上的共鸣，以情入理，情理交融，从而加深对道德观念的理解。③ 典型分析法：根据教学目标，以领袖人物和英雄模范或者周边的朋友同学为典型，分析他们所具有的高贵品质和产生高贵品质的原因。

2. 学法

学生是学习的主体，教师应由单纯的知识传授者向学生学习活动的引导者、组织者转变。新课程理念倡导的学习方法有自主学习、合作学习、探究式学习。在本节课的教学中，我计划引导学生运用_____等学习方法(一般也不宜超过三种)，让学生发挥学习的主动性，在合作与探究中得到充分的体验，从而创造性地实现教学目标。

苏教版的小学思想品德教材突出了学生学习方式的多样化，教材中经常出现的学生学习活动的方式有游戏、交流、讨论、调查、小试验、制作,这六种活动方式又不是孤立、单独出现的,往往是几种活动综合出现。小学思想品德课标里重点提及、课堂上经常用到的学习方法是体验学习法、探究学习法、问题解决学习法、小组学习法等。

新课程强调体验性学习,"要求学生用自己的身体去亲身经历,用自己的心灵去感悟"。小学思想品德课常用的体验式学习方法有① 情感体验法:让学生从儿童自己的世界出发,亲历某件事(包括心理上的亲历和参与实践亲身经历或"亲为"),从中获得真切感受,以提升道德认识,并激发起相应的道德情感。② 活动体验法:学生在教师的指导下,通过直接参与调查、观察、实验、讨论、制作、表演、游戏等各种活动,亲自动手,亲自操练,在试一试、读一读、做一做、画一画、算一算、练一练的活动中,产生真实的感受和情绪体验,丰富和发展自己的经验、情感、能力、知识,加深对自我、对他人、对社会的认识和理解。③ 实践体验法:苏联教育学家马卡连柯曾说过,在学生的思想和行为中间有一条小小的鸿沟,需要用实践把这条鸿沟填满。在小学思想品德课的学习过程中,可以让学生接触社会,开展调查、访问、参观、社会服务、搜集道德名言(谚语、格言)等活动,让学生从社会大课堂中引发亲身体验,也可以将课内教育延伸到家庭、社会,并在家中和社区内设置相应的"岗位",从服务家庭、服务社会的行为践履中孕育出相应的情感体验。

3. 教学准备

根据教学需要,本节课我要准备好下列物品:教具、学具,多媒体课件,录音、录像设备,实物投影仪,网络视频……根据教学需要选择3~4种列出。

三、说教学过程

在说教学过程时,要能在具体环节的分析中,注意具体教学目标的落实,体现出对重点的突出和对难点的分解。教学过程的设计与教法、学法更是密切相关,教学环节的设计必须与前面表述的教学方法保持一致。如果是以体验式学习为主,教学过程可设计为试一试、读一读、做一做、画一画、说一说、练一练等环节,然后逐一加以阐述;如果以探究式学习为主,教学过程则可分为"创设情景、激趣导入""参与体验、探究新知""尝试练习、应用新知""拓展延伸、内化提高""分层练习、总结提升"等几个环节。

《品德与社会课程标准》倡导教师应是学生的支持者、指导者、参与者。因此,围绕本课教学目标,我设计了五个活动环节:① 歌曲导入,缩近距离;② 合作交流,感知分享;③ 共同体验,分享快乐;④ 回归生活,体验快乐;⑤ 故事延伸,共享快乐。现在我具体地来说一说每一个环节的设计。

1. 歌曲导入,缩近距离

课前,引导学生唱《拍手歌》;上课伊始,随机引出话题:"同学们,听到大家愉快的歌声,老师的心情也变得轻松愉快起来。有这样一句话:如果你有一份快乐,和别人分享,你将有两份快乐。今天我们就来分享快乐。"(教师板书:分享的快乐)这样开场,小学生喜闻乐见,容易拉近师生距离,与学生融合在一起。

2. 合作交流,感知分享

接下来,我会适时引入活动一"我们的分享日",这是本节课的教学难点,我主要从三个方面来突破：首先我把学生分成六个小组，让每个学生在小组内介绍自己喜欢的东西；接着，我会引导学生畅谈分享的感受，鼓励学生讲出自己的真情实感；根据不同的感受对比，适时引发学生讨论；通过讨论，让学生明白好东西和别人分享才快乐；最后，让学生通过亲身体验、对比感知分享的快乐。我会先将准备好的西瓜让一个学生吃，接着让孩子们在小组内分吃西瓜，让学生分别畅谈自己的感受，让学生通过对比理解分享是一种快乐，从而突破教学难点。

3. 共同体验，分享快乐

《品德与社会课程标准》指出："儿童是学习的主体，学生品德形成和社会性发展是在各种活动中通过自身与外界的相互作用来实现的。"因此，我准备这样引入活动二："同学们让我们在小组内共同合作一起来画一画、拼一拼，互相交流各自的想法，形成新的作品。"……在小组展示后，我将相机提问："孩子们，通过这个活动，你有什么收获？你的心情如何？"……最后出示萧伯纳的名言进行总结（教师板书）。这一环节的设计，让学生进一步把个体之间的分享扩展到集体生活中。

4. 回归生活，体验快乐

回归生活是品德课的基本目标。我在学生感悟到分享是一种快乐的基础上，出示课本3的图画，"俗话说得好，一个好汉三个帮，一个篱笆三个桩。这不，这些孩子碰到了困难，我们该怎么办？假如你帮助了他，他会怎么想？"这样，让学生懂得当别人需要的时候，把自己的东西分给他人一些，或者借人用一用，也是一种分享。……最后，我准备让学生联系生活实际，谈一些自己和别人分享快乐的事情。这样可以将课本与学生的生活实际联系起来，加深学生对分享的理解。

5. 故事延伸，共享快乐

新课程的一个特点就是给学生留有自由发展和创造的空间。在这一环节，我会先给学生讲《盲人点灯》这个故事的开头，而后让学生去猜测、续编故事的发展和结尾。在此，我会充分尊重学生的个体体验，引导学生懂得分享就是你中有我，我中有你；分享不仅为了别人，也是为了自己。

本段总结语：本节课我以学生已有的生活经验为基础，结合学生心理生理特点以及在实际中存在的问题，在教学活动中充分体现学生的自主性与主动性，力求把教学活动与学生生活经验相结合，让学生在参与合作中体验分享的快乐，引导学生形成新的人生观和价值观。

四、说板书设计

根据不同情况和需要，可以边说课边板书；也可以将板书设计制作在事先准备好的PPT或小黑板上，在说完整个教学过程后呈现并做简要说明。

五、说教学反思

教学反思可围绕下面几个方面简要分析：教学目标是否达成；教学重点难点处理是否得当；教学手段方法运用是否合适；教学活动设计和学生的情感体验是否达到预期效果；

因材施教和学法指导处理情况如何;教学资源开发与使用是否得当等。

8.5 小学思想品德说课案例

"我的好习惯"说课稿

一、说教材

"我的好习惯"是九年义务教育六年制小学《品德与生活》二年级上册第三单元第四课。本单元由"我来试试看""我不胆小""我不任性"和"我的好习惯"四个主题活动组成。本单元以"乐"为线索,从不同的侧面反映儿童成长的快乐。这一单元体现了儿童与社会的整合,重在引导儿童由自然人成为社会人。"我的好习惯"是这一单元的总结,通过展示活动成果来提升儿童的生活经验,帮助儿童真正享受到成长的快乐。

二、说教学目标

结合教材特点以及二年级学生的认知水平和心理特点,我确定如下教学目标:

(1)情感与态度:通过活动,让学生感受到成长的快乐,激发学生热爱生活、积极向上的感情。

(2)行为与习惯:在老师的帮助下,引导学生参与自我检测、讨论交流、制订计划、实践操作等活动,使学生初步养成良好的生活、学习、品德和行为习惯。

(3)知识与技能:使学生认识到好习惯带来的益处,提高学生养成好习惯的自觉性。引导学生学习制订计划,培养获取信息的能力。

(4)过程与方法:在参与活动的过程中,引导学生学会与同学合作、交流、分享感受,共同体验活动的成果。

三、说教学重难点

品德与生活课程是一门以小学低年级儿童的生活为基础,以培养具有良好品德与行为习惯、乐于探究、热爱生活的儿童为目标的活动型综合课程。由此确定本节课的教学重点是通过活动,引导学生学会与同学合作、交流、分享感受,让学生感受到成长的快乐,激发学生热爱生活、积极向上的感情。难点是让学生认识到好习惯带来的益处,提高学生养成好习惯的自觉性。

四、说教法

《品德与生活课程标准》明确指出:品德与生活是一门综合性活动型课程,具有生活性、活动性、综合性、开放性四个基本特征。本课程的性质强调活动,所以我设计的基本教法是注重活动、强调活动,让儿童充分参与各种活动。新课程标准倡导:品德教育要贴近儿童的现实生活,关注儿童的生活经验,让儿童在具体的情境中和活动中去感悟、体验。

因此,在教学中通过现场调查、小组合作交流、展示等形式,学生深切体会到成长的快乐。这些活动化、生活化的品德教育适合小学低年级儿童的认知特征、思维水平,它努力让儿童道德的学习不再在事不关己的符号学习中进行,而使品德教育变得真实具体、可感可触、可理解可实践,真正起到引导儿童生活的作用。课堂上,儿童是"积极的参与者",教师的作用是"针对儿童去做",成为儿童活动的支持者、合作者和指导者,是引导、激发和深化儿童活动的人。

五、说学法

关于学法,新课程理念倡导学生自主学习、合作学习、探究式学习,在很多情况下,教法与学法是紧密交织在一起的。本节课的教学,我主要从这三个方面体现学生的学习活动,通过学生自主学习、合作学习、探究学习,培养学生的创新精神和实践能力、语言表达能力以及观察力等,并在教学活动中对学生的学习给予必要的具体指导。

六、说教学过程

新课程标准指出:课程超越单一的书本知识的传递和接受,以活动为教和学共同的中介。课程的呈现形态主要是儿童直接、主动地参与的各种主题活动、游戏或其他实践活动,课程目标主要通过活动过程中儿童在教师指导下的主动建构来实现。围绕本课教学目标,我设计了五个活动:做一做,了解习惯;聊一聊,我的好习惯;秀一秀,我已经养成的好习惯;改一改,我身上不好的习惯;写一写,我还想养成的好习惯。每个活动目标清晰,环环相扣,层次分明,层层递进,螺旋上升。现在就具体地来说一说每一项活动的设计。

布鲁纳有一句名言:任何一个知识都能够以一种合适的方式教给任何一个年龄的学生。二年级的学生以形象思维为主,所以我首先利用"喜羊羊"这个孩子们喜闻乐见的动画形象,创设喜羊羊开着小火车带孩子们一起去好习惯乐园游玩的情境,串联起每个活动,伴随着小火车的鸣笛声开始好习惯之旅。"喜羊羊"的出场会激起学生的兴趣,调动学生的积极性,营造良好的课堂氛围。

活动一 做一做:了解习惯

游戏是小朋友们最爱的活动,因此为了让学生在良好的课堂氛围中轻松、快乐、积极主动地了解习惯,我设计了喜羊羊带小朋友们走进游戏屋做游戏:双手五指张开,十指交叉,跟着老师一起重复做几次这样的动作。大多数小朋友在十指交叉时每次都是右手的大拇指在外,为什么呢,其实这就是一种习惯!习惯成自然!这样用形象直观的方式让孩子明白了什么是习惯,同时为下面怎样养成好习惯做铺垫。

活动二 聊一聊:我的好习惯

说到习惯,小朋友们一定有很多好习惯,下面跟喜羊羊一起去聊天室聊一聊我的好习惯。于是我自然地引出问题:我们小朋友有哪些好习惯呢?一问激起千层浪,此时的课堂是学生自由发表的天地,充分体现了学生的主体地位,当然此时我也要充分发挥教师的主导作用,对学生的回答适时点评、概括、引导。比如,当学生说有积极锻炼的好习惯时,我可引导:在我们校园里也可以通过体育课、跳绳、广播操、眼保健操等来锻炼。当学生说有爱惜学习用品的好习惯时,我会问:你是怎么爱惜学习用品的?当学生说有乐于倾听的好习惯时,我便强调:善于倾听的孩子是最聪明的孩子。通过畅所欲言的聊,学生们联系生活实际了解了哪些是好习惯、自己有哪些好习惯、同学有哪些好习惯,以及好习惯的重要性。

聊到一定的火候,学生兴致高涨,此时来到习惯检测站,你有这些好习惯吗?做到的画上笑脸,一方面引导学生自我对照、自我检查,形成一个初步的自我评价:我有哪些好的行为习惯;另一方面使学生明白在生活和学习中有许许多多的好习惯尚需培养。从生活中来,回到生活中去,指导生活。新课程倡导在儿童的生活中来进行品德教育,立足点强调了儿童的生活经历。让已养成好习惯的学生谈谈自己的体会和感悟,这是十分宝贵的生活经验,从而使课堂呈现的是"儿童的文化",而不是"成人的说教"。

活动三 秀一秀:我已经养成的好习惯

好习惯给我们带来了哪些好处呢,跟着喜羊羊一起去展示台秀一秀已经养成的好习惯吧。先在小组内交流展示,然后每组推荐一名代表全班展示,鼓励儿童交流自己的经验,用自己感悟到的"好处"进行交流,真切体验到好习惯带来的益处。交流展示的内容和方式可以是多样的。比如:坚持每天都跳绳,不仅让身体很强壮,而且多了一项体育技能;坚持早晚刷牙,拥有了一口健康、亮白的牙齿;坚持认真写字,所以《习字册》上每次都得到很多红圈圈……这一举两得,一方面培养了学生的小组合作能力,另一方面给学生提供了展示的舞台,让他们自信、大胆地展示自己,让每一个孩子都能积极地参与到活动中来。与其"直白"式地说教,收效甚微,不如用儿童的方式教育儿童更具实效性,好习惯带来的好处不言而喻,学生感同身受。最后作为这一活动的小结,送学生一首好习惯拍手歌:"好习惯,我知道。积极锻炼身体好,早晚刷牙牙齿白,瓜皮果壳别乱抛,主动问好有礼貌,专心听讲勤思考,作业认真不潦草,好习惯,我知道,坚持人人能做好!"儿歌朗朗上口,不仅富有节奏感、韵律感,还概括了一些重要的好习惯。孩子们边打节拍边读,读中明理,读中导行。

活动四 改一改:我身上不好的习惯

认识了好习惯带来的益处,提高了学生养成好习惯的自觉性。那么我们身边是不是也存在一些不好的习惯,怎样能让学生深刻地反省自己呢?我利用多媒体设计了树叶从郁郁葱葱变成枯黄,最后全部凋零的动画:坏习惯就像树叶上的害虫,让树叶枯黄、一片片掉落,小树生病了。这一动画触及学生的心灵,使其受到震撼并深切感受到坏习惯的可怕,激起孩子们下决心改掉坏习惯的迫切性。但光有决心是不够的,怎么让决心变成行为呢?著名教育家马卡连柯说过:在学生的思想和行为中间,有一条小小的鸿沟,需要用实践把这条鸿沟填满。有了坏习惯并不可怕,喜羊羊带着我们一起去矫正营改掉它。为了调动学生的积极性,我在矫正营设计了实话实说——小采访的活动,让学生对照自己发现自己身上不好的习惯,自悟道理,不仅分清了好习惯、坏习惯,还学会了改掉坏习惯的方法,真正体现"回归生活的品德教育"的课程理念。老师采访学生,学生采访学生,师生、生生互动,让学生在友好、亲切、快乐的环境中学习,让学生觉得我就是他们中的一员,就是他们的朋友。

活动五 写一写：我还想养成的好习惯

新课程标准指出：儿童品德和行为习惯的形成、知识和经验的积累、能力与智慧的增长是在其生活中综合地实现的，是一个连续的发展过程。因此，加强教育活动之间的整合与连续对提高课程的实效性至关重要。根据这一理念，我设计了一棵班级成长树，让孩子们把还想养成的好习惯写在绿叶上，写好后贴到大树上。这棵班级成长树就贴在班级里，请老师、家长、同学监督，以后养成什么好习惯也可以写上去。成长树将课内延伸到课外，伴随孩子的成长。这一设计把整个活动推向高潮，使每一个学生都有机会表达自己的想法，真正体现了学生的主体性。

总之，这节课以活动为主，这些活动来源于生活，立足于生活，指导于生活，以学生为本，让每个学生都参与到活动之中，去感受，去体验，去创造，在活动中掌握知识，培养情感，内化品德。

我的说课结束了。敬请各位专家批评指正！谢谢！

（此案例由盐城市毓龙路实验学校胥小燕提供）

案例评析

这篇说课稿处处紧扣新课程标准，从小学二年级学生的实际出发，对教材做了深入钻研，明确了课堂教学的三维目标和重点难点。在此基础上，贴近儿童实际，精心构思，巧妙设计了环环相扣的五个课堂活动环节："做一做，了解习惯；聊一聊，我的好习惯；秀一秀，我已经养成的好习惯；改一改，我身上不好的习惯；写一写，我还想养成的好习惯。"用儿童喜闻乐见的形式展开课堂教学，体现儿童主体意识，突出课堂重点，化解学习难点，解决实际问题，引领儿童心灵成长。层次分明，目标清晰，层层递进，螺旋上升。说课结构相对完整，注重理论联系实际，语言规范，具有很好的示范性。美中不足的是，本篇说课稿对教法、学法的分析有失笼统，不够细致，缺少板书设计和教学反思环节。但瑕不掩瑜，从这篇说课稿可以看出，说课老师有着非常厚实的专业素养，熟悉儿童身心发展规律，理论功底扎实，教学技巧娴熟，是一位非常优秀的小学思想品德教师。

课后练习

1. 简述小学思想品德学科的课程理念。
2. 说出小学思想品德学科的教学目标。
3. 列出小学思想品德学科的主要教学内容。
4. 撰写一份小学思想品德学科的说课稿。

第九章　小学音乐学科说课

学习目标：

1. 理解小学音乐学科的课程理念。
2. 知道小学音乐学科的一般特点。
3. 掌握小学音乐学科的教学目标及要求。
4. 会撰写小学音乐学科的说课稿。

9.1　小学音乐学科新课程理念

一、以音乐审美为核心

以音乐审美为核心的基本理念,应贯穿于音乐教学的全过程,在潜移默化中培育学生美好的情操、健全的人格。音乐基础知识和基本技能的学习,应有机地渗透在音乐艺术的审美体验之中。音乐教学应该是师生共同体验、发现、创造、表现和享受音乐美的过程。在教学中,要强调音乐的情感体验,根据音乐艺术的审美表现特征,引导学生对音乐表现形式和情感内涵的整体把握,领会音乐要素在音乐表现中的作用。

二、以兴趣爱好为动力

兴趣是学习音乐的基本动力,是学生与音乐保持密切联系、享受音乐、用音乐美化人生的前提。音乐课应充分发挥音乐艺术特有的魅力,在不同的教学阶段,根据学生身心发展规律和审美心理特征,以丰富多彩的教学内容和生动活泼的教学形式,激发和培养学生的学习兴趣。教学内容应重视与学生的生活经验相结合,加强音乐课与社会生活的联系。

三、面向全体学生

义务教育阶段音乐课的任务,不是为了培养音乐的专门人才,而应面向全体学生,使每一个学生的音乐潜能得到开发并使他们从中受益。音乐课的全部教学活动应以学生为主体,师生互动,将学生对音乐的感受和音乐活动的参与放在重要的位置。

四、注重个性发展

每一个学生都有权利以自己独特的方式学习音乐,享受音乐的乐趣,参与各种音乐活动,表达个人的情智。要把全体学生的普遍参与与发展不同个性的因材施教有机结合起来,创造生动活泼、灵活多样的教学形式,为学生提供发展个性的可能和空间。

五、重视音乐实践

音乐课的教学过程就是音乐艺术的实践过程。因此,所有的音乐教学领域都应重视学生的艺术实践,积极引导学生参与各项音乐活动,将其作为学生走进音乐,获得音乐审美体验的基本途径。通过音乐艺术实践,增强学生音乐表现的自信心,培养良好的合作意识和团队精神。

作为审美教育的学科,音乐与其他学科有不同的教学方法。主要体现在从情感入手,采用体验的方式,以情动人、以美感人,重视教育的潜效性。

9.2 小学音乐学科特点

(1) 注重情感态度与价值观、过程与方法和知识与技能的整合。音乐基础知识和基本技能的学习不是孤立的,而是有机地渗透到音乐的审美体验之中。由于教学领域的拓展,知识与技能已不再是主要的学习难点。它是面向全体学生,体现育人本质,重视学生对音乐兴趣的培养,开辟了学生主动参与和探索发展的新园地。

(2) 深化音乐课程的性质,将音乐课程上升到了作为人类文化的一种重要形式和载体,并作为人文学科的一个重要领域来认识。

(3) 教学内容上分段递进、连贯发展。《义务教育音乐课程标准》将义务教育的九个学年分成三个学段:1~2年级学段,3~6年级学段,7~9年级学段,根据学生不同年龄段的生理、心理特点,认知力的发展及感受体验、表现音乐的能力,定出不同教学领域的内容标准,形成分段递进、连贯发展的标准体系。

(4) 突出听觉艺术的感知规律,突出音乐学科的特点。不再将识谱和视唱作为孤立的知识点,而是通过听、唱熟悉乐谱,降低了教材的难度。

(5) 注意音乐教学各领域之间的有机联系,重视教学内容与相关文化的融合,教学内容包括歌、舞、乐、戏、画等。

(6) 课程评价内容和形式更加完善,突出评价的激励功能,摒弃单凭考试、考查确定学生成绩的做法。

9.3 小学音乐教学目标和教学设计要求

一、小学音乐教学总目标

音乐课程目标的设置以音乐课程价值的实现为依据。通过教学及各种生动的音乐实践活动,培养学生爱好音乐的情趣,发展音乐感受与鉴赏能力、表现能力和创造能力,提高音乐文化素养,丰富情感体验,陶冶高尚情操。上述课程目标包含在以下三个层面的表述中。

1. 情感态度与价值观

(1) 丰富情感体验,培养对生活的积极乐观态度。通过音乐学习,学生的情感世界受到感染和熏陶,在潜移默化中建立起对亲人、对他人、对人类、对一切美好事物的挚爱之情,进而养成对生活的积极乐观态度和对美好未来的向往与追求。

(2) 培养音乐兴趣,树立终身学习的愿望。通过各种有效的途径和方式引导学生走进音乐,在亲身参与音乐活动的过程中喜爱音乐,掌握音乐基本知识和初步技能,逐步养成鉴赏音乐的良好习惯,为终身爱好音乐奠定基础。

(3) 提高音乐审美能力,陶冶高尚情操。通过对音乐作品情绪、格调、思想倾向、人文内涵的感受和理解,培养音乐鉴赏和评价的能力,养成健康向上的审美情趣,使学生在真善美的音乐艺术世界里受到高尚情操的陶冶。

(4) 培养爱国主义和集体主义精神。通过音乐作品中所表现的对祖国山河、人民、历史、文化和社会发展的赞美和歌颂,培养学生的爱国主义情怀;在音乐实践活动中,培养学生良好的行为习惯和宽容理解、互相尊重、共同合作的意识和集体主义精神。

(5) 尊重艺术,理解多元文化、尊重艺术家的创造劳动,尊重艺术作品,养成良好的欣赏艺术的习惯。通过学习不同国家、不同民族、不同时代的作品,感知音乐中的民族风格和情感,了解不同民族的音乐传统,热爱中华民族和世界其他民族的音乐。

2. 过程与方法

(1) 体验。倡导完整而充分地聆听音乐作品,使学生在音乐审美过程中获得愉悦的感受与体验;启发学生在积极体验的状态下,充分展开想象;保护和鼓励学生在音乐体验中的独立见解。

(2) 模仿。根据中、低年级学生的身心特点,从音乐基本要素入手,通过模仿,积累感性经验,为音乐表现和创造能力的进一步发展奠定基础。

(3) 探究。通过提供开放式和趣味性的音乐学习情境,激发学生对音乐的好奇心和探究愿望,引导学生进行以即兴式自由发挥为主要特点的探究与创造活动,重视发展学生创造性思维的探究过程。

(4) 合作。充分利用音乐艺术的集体表演形式和实践过程,培养学生良好的合作意识和在群体中的协调能力。

（5）综合。将其他艺术表现形式有效地渗透和运用到音乐教学中,通过以音乐为主线的综合艺术实践,帮助学生更直观地理解音乐的意义及其在人类艺术活动中的价值。

3. 知识与技能

（1）音乐基础知识。学习和了解音乐基本表现要素(如力度、速度、音色、节奏、旋律、和声等)、音乐常见结构(曲式)和音乐体裁形式等基础知识,有效地促进学生音乐审美能力的形成与发展。

（2）音乐基本技能。培养学生自信、自然、有表情地歌唱;学习演唱、演奏的初步技能;在音乐听觉感知基础上识读乐谱,在音乐表现活动中运用乐谱。

（3）音乐创作与历史背景。以自由、即兴的创作方式表达自己的情感,学习浅显的音乐创作常识和技能。通过认知作曲家生平及作品的题材、体裁、风格等,了解中外音乐发展的简要历史,初步识别不同时代、不同民族的音乐,加深对中国民族音乐的认识和理解。

（4）音乐与相关文化。认识音乐与其他艺术的联系,感知不同艺术门类的主要表现手段和艺术形式特征,了解音乐与艺术之外的其他学科的联系。根据自己的生活经验和已学过的知识,认识音乐的社会功能,理解音乐与社会生活的关系。

二、小学音乐教学设计要求

为保证《义务教育音乐课程标准》的实施,教师应深入领会课程的基本理念,开拓思路,创新方法,以音乐为本,以育人为本,全面实现课程价值和课程目标。教学设计中应注意以下一些问题:

（1）遵循听觉艺术的感知规律,突出音乐学科的特点。音乐是听觉艺术,听觉体验是学习音乐的基础。发展学生的音乐听觉应贯穿于音乐教学的全部活动中。教师要引导学生喜爱音乐,要加深对音乐的理解,充分挖掘作品所蕴含的音乐美,用自己对音乐的感悟激起学生的情感共鸣;要不断提高音乐教学技能,用自己的歌声、琴声、语言和动作,将音乐的美传达给学生;要善于用生动活泼的形式进行教学,让学生在艺术的氛围中获得审美的愉悦,做到以美感人、以美育人。以音乐审美为核心是中小学音乐教育最基本的理念,应渗透在各个不同的教学领域中,通过音乐感受与鉴赏、表现、创造及音乐与相关文化的学习,培养学生的审美感知,丰富审美情感,发展审美想象,深化审美理解,有效地提高学生的音乐审美能力。

（2）注意音乐教学各领域之间的有机联系。《义务教育音乐课程标准》设定的四个音乐教学领域是一个相互联系、相互渗透的整体。教师应全面理解和掌握音乐教学各领域的内容要求及其相互联系,并在教学中将其融合成有机整体,全面提高学生的音乐素质。例如"感受与鉴赏"即包含"音乐与相关文化",音乐表现的过程同时也是音乐感受和培养、展示创造力的过程。音乐感受与鉴赏能力的提高,可以丰富音乐的表现,促进音乐创造力的发展。同理,"音乐与相关文化"也只有在音乐鉴赏、表现和创造活动中才能真正得以理解和体现。

（3）面向全体学生,注意因材施教。课堂教学是学校音乐教育的主要渠道,学校和教师要为全体学生提供足够的音乐教学时间、空间和条件。学生音乐能力的客观差异,要求教师对所有学生给予普遍的关怀和鼓励,使他们充满自信地参与各项音乐活动。对音乐特长学生应给予相应的指导,并引导和鼓励他们关心集体的音乐学习。

(4) 建立平等互动的师生关系。音乐教学活动应该是过程与结果并重,教师作为教学的组织者和指导者,是沟通学生与音乐的桥梁。教师应在教学过程中建立民主、平等的师生交流互动关系。教学形式应灵活多样,应根据不同的教学内容和教学目标,采用与之相适应的教学组织形式,创设充满音乐美感的课堂环境。要突出学生在教学中的主体地位,便于学生参与各项音乐活动,便于教学过程中的师生交流。

(5) 运用现代教育技术手段。以信息技术为代表的现代教育技术极大地扩展了音乐教学的容量,丰富了教学手段和教学资源,在音乐教育中有着广阔的应用前景。教师应努力掌握现代信息技术,利用其视听结合、声像一体、形象性强、信息量大、资源宽广等优点为教学服务;要充分发挥学生在学校、家庭和社区运用电脑网络方面所蕴藏的巨大教育潜力,引导学生利用现代信息技术学习音乐。教师应加强对学生在影视、广播、网络上学习音乐的指导。

(6) 因地制宜实施《课标》。我国是幅员辽阔、人口众多的多民族国家,各地区、各民族和城乡之间存在差别,各学校和教师应结合本地、本民族和本校的具体情况,充分利用当地的课程资源,营造良好的校内外音乐环境,丰富具有区域文化和民族文化特色的教学内容,因地制宜地把握教学领域内容标准的弹性尺度。

9.4 小学音乐说课稿模式

尊敬的各位评委老师,大家好!

我说课的课题是_____。这是一堂歌曲教学(欣赏)课。本节课我主要从说设计理念、说学情、说教材、说教法学法、说教学准备、说教学过程等几个方面进行说课。

一、说设计理念

根据新课标要求,结合学生的实际,本课的设计理念是,通过教学及各种生动的音乐表现活动培养学生对音乐的兴趣,开发音乐的感知力,体验音乐的美感,并在音乐教学活动中培养学生对艺术的想象力和创造力。

二、说学情

小学段的孩子在对音乐的感受和表现上,能对自然界和生活中的各种音响感到好奇有趣,能用自己的声音对它们进行模仿,能听辨不同情绪的音乐,课堂上能够在律动、集体舞、音乐游戏、歌唱表演等活动中与他人合作,在创造方面能够自制简易的乐器,在评价方面能够对自己和他人的演唱做出简单的评价。

三、说教材

这部分内容我主要从教材地位、教学目标、教学重(难)点等几个方面进行陈述。

1. 教材地位

今天我所选用的教材是义务教育课程标准实验教科书,小学音乐教材_____年级下册第_____单元的《_____》。本课在小学音乐教学中占有很重要的地位。它是一首欢快、活泼的儿童歌曲。它以生动的歌词、轻快的节奏、流畅的旋律为我们展现了一幅美好的画面,表达了孩子们纯真的感情和快乐自豪的情感。

2. 教学目标

美国著名教育家杜威认为:教学目标在教育活动中起着非常重要的作用,是教育者从事教育活动的指南。根据教学大纲、新课程标准、听觉艺术的感知规律及学生的认知规律和心理特点,本课的教学目标我是这样来设置的:

(1) 知识与技能:指导学生能够用自然的声音、准确的节奏和音调有表情地演唱歌曲《_____》,并乐于参与到音乐活动和即兴创造活动当中。

(2) 过程与方法:以音乐审美为核心的基本理念,渗透到歌曲教学的不同模块中。运用体验聆听、模唱学习歌曲(游戏、歌唱表演、集体舞蹈),运用小组探究、小组合作的形式进行歌曲创编。

(3) 情感态度与价值观:培养学生保持对音乐学习的兴趣,培养乐观的态度和友爱的精神。获得丰富的情感体验,形成健康向上的审美观。爱大自然及一切美好事物,热爱底蕴深厚的民族音乐。

3. 教学重难点

基于音乐新课程标准,在吃透教材的基础上,我确定了以下教学重点和难点。

(1) 本课的教学重点是引导学生用自然圆润的声色有感情地演唱歌曲。

(2) 本课的难点是掌握歌曲节奏(切分节奏、小附点等),正确把握音乐的风格。

为了讲清教材的重难点,使学生能够达到本课设定的教学目标,我再重点说一说教法和学法选择。

四、说教法、学法

教学有法,但无定法。考虑到学生的现状,我主要采取情境教学法,运用现代信息技术,利用其视听结合、声像一体、形象性强、信息量大等特点,为学生创设一系列优美的情境,激发学生的学习兴趣,活跃课堂气氛,促进学生对知识的掌握。

基于本课的特点,我将采用以下的教学方法:

(1) 直观演示法:利用图片等手段进行直观演示,激发学生的学习兴趣,提高学生的学习效率。

(2) 活动探究法:引导学生通过创设情境等活动形式来获取知识,以学生为主体,使学生的独立探索性得到充分的发挥,培养学生的探索能力、思维能力、活动组织能力。

(3) 集体讨论法:对学生提出的问题,组织学生进行集体讨论和分组交流,促使学生在合作学习中解决问题,培养学生的团结协作精神。

我还通过运用学科整合的方法,在联系生活和拓展创编这两个环节中,融入美术、自然、语文、戏曲等学科与艺术的知识,拓展学生的音乐视野,促使其音乐素质和音乐表现力不断提高。

"授人以鱼,不如授人以渔",教会学生知识,不如教会学生学习的方法,因而,我在教学过程中会特别重视学法的指导。音乐课应重视对学生的音乐实践,所以我把学习的主动权交给学生,让学生主动参与学习并且自由发挥。

本次课我运用了小组合作法、自主探究法、总结反思法等学习方法,同时还让学生多听多练、自省自悟,从而实现预定的教学目标。

五、说教学准备

传统的教学是以静态形象为主,学生会感到枯燥乏味,而现代化的教学手段却能集音、形、色、动为一体,有效地吸引学生的注意力和学习兴趣,这是其他手段不可比拟的。因此,本节课我准备的教具有多媒体课件、电子琴等。

六、说教学过程

最后我具体来阐述一下本节课的教学过程。

本节课的教学过程,我是这样思考的,总的设计思路分为五个环节:导入音乐课堂—学唱歌曲—歌曲处理—创编节目—拓展延伸。

下面,我将分别来介绍这五个环节:

1. 律动表演,导入课堂(2~3分钟)

为了营造一种欢乐、愉快的氛围,我让学生在《蜗牛与黄鹂鸟》的音乐中做律动进入教室,通过律动来激发学生的积极性,带领学生进入音乐的殿堂。

2. 学唱歌曲,整体感知(占时25分钟)

这是本节课的主要内容,这个环节我将运用听唱法、教师示范和学生分句模唱等方法来引导学生学习新歌。

(1) 为了培养学生的兴趣、营造浓郁的音乐课堂氛围、加强教学的直观性,我采取用多媒体来创设情境,并在声像一体的课堂氛围中,播放歌曲《_____》。先请同学们听一听这首歌,在听的时候思考两个问题:这首歌是什么情绪?给你留下什么印象?学生作答。

(2) 教师完整地范唱歌曲,指导学生听辨出歌曲中(切分节奏、休止符)的位置,感受歌曲(天真活泼)的情绪。

(3) 学生交流,初步熟悉歌曲。

(4) 跟钢琴演唱2~3遍,教师弹奏歌曲,学生跟琴演唱。

要求:速度不宜过快,学生用中速跟琴演唱;声音自然统一,气息通畅,避免让学生用喊叫的声音演唱,注意保护嗓音。

(5) 难点的解决:歌曲中的附点节奏、小切分节奏型的把握。

解决方案:通过用手击拍以及画强弱箭头图的方法,解决附点节奏和小切分节奏音型。

3. 歌曲处理，情感升华

有感情的歌声，永远是音乐教学工作者追求的最美境界。

（1）请学生根据歌曲的情绪，试着将已经学过的切分节奏、连音线标注在合适的地方，说一说感觉如何。指导学生从力度、速度等方面，分组讨论对歌曲的处理意见。

（2）采用领唱与齐唱的演唱形式，有感情地、完整地演唱歌曲。

4. 创编节目，合作交流（5分钟）

在同学们能够有感情、完整地演唱歌曲的前提下，将全班同学分为两个表演组，一个是合唱组，一个是舞蹈组，每个组推荐一名组长。大家在组长的带领下能够进行很好的合作表演，在合作中培养同学们团结协作的精神。

5. 资源开发，拓展延伸（3～5分钟）

这一环节主要是让学生拓展和积累课外的音乐知识，拓宽学生的文化视野，提高学生的人文素养。

常言道："编筐编篓，全在收口。"在这节课的最后，我采用了归纳式的结尾，请学生说说《＿＿＿＿》的歌曲反映了怎样的生活情趣？请大家用自己的话说说对歌曲的理解。最后师生在愉快的《＿＿＿＿》歌曲声中结束本课。

我衷心地希望，通过这样的设计，能让"音乐"这魅力无穷而令人神往的艺术成为孩子们心中的花朵，让它铺满孩子们的人生道路，散发出不绝的芬芳！

我的说课到此结束，敬请各位评委老师多多给予指导。谢谢大家！

9.5　小学音乐说课案例

"金孔雀轻轻跳"说课稿

尊敬的各位评委老师：大家好！

今天我说课的题目是"金孔雀轻轻跳"。我准备从说设计意图、说教材、说学情、说教法学法、说教学过程、说教学评价六个方面对本节课进行阐述。

一、说设计意图

音乐是一门听觉艺术，音乐艺术的一切实践都须依赖于听觉。"遵循听觉艺术的感知规律，突出音乐学科特点"，这是新课标对音乐教育的重要指导思想。我设计的这堂音乐课遵循了"以听为中心"的原则，在听中辨，在听中学，在听中想，在听中演，真正做到突出音乐学科的特点，达到感受美、体验美这一效果。

二、说教材

1. 教材的地位与作用

歌曲《金孔雀轻轻跳》选自苏教版三年级下册第5单元，F大调，2/4拍歌曲，整首歌曲中速稍快,音程多以三度、五度关系进行。歌曲为我们展现了一幅傣族小朋友与小孔雀一起在小溪边、草地上跳舞的场景,表现出孩子们纯真的友谊和对小动物的喜爱,激发了他们对家乡及大自然的热爱之情。通过这部分内容的学习,学生可以初步掌握傣族歌曲的风格,掌握三度、五度的音准,从而为后面的音乐学习奠定基础。

2. 教学目标

现代课程改革强调教学以学生为主体,强调通过学生的主动学习,促进学生主体性发展。根据新课程标准、听觉艺术的感知规律及学生的认知规律和心理特点,结合我对教材的理解与分析,我将本节课的教学目标确定为:

(1) 知识与技能:培养学生自然而有表情地演唱歌曲;了解歌曲的风格、特点,较好地掌握三度、五度的音准。

(2) 过程与方法:通过演唱、欣赏、律动、表演等,使学生乐于学习并且参加到音乐活动及创造活动当中。

(3) 情感与价值观:在歌曲学习过程中,促使学生的情感受到感染和熏陶,建立起对友谊、小动物、家乡、大自然及一切美好事物的挚爱之情,形成健康向上的审美观和阳光心态。

3. 教学重点、难点

根据课程内容和学生的实际水平,我认为本课的重点和难点为:

(1) 重点:基本掌握三度、五度音程关系,引导学生用自然圆润的声音有感情地演唱歌曲。

(2) 难点:通过律动学跳简单的孔雀舞,使学生对傣族舞蹈有所了解。

三、说学情

我所面对的学生是小学三年级的学生,相比一二年级的学生,他们的生活范围和认知领域有了进一步提高,他们对音乐的体验感受能力和创新能力有了进一步增强,但是仍然没有脱离儿童的特点——他们好奇、好动,以形象思维为主,联系和模仿能力较强,对自然界和生活中的各种音响感到好奇有趣;能用自己的声音对它们进行模仿,能听辨不同情绪的音乐,课堂上能够在律动、集体舞、音乐游戏等活动与他人合作,在评价方面能够对自己和他人的演唱做出简单的评价。

四、说教法学法

教学有法,但无定法。考虑到三年级学生的现状,我主要采取情境教学法,运用现代信息技术,利用其视听结合、声像一体、形象性强、信息量大等特点,为学生创设一系列优美的情境,激发学生的学习兴趣,活跃课堂气氛,促进学生对知识的掌握。基于本课的特点,我还将采用以下的教学方法:

(1) 讨论法:我提出问题,如傣族音乐常用什么乐器演奏、舞蹈有什么特点等,引发学生积极思考,再通过讨论,得出结论。

(2) 启发法:对学生不确定的问题给予方法和内容上的引导。

(3) 集体讨论法：对提出的问题，组织学生进行集体和分组讨论，促使学生在学习中解决问题，培养学生的团结协作精神。

(4) 示范法：通过我直接演唱歌曲，调动学生学习的积极性，激发学生学习的兴趣。

这节课在指导学生的学习方法方面，我主要采取了以下的方法：小组合作法、自主探究法、总结反思法，同时我还让学生多听多练、自省自悟，从而达到预定的教学目标。

五、说教学过程

1. 情境导入，揭示课题

俗话说，"良好的开端是成功的一半"。为了营造一种愉快、欢乐的气氛，我让学生在《蜗牛与黄鹂鸟》的音乐中做律动进入教室，通过律动来调动学生的积极性，引领学生步入音乐的殿堂。

接下来，我将采用多媒体导入的方法，给学生们播放一段视频，背景音乐采用《金孔雀轻轻跳》，然后提出问题：这是什么地方的歌曲？同学们知道歌名吗？引起学生思考，进而导出课题。我这样做的目的是，一方面可以引发学生们对傣族歌曲的学习兴趣，另一方面可以使学生在不知不觉中接受将要新授的课程旋律，在欣赏的同时为教学做好铺垫。

2. 初听歌曲，整体感知

完整欣赏全曲，引导学生初步感知歌曲意境。在欣赏过程中，要求学生随音乐哼鸣。这样，既完成了简单的发声练习，又熟悉了旋律。欣赏完后回答问题：这首歌的情绪是怎样的？给你印象最深的是什么？学生回答后，我给予肯定与客观的评价，然后我进行总结。这样，可使学生进一步了解歌曲的内容及特点。

3. 学唱歌谱，把握音准

4. 学唱歌曲，深化理解

(1) 我完整地范唱歌曲，指导学生听辨出歌曲中的三度、五度音程位置，感受歌曲的情绪。

(2) 引导学生按节奏有感情地朗读歌词，加深学生对歌曲节奏的掌握。

(3) 带词演唱。让学生跟琴试填歌词，我对错误之处进行纠正，启发学生用自然、圆润的声音歌唱，避免喊唱。

(4) 进行分组练唱、个别唱、全体学生合唱。在分组练唱过程中，我将在学生间进行单独指导，询问他们学习的难点并与学生一起解决，然后适当提问个别学生。最后，通过小组唱、对唱等形式进行演唱评比，提高学生的演唱热情。这样，不仅加深了学生对歌曲的熟悉程度，还为学生更好地理解歌曲做了铺垫。

(5) 体会情感，用情歌唱。一堂好的课除了将知识传授给学生，还要注意学生能力的培养。为了培养学生表现的意识和能力，我引导学生分析歌曲及旋律特点，探讨比较合适的演唱情绪。为了使学生更好地把握整首歌曲的情感，师生共同听录音范唱，增加感性认识，加深对歌曲情感的理解，启发学生带着情感歌唱，从而更好地把握歌曲、表现歌曲。

5. 歌舞结合，唤起共鸣

在同学们能够有感情、完整地演唱歌曲的前提下，将全班同学分为两个舞蹈表演组，每个组推荐一名组长。教学生傣族舞蹈的几种基本手型、动作,让两组为歌曲创编舞蹈。这样,通过学习,了解傣族舞蹈特点,再次加深了学生对歌曲情感的理解和体验。重视学生的参与与实践,不仅展示了学生个性,激发了学生的创造力、表现力,也能让大家在组长的带领下能够很好地合作表演,在合作中培养同学们团结协作的精神。

我将用简短的语言把学生们本节课学到的内容和表现进行总结,主要以激励为主,培养他们对音乐学习的兴趣。

最后,部分同学跳、部分同学演唱共同表演《金孔雀轻轻跳》,结束本课。

六、说教学评价

本次课我设计了四个环节,第一步导入,第二步展开,第三步深入,第四步升华,环环相扣,层层深入,整堂课以学生为主体,以歌曲为中心,充分体现了"以唱为基础,以情为灵魂"的教学构想。

在教学过程中,能根据学生的实际情况、学生学习过程中出现的问题,随机应变地对教学过程进行调整,使学生通过多种形式的学习活动,情感体验得到丰富和积累。

以上就是我说课的全部内容,谢谢各位老师!

案例评析

这篇说课稿层次清楚,环节与环节的转换自然,语言通俗易懂。所说的教学设想合理、科学、操作性强,经得起课堂教学实践的验证。

(1) 以音乐审美为核心概念,教学中注重师生共同体验、发现和享受音乐美的过程。

(2) 以兴趣爱好为动力,如教学中运用多媒体,激发和培养学生的学习兴趣。将教学内容与学生的生活经验相结合,加强了音乐课与社会生活的联系。

(3) 重视音乐实践。通过艺术实践,增强了学生的自信心,培养了他们的合作意识。

(4) 鼓励音乐创造。让学生编舞蹈等活动,丰富了学生的形象思维,有助于开发学生的创造潜力。

建议:① 歌曲教学中缺少对友谊、小动物、家乡、大自然及一切美好事物的挚爱之情的渗透教育;② 对怎样解决重难点,缺少说明;③ 教学过程中,对每个环节的时间应做分配说明。

1. 简述小学音乐学科的课程理念。
2. 说出小学音乐学科的教学目标。
3. 描述小学音乐学科的教学要求。
4. 撰写一份小学音乐学科的说课稿。

第十章　小学体育学科说课

※ 学习目标：

1. 了解小学体育学科的课程理念。
2. 理解小学体育学科的基本特点。
3. 掌握小学体育学科的教学目标及要求。
4. 会撰写小学体育学科的说课稿。

10.1　小学体育学科新课程理念

一、坚持"健康第一"的指导思想,促进学生健康成长

体育与健康课程以促进学生身体、心理和社会适应能力整体健康水平的提高为目标,构建了技能、认知、情感、行为等领域并行推进的课程结构,融合了体育、生理、心理、卫生保健、环境、社会、安全、营养等诸多学科领域的有关知识,真正关注学生的健康意识、锻炼习惯和卫生习惯的养成,将增进学生健康贯穿于课程实施的全过程,确保"健康第一"的思想落到实处,使学生健康成长。

二、激发运动兴趣,培养学生终身体育的意识

学校体育是终身体育的基础,运动兴趣和习惯是促进学生自主学习和终身坚持锻炼的前提。无论是教学内容的选择还是教学方法的更新,都应十分关注学生的运动兴趣,只有激发和保持学生的运动兴趣,才能使学生自觉、积极地进行体育锻炼。因此,在体育教学中,学生的运动兴趣是实现体育与健康课程目标和价值的有效保证。

三、以学生发展为中心,重视学生的主体地位

体育与健康课程关注的核心是满足学生的需要和重视学生的情感体验,促进全面发

展的社会主义新人的成长。从课程设计到评价的各个环节,始终把学生主动、全面地发展放在中心地位。在注意发挥教学活动中教师主导作用的同时,特别强调学生学习主体地位的体现,以充分发挥学生的学习积极性和学习潜能,提高学生的体育学习能力。

四、关注个体差异与不同需求,确保每一个学生受益

体育与健康课程充分注意到学生在身体条件、兴趣爱好和运动技能等方面的个体差异,根据这种差异性确定学习目标和评价方法,并提出相应的教学建议,从而保证绝大多数学生能完成课程学习目标,使每个学生都能体验到学习和成功的乐趣,学会享受运动的快乐、健康的快乐,以满足自我发展的需要。

10.2 小学体育学科特点

体育学科是学校教育中十分重要的一个方面,它不仅与其他课程具有互补性,而且更具有自身的鲜明特点。体育学科为学生提供了独有的、开阔的学习与活动环境,以及充分的观察、思维、操作和实践的表现机会,对于促进学生创新能力开发提高,是其他学科无法比拟的。它的突出特点有以下几个:

(1)实践性:它以培养学生的运动技能为主,是"寓教于动"的学科,主要通过身体实践活动达到预期目标。

(2)整体性:技能动作完美协调,注重身体内外的有机结合。

(3)社会性:体育课程本身具有显著的社会性。

(4)差异性:指个人身体条件、性别、地理、气候、场地设施条件、学校体育传统等。

(5)整合性:体育课程目标非单一性,它融知识、技能、身体、精神及各种能力的培养与教育于一体,开发智力,培养创新能力也是体育教育的重要任务。

10.3 小学体育教学目标和教学设计要求

一、小学体育教学总目标

1. 教学总目标

(1)增强体能,掌握和应用基本的体育与健康知识和运动技能。

(2)培养运动的兴趣和爱好,形成坚持锻炼的习惯。

(3)具有良好的心理品质,表现出人际交往的能力与合作精神。

(4)提高对个人健康和群体健康的责任感,形成健康的生活方式。

(5)发扬体育精神,形成积极进取、乐观开朗的生活态度。

2. 学习领域目标

(1) 运动参与目标：① 具有积极参与体育活动的态度和行为；② 用科学的方法参与体育活动。

(2) 运动技能目标：① 获得运动基础知识；② 学习和应用运动技能；③ 安全地进行体育活动；④ 获得野外活动的基本技能。

(3) 身体健康目标：① 形成正确的身体姿势；② 发展体能；③ 具有关注身体和健康的意识；④ 懂得营养、环境和不良行为对身体健康的影响。

(4) 心理健康目标：① 了解体育活动对心理健康的作用，认识身心发展的关系；② 正确理解体育活动与自尊、自信的关系；③ 学会通过体育活动等方法调控情绪；④ 形成克服困难的坚强意志品质。

(5) 社会适应目标：① 建立和谐的人际关系，具有良好的合作精神和体育道德；② 学会获取现代社会中体育与健康知识的方法。

二、小学体育教学设计要求

1. 根据学习目标的要求来选择和设计教学内容

《义务教育体育与健康课程标准》构建了本门课程的学习目标体系和评价原则，对完成课程目标所必需的内容和方法只是提出了一个大体范围，各地、各校、教师和学生都有相当大的选择余地。另外，由于《标准》对学生情意和健康方面的要求比较具体，教师必须全面地学习和领会《标准》的精神，理解每个学习领域各水平目标以及达到水平目标的学习要求，从地区、学校和学生的实际出发，以学生的发展需要为中心，而不是以运动项目或教师为中心来选择和设计教学内容，这样才能全面贯彻《标准》的精神。

2. 选择教学内容的基本要求

根据各个学习领域的领域目标和水平目标，以及体育与健康课程的基本理念，教学内容的选择要符合以下要求：① 符合学生身心发展、年龄和性别特征；② 运动形式活泼，能激发学习兴趣；③ 具有健身性、知识性和科学性；④ 对增强体能、增进健康有较强的实效性；⑤ 简单易行。为了适应学生的身心特征，提高学生的学习兴趣，可以对一些竞技运动项目进行适当的改造，如简化规则、降低难度等。同时，也可以根据实际情况，在课堂教学中引入一些学生喜爱的新兴运动项目。在少数民族地区或其他有条件的地区，还应该挑选、整理一些民族民间体育活动项目引入课程教学，以增加学生对民族传统文化的了解程度和自豪感。

3. 确定教学内容时数比例的原则

体育与健康的课时，1～2 年级相当于每周 4 学时，3～6 年级相当于每周 3 学时。但《义务教育体育与健康课程标准》没有规定各个学习领域内容的时数比例，在制订教学计划时，可以根据以下原则来确定教学内容的时数比例：① 实践性原则。本课程是以增进学生身心健康为主要目的的实践性课程，要保证绝大多数教学时间用于体育活动实践。只有让学生经常参与体育活动，其身体才能得到很好的发展，心理健康水平和社会适应能力才能得到进一步的提高。要避免在课堂上用过多时间给学生讲授体育与健康知识的现象。在充分保证体育实践课的前提下,也可以安排一定时数的室内教学来讲授体育与健康的有关知识。② 灵活性原则。应按照教学内容的性质、作用和难易程度安排教学时数,并根据学生达成学习目标的状况,及时调整教学时数和进度。③ 综合性原则。每一堂课的教学都应指向多种教学目标,教学中不仅要重视学生运动技能和知识的掌握,更要关注学生的心理发展和社会适应能力的提高。教师要创设一些专门的情境,以保证心理健康和社会适应学习目标的实现。

4. 教学内容的组合和搭配

体育与健康课的教学,可采用教学单元的形式进行。特别在1~6年级的低、中年级,主要是打好体能的基础,可采用复式单元进行教学,即一个单元可采用两项或两项以上的教学内容。

10.4 小学体育说课稿模式

各位评委:大家好!

今天我说课的内容是_____(新授)和_____(复习),辅助内容_____(如俯卧撑、立定跳、加速跑)。

一、说指导思想

依据新课标的要求,首先说本次课的指导思想。《义务教育体育与健康课程标准》在教学方式、教学内容、教学评价等方面都有新的要求和侧重点,以促进学生身心全面发展为目标,以贯彻"健康第一"的指导思想为宗旨。对于义务教育阶段小学学生来说,特别要关注其运动的快乐感受,培养他们良好的体育锻炼习惯,并初步形成终身体育锻炼的意识。因此,在课堂教学中除了传授基本技术、技能之外,还要讲明所学内容对发展学生身体素质和增强体质的作用,让"健康第一"的指导思想落到实处。同时也要注重培养学生的组织能力、创新能力、吃苦耐劳的意志品质及团结互助的集体主义精神,为将来适应社会打下良好的基础。

二、说教材

1. 教材地位与作用

本课教学内容是_____。_____是_____中最基本的动作,主要锻炼_____、发展_____素质和协调性,是小学体育教学的重要组成部分,是更好地学习各种_____的基础,所以我们必须高度重视学习和掌握这一技术。把这两项内容安排在同一次课,其目的在于:一是根据身体全面发展的原则,既有上肢为主的练习,也有下肢为主的练习;既有发展力量的练习,又有发展灵敏、速度的练习,使学生的身体素质和基本活动能力得到全面、协调的锻炼和发展。二是依据合理安排生理负荷和心理负荷的原则,结合人体机能适应性规律。

2. 教学目标

根据上面的教材分析和学生实际情况制定教学目标如下：

(1)认知目标：理解_____的基本技术原理和_____的技术特点，明确学习目的。

(2)技能目标：初步学会_____技术动作要领，使80%以上的学生能独立完成动作；发展学生速度、灵敏、柔韧、协调等素质；培养自主锻炼习惯和与他人合作能力。

(3)情感目标：通过_____和_____的教学和练习，培养学生果断、主动参与能力和良好的纪律性及和谐的师生关系，以游戏、各种比赛培育团结协作精神和克服困难的良好意志品质。

3. 教学重点、难点

_____基本方法并不复杂，但要做到熟练完整地完成技术动作，还比较困难。因此，_____是学习重点，_____是学习难点，_____有助于身体的协调发力。第二个内容是_____，属于_____类教材的辅助内容。对发展学生_____的素质，培养学生在比赛和实际应用中的能力具有重要作用。学习重点是_____，学习难点是_____。

三、说学情

(如)本课教学对象是农村小学四年级学生，班级男、女比例相当，共40人左右。学生各方面素质一般，但也存在着个别差异，男生基础较好，女生不喜欢表现自己，所以在练习中需要多鼓励，评价标准要根据实际情况而定。一般以让大多数学生享受到运动的快乐为原则，肯定大多数，激励小部分。

四、说教法、学法

根据人体动作技能形成的规律，结合学生的实际情况，遵循直观性、自觉性、积极性和循序渐进性原则，一般采用以下几种方法：

(1)启发式教学法：通过语言、动作激发学生的学习兴趣，启发学生的积极思考和创新能力。

(2)讲解示范法：通过精炼适度的语言讲解，使学生获得正确的动作概念；以优美的示范，帮助学生模仿正确的技术要领。

(3)分组练习法：由于学生间的个体差异，完成练习的情况各有不同，通过纠正掌握正确动作要领，提高学习的信心，激发学生参与练习的热情。

(4)循序渐进法：在教学过程中，做到由浅入深，由易到难，使学生更容易掌握动作要领和要点。

(5)交流评价法：通过评价发现问题、解决问题，进一步激发学生的学习兴趣。

要教会学生学习方法。在本课的学法中，让学生采用"听、看、思、练、问、比"的学习方法，发挥学生的主体地位，活跃课堂气氛，通过学生自主尝试、互相对比、师生讨论、观察总结等方式,培养学生的思考能力、观察能力和实践能力。面向全体学生,使不同层次的学生从运动中得到锻炼,获得快乐,并享受快乐。

五、说教学过程

根据认识事物的规律和人体生理机能变化的规律,我将本课分为四部分:开始部分、准备部分、基本部分和结束部分。

1. 开始部分

开始部分有两个内容安排(4′):一是常规内容(1′),二是队列练习(3′)。(如)队列的内容是蹲下及起立,练习方法是学生以集合队形听老师口令进行练习。它既是大纲规定的学习内容,又能集中学生注意力,振奋学生的精神。后面安排反应练习"弹钢琴",方法:以四列横队分别代表哆、啦、咪、发,叫到的蹲下,没叫到的站立。这既是对队列练习效果的检验,又能提高学生练习兴趣,为以下的教学做好准备,要求学生精神集中,情绪饱满,步调一致,反应迅速。

2. 准备部分(7′)

(如)游戏"叫数结合"和配乐韵律操。"叫数结合"方法是在直径15米的圆周上,学生进行慢跑,老师报一个数字,学生根据老师报的哪个数,就几个人抱团原地站立。把平时枯燥的跑步活动寓于游戏练习之中,激发学生的创造性思维。接着进行配乐韵律操,方法也是在直径15米的圆周上完成,通过教师讲解示范,学生随着音乐的节奏跟着做徒手体操,并配上音乐,韵与律的结合,造成艺术的氛围,给学生以美的感受。这样安排一是旨在引起学生学习兴趣,激发学习动机;二是使学生的生理机能和活动能力从相对较低水平逐渐调动起来,为人体进入活动状态做好生理和心理上的准备,并预防和减少运动损伤的发生。

3. 基本部分(30′)

分两个内容,具体如下:

第一个内容是_____,时间安排16′。为了解决这一内容的重、难点,使学生更好地掌握_____技术,设计以下的教学步骤:

① 向学生介绍_____运动技术结构、技术要点和对发展人体各项素质的作用,在_____运动中的重要作用,目的是激发学生的学习热情。

② 教师进行完整示范,让学生头脑中初步形成整体动作表象和了解各个技术环节过程,并按照循序渐进原则,从简单到复杂逐步掌握动作技术。安排如下练习:

练习1:_____练习。目的是_____。方法:把学生分成_____组,在组长的带领下体会_____动作。老师巡视指导。

练习2:_____练习。目的是_____。方法:老师巡视指导。

练习3:_____练习。目的是让学生建立完整的动作技术。方法:老师巡视指导,全面兼顾不同水平的学生。

③ 安排两位不同水平的学生进行演示,老师有针对性地进行讲评和分析。目的是让学生进行直观比对,纠正错误。

④ 学生根据自身的练习情况及结合教师评价,组内边练习边评价,总结各自的优缺

点,并采取针对性练习方法。

⑤ 组织_____比赛。方法是采用比赛形式更能激发学生练习的兴趣,提高练习的效果,进一步巩固技术动作。同时也能培养学生的集体荣誉感和良好的组织纪律观念。这种方法便于教师集中观察,教学指导。

第二个内容是_____,时间安排14′。该内容所要解决的重点问题是_____,难点是_____,应注意克服_____。小学学生往往不明确身体协调性对完成动作的作用,从而导致各种错误动作。以下的教学手段,就是围绕这样的一个重点、难点展开,根据从易到难、从简单到复杂的循序渐进的原则,一步一步进行练习。

① 讲解动作要求和注意点。目的是_____。

② 设计_____练习。方法:依据学生运动技能形成规律,由易到难进行练习,先在原地体会正确的动作要领,再通过讲解,掌握_____的方法,突破教学难点。

③ 再设计_____练习。依据循序渐进的教学原则,安排从原地练习过渡到移动中练习,让学生逐步形成正确、自动化的动作技术。

④ 举行_____比赛。由于学生不随意注意占优势,为了吸引学生的注意力,运用竞赛游戏来检查学生_____技术的掌握情况,并以此锻炼学生的身体素质,提高快速奔跑能力。通过教师引导,充分发挥学生的主体作用,教师再根据练习情况进行点评。同时寓思想教育于竞赛中,有意识地培养学生遵守纪律、关心他人、自觉锻炼的良好习惯。

4. 结束部分

(如)配《_____》音乐进行舞蹈放松,时间安排4′。组织:学生站在直径为15米的圆上。第一遍原地踏步加击掌,第二遍原地跑跳步加拍肩,第三遍行进间跑跳步加跺脚,第四遍原地跑跳步加甩臂。要求学生在放松时做到轻松、快乐,听讲时认真。多样化的练习安排,既提高了学生的趣味性,同时起到放松上、下肢的作用,使学生的生理、心理都得到放松,在进行美的教育的同时,又一次体验上体育课的乐趣和运动后的愉悦。最后,做课堂小结,指出优点和不足之处,达到鼓励学生和继续提高的目的。然后布置回收器材的任务,培养学生的劳动观念和爱护集体财产的习惯。最后师生道别,再次拉近师生距离,养成讲文明懂礼貌的好习惯。

六、说教学效果

学生在教师指导下认真参与练习,课堂气氛活跃,师生感情融洽。舞蹈完成率在_____%左右,能基本掌握正确的动作要领。预计课的练习密度为_____%左右,最高心率为_____次/分,平均心率达到_____次/分左右。让学生既出汗达到锻炼目的,又能面带微笑,身心健康,全面发展。

七、说教学准备

选择_____场地;准备_____体育器材;安排好音响、磁带等。

八、说教学评价

本次说课内容符合《体育与健康课程标准》在教学方式、教学内容、教学评价等方面的要求,体现了学生是课堂的主体,完成了本次课设定的情感目标、技能目标和认知目标。教材选择、教学方法和教学过程合理流畅,学生在运动中尽情释放,收获了欢声笑语,享受了运动的快乐、健康的快乐。

10.5 小学体育说课案例

各位领导、各位专家,大家好!

我今天说课的课题是"背屈两头翘"。本节课围绕说教材、说学情、说教法、说学法、说教学程序、说教学评价六个方面进行说课。

一、说教材

1. 说教学内容

四年级上册第五课"背屈两头翘",教材内容为两头翘、仰卧起坐传递球和投掷。通过教学,培养学生形成正确的身体姿势,发展学生的速度、力量、爆发力、柔韧性和协调性等身体素质;逐步培养遵守纪律、尊重他人、团结友爱等集体意识和良好作风;形成勇敢、顽强、克服困难的优良品质;同时进一步提高学生的身体健康和心理健康水平;增强学生的社会适应能力,养成坚持锻炼身体的好习惯。

2. 说教学目标

新课程体育教学的总目标是以"终身体育"与"快乐体育"为指导思想,注重培养学生的终身体育意识,使学生在快乐中掌握锻炼方法,参加锻炼,增强体质。① 认知目标:通过游戏,初步了解和掌握原地投掷垒球的一些方法,并在游戏过程中学会与他人合作。② 技能目标:经历游戏活动的过程,掌握原地投掷垒球的基本动作,发展投掷能力,体验投掷活动的运动乐趣和方法。③ 情感目标:培养良好的合作精神与创新意识。

3. 说教学重点、难点

根据新课标的要求和教材内容特点,结合学生的实际情况,确定如下的教学重难点:

教学重点:俯卧挺身时两腿配合上体协调上举;投掷垒球时的出手时机。

教学难点:俯卧挺身时两腿夹紧并充分伸展;投掷垒球时转体和挥臂的连贯动作。

二、说学情

1. 有利因素

小学四年级学生个性天真活泼、好动,而且兴趣广泛,其模仿能力及对新鲜事物的好奇心较强。因此在本课时教学内容的设计中,根据小学生的心理和生理特征,我采用以游戏练习为主线,注重诱导、启发,鼓励学生发挥想象,大胆创新。

2. 不利因素

由于部分学生已掌握了一定的技能基础,但是学生的心理素质不稳定,容易产生满足而导致厌学的倾向,对学习新的技术动作带来了一定的阻力。因此,在教学时采用形式多样的教学方法来激发学生的学习兴趣,为下一步学习新内容知识,奠定了良好的基础。

三、说教法

为了营造一个良好的、生动活泼的学习氛围,最大限度发挥学生的主体作用和教师的主导作用,教学中我以游戏贯穿整个教学过程,以活跃单调的课堂气氛,同时把讲解示范法、分组练习法、游戏竞赛法、情境教学法等多种教学方法交叉使用,以培养学生勇于创新、敢于进取的学习精神,充分调动学生学习的积极主动性。重视学生成为学习的主体、认识的主体、发展的主体,注重体现教与学合理的运行机制,从而达到掌握技能和锻炼身体的目的。

四、说学法

在教学过程中,通过教师引导、启发,学生进行自主练习,充分发挥学生的主体作用。在学生自主学习的同时,相互交流,讨论探究,再结合师生之间、生生之间的评价,激发学生在学习中建立自主创新的意识。

五、说教学程序

本课是根据人体生理机能活动的变化规律,再结合本课的任务和小学生的心理需求,把本节课要学习的内容贯穿于游戏中,使课堂的气氛活跃起来,提高学生的学习兴趣,从而达到良好的教学效果。本节课我分为开始准备部分、新课学习部分、结束部分三个部分进行教学。

1. 开始准备部分

(1) 课堂准备活动。

(2) 准备部分:掷纸飞机。学生动手制作纸飞机,在场地上放飞纸飞机,展示自己的制作成果,同时为基本部分中的"投掷过关＋采蘑菇"游戏做铺垫。这一环节约为10分钟,运动强度为"中"(为学生创造快乐愉悦的活动氛围,提高学生对体育活动的兴趣)。

2. 新课学习部分

这一部分是课的主体部分,是解决教学重点与难点的关键,是"教"与"学"的重点。要充分发挥学生的主体地位,给学生充分的学习时间与空间,让学生在学中乐、乐中学,从而达到锻炼身体的目的。本课主要采用以下几种方法进行教学。

(1) 通过语言提示与诱导,让学生把纸飞机想象成垒球,相互间进行抛接性的练习,以培养学生的应变能力,锻炼敏捷的视力,激发学生勇于创新、不断进取的探索精神。

(2) 让学生自主建立友伴,引导、启发学生创想多种抛接方法。为学生创造一个能展现自我风采的舞台,同时也给学生提供了一个相互交流学习的机会。

(3) 把全班同学分成四个小组进行"投掷过关"比赛和"两头翘、仰卧起坐传递球"练习。在一定时间内,以过关数量多的一组为胜。"两头翘、仰卧起坐传递球"游戏有利于调动学生学习的积极性,在互助中享受交流的快乐,利于提升教学效果。

(4)"投掷过关+采蘑菇"。让学生明白:我们是建设者,要把我们的祖国建设得更加美好。课堂上组织同学们分别扮演"投掷者"和"采蘑菇者"的角色。现实生活中,由于人们不爱护自己的生活环境而随意乱扔垃圾,把我们美好的家园环境破坏了,于是人们的生活周围也笼罩着一层又一层环境污染的面纱。为了防止我们的地球环境急剧恶化,我们每个人要踊跃地加入"投掷过关+采蘑菇"以及捍卫地球的行列中去,树立起同学们爱护环境、保护地球的决心。

这一环节约为26分钟,运动强度为"强"。

3. 课堂结束部分

(1)为了恢复学习的心理和生理负荷,通过熟悉的音乐和轻柔的舞蹈动作进行放松,让学生在轻松愉快的气氛中完成本课的学习。

(2)小结:总结本课的优点、缺点,以表扬为主。

(3)收还器材。这一环节约为4分钟,运动强度为"弱"。

六、说教学评价

体育教学首先应按照《体育与健康课程标准》,根据不同年龄段的学生,在教学内容、教学方式、教学评价等方面做出科学合理准确的安排。其次,要充分体现"健康第一"的指导思想,关注学生的生理健康、心理健康和社会适应能力的均衡发展。另外,还要对本次课的目标达成情况进行检测和反馈,在教学方法和学习方法的选择上,要充分体现学生的主体地位。本次课课堂上充满欢声笑语,学生尽情地享受运动的快乐、健康的快乐。

我的说课到此结束,谢谢各位评委老师!

案例评析

本次说课稿的内容选自小学四年级上册第五课"背屈两头翘"的体育教材,教材内容为两头翘、仰卧起坐传递球和投掷,是塑造小学生良好形体、发展运动素质的基础性课程。说课者能够根据四年级学生的生理、心理特点和已有的运动素养,合理地安排教学内容。说课环节清晰,条理分明,既突出了学生的主体地位,又体现了教师的主导作用。全课始终以快乐、阳光为主线,充分体现了"健康第一"的指导思想。

作为提升学生运动素质的基础性课程,每位学生都必须承受一定的生理负荷,教师没有陷入单调的重复练习之中,而是引领学生在欢声笑语中完成了运动量的积累,完成了健身、健心和社会适应的三大任务,并使学生要建设美好家园的信念更坚定了。

本节课在设计上巧妙运用游戏手法,在轻松愉悦中完成了课任务。无论在课的导入还是课的主要环节的设计上,都对其他体育课的设计有着抛砖引玉之功用。

课后练习

1. 简述小学体育学科的课程理念。
2. 说出小学体育学科的教学目标。
3. 描述小学体育学科的教学要求。
4. 撰写一份小学体育学科的说课稿。

第十一章　小学美术学科说课

※ 学习目标：

1. 了解小学美术学科的课程理念。
2. 理解小学美术学科的基本特点。
3. 掌握小学美术学科的教学目标及要求。
4. 会撰写小学体育学科的说课稿。

11.1　小学美术学科新课程理念

一、使学生形成基本的美术素养

　　实施义务教育阶段的美术教育,必须坚信每个学生都具有学习美术的能力,他们都能在不同的潜质上获得不同程度的发展。美术课程应适应素质教育的要求,面向全体学生,以学生发展为本,培养学生的人文精神和审美能力,为促进学生健全人格的形成,促进他们全面发展奠定良好的基础。因此,应选择基础的、有利于学生发展的美术知识和技能,结合过程和方法,组成课程的基本内容。同时,要注意课程内容的层次性,适应不同地区学生素质的差异,使《义务教育美术课程标准》具有普遍的适应性。应注意使学生在美术学习的过程中,逐步体会美术学习的特征,形成基本的美术素养和学习能力,为终身学习奠定基础。

二、激发学生学习美术的兴趣

　　兴趣是学习美术的基本动力之一。应充分发挥美术教学特有的魅力,使课程内容与不同年龄阶段的学生的情意和认知特征相适应,以活泼多样的课程内容呈现形式和教学方式,激发学生的学习兴趣,并使这种兴趣转化成持久的情感态度。应将美术课程内容与学生的生活经验紧密联系在一起,强调知识和技能在帮助学生美化生活方面的作用,使学生在实际生活中领悟美术的独特价值。

三、在广泛的文化情境中认识美术

美术是人类文化的一个重要组成部分,与社会生活的方方面面有着千丝万缕的联系,因此美术学习绝不仅仅是一种单纯的技能技巧的训练,而应视为一种文化学习。通过美术学习,学生应认识人的情感、态度、价值观的差异性,人类社会的丰富性,并在一种广泛的文化情境中,认识美术的特征、美术表现的多样性以及美术对社会生活的独特贡献。同时,培养学生对祖国优秀美术传统的热爱,对世界多元文化的宽容和尊重。

四、培养创新精神和解决问题的能力

现代社会需要充分发挥每个人的主体性和创造性,因此,美术课程应特别重视对学生个性与创新精神的培养,采取多种方法,使学生思维的流畅性、灵活性和独特性得到发展;最大限度地开发学生的创造潜能,并重视实践能力的培养,使学生具有将创新观念转化为具体成果的能力。通过综合学习和探究学习,引导学生在具体情境中探究与发现,找到不同知识之间的关联,发展综合实践能力,创造性地解决问题。

五、为促进学生发展而进行评价

在义务教育阶段的美术教育中,评价主要是为了促进学生的发展。因此,评价标准要体现多维性和多级性,适应不同个性和能力的学生的美术学习状况,帮助学生了解自己的学习能力和水平,鼓励每个学生根据自己的特点提高学习美术的兴趣和能力。

11.2 小学美术学科特点

课程的改革不仅是内容的改革,也是教学过程和教学方法的改革。重视教学过程和教学方法的改革,是本次课程改革的一个重要特点。为了更好地实施《义务教育美术课程标准》,提出如下教学建议:

(1) 美术教学应注重对学生审美能力的培养。在教学中,应当遵循审美的规律,多给学生感悟艺术作品的机会,引导学生展开想象,进行比较。教师不要急于用简单的讲解代替学生的感悟和认识,而应当通过比较、讨论等方法,引导学生体验、思考、鉴别、判断,努力提高他们的审美情趣。

(2) 美术教学要特别重视激发学生的创新精神和培养学生的实践能力。教师要积极为学生创设有利于激发创新精神的学习环境,通过思考、讨论、对话等活动,引导学生在美术创作活动中,创造性地运用美术语言;还应鼓励学生在欣赏活动中开展探究性的学习,发表自己独特的见解。

(3) 美术学习应当从单纯的技能、技巧学习层面提高到美术文化学习的层面。美术教学要创设一定的文化情境,增加文化含量,使学生通过美术学习,加深对文化和历史的

认识,加深对艺术的社会作用的认识,树立正确的文化价值观,涵养人文精神。

(4) 加强教学中师生的双边关系,既重视教师的教,也重视学生的学。要确立学生的主体地位,改变教师是课堂教学的唯一主角的现象,提倡师生间的情感交流和平等关系。

(5) 教师应鼓励学生进行综合性与探究性学习,加强美术与其他学科以及学生生活经验的联系,培养学生的综合思维和综合探究的能力。

(6) 教师应重视对学生学习方法的研究,引导学生以感受、观察、体验、表现以及收集资料等学习方法,进行自主学习与合作交流。

(7) 教师应以各种生动有趣的教学手段,如电影、电视、录像、范画、参观、访问、旅游,甚至故事、游戏、音乐等方式引导学生增强对形象的感受能力与想象能力,激发学生学习美术的兴趣。

(8) 教师应尽可能尝试计算机和网络美术教学,引导学生利用计算机设计、制作出生动的美术作品;鼓励学生利用国际互联网资源,检索丰富的美术信息,开阔视野,展示他们的美术作品,进行交流。

11.3 小学美术教学目标和教学设计要求

一、小学美术教学总目标

美术课程教学总目标按"知识与技能""过程与方法""情感、态度和价值观"三个维度设定。学生以个人或集体合作的方式参与美术活动,激发创意,了解美术语言及其表达方式和方法,运用各种工具、媒材进行创作,表达情感与思想,改善环境与生活;学习美术欣赏评述的方法,提高审美能力,了解美术对文化生活和社会发展的独特作用。学生在美术学习过程中,丰富视觉、触觉和审美经验,获得对美术学习的持久兴趣,形成基本的美术素养。

美术课程分目标从"造型·表现""设计·应用""欣赏·评述"和"综合·探索"四个学习领域设定。

1. "造型·表现"学习领域

(1) 观察、认识与理解线条、形状、色彩、空间、明暗、肌理等基本造型元素,运用对称、均衡、重复、节奏、对比、变化、统一等形式原理进行造型活动,增进想象力和创新意识。

(2) 通过对各种美术媒材、技巧和制作过程的探索及实验,发展艺术感知能力和造型表现能力。

(3) 体验造型活动的乐趣,敢于创新与表现,产生对美术学习的持久兴趣。

2. "设计·应用"学习领域

(1) 了解设计与工艺的知识、意义、特征与价值以及"物以致用"的设计思想,知道设计与工艺的基本程序,学会设计创意与工艺制作的基本方法,逐步发展关注身边事物、善于发现问题和解决问题的能力。

（2）感受各种材料的特性，根据意图选择媒材，合理使用工具和制作方法，进行初步的设计和制作活动，体验设计、制作的过程，发展创新意识和创造能力。

（3）养成勤于观察、敏于发现、严于计划、善于借鉴、精于制作的行为习惯和耐心细致、团结合作的工作态度，增强以设计和工艺改善环境与生活的愿望。

3."欣赏·评述"学习领域

（1）感受自然美，了解美术作品的题材、主题、形式、风格与流派，知道重要的美术家和美术作品，以及美术与生活、历史、文化的关系，初步形成审美判断能力。

（2）学会从多角度欣赏与认识美术作品，逐步提高视觉感受、理解与评述能力，初步掌握美术欣赏的基本方法，能够在文化情境中认识美术。

（3）提高对自然美、美术作品和美术现象的兴趣，形成健康的审美情趣，崇尚文明，珍视优秀的民族、民间美术与文化遗产，增强民族自豪感，养成尊重世界多元文化的态度。

4."综合·探索"学习领域

（1）了解美术各学习领域的联系，以及美术学科与其他学科的联系，逐步学会以议题为中心，将美术学科与其他学科融会贯通的方法，提高综合解决问题的能力。

（2）认识美术与自然、美术与生活、美术与文化、美术与科技之间的关系，进行探究性、综合性的美术活动，并以各种形式发表学习成果。

（3）开阔视野，拓展想象的空间，激发探索未知领域的欲望，体验探究的愉悦与成功感。

二、小学美术教学设计要求

美术课程的改革不仅是内容的改革，也是教学过程和教学方法的改革。重视教学过程和教学方法的改革，是本次课程改革的一个重要特点。

（1）坚持面向全体学生的教学，尊重每一个学生学习美术的权利，关注每一个学生在美术学习中的表现和发展，做到因材施教，有针对性地采用教学方法和手段，力争让每一个学生学有所获。农村和边远地区的教师要因地制宜、灵活地选用和创造适合当地美术教学条件的教学方法和手段，努力提高教学质量。

（2）积极探索有效教学的方法，明确"以学生为本"的教学设计的指导思想。在教学过程中，通过对教学目标、教学情境、信息资源、探究学习、自主学习、合作学习、练习活动、学习评价等方面的精心策划和设计，提高美术教学效果。

（3）营造有利于激发学生创新精神的宽松的学习氛围，设置问题情境，提供原型启发，引导学生进行观察、想象和表现等活动，鼓励学生独立思考，发现问题，形成创意，并运用美术语言和多种媒材创造性地加以表达，解决问题。

（4）多给学生感悟美术作品的机会，遵循学生的成长规律、审美规律和美术学习规律。有效利用各种美术课程资源，向学生提供感悟美术作品的机会，引导学生通过观察、体验、分析、比较、联想、鉴别、判断等方法，积极开展探究、讨论和交流，鼓励他们充分发表感受与认识,努力提高他们的审美品位和审美判断能力。

(5) 引导学生关注自然环境和社会生活,通过观察、体验、构思、描绘、塑造、设计和制作等美术教学活动,引导学生关注自然环境和社会生活,培养学生亲近自然、融入社会、关爱生命的情感态度与行为习惯,逐渐形成环境意识、社会意识和生命意识。

(6) 重视对学生学习方法的研究。研究和探索适合学生身心特征和美术学科特点的多种学习方法,并用于引导学生进行自主、合作、探究学习,帮助他们学会学习,有效掌握基本的美术知识与技能,发展视知觉能力、美术欣赏和表现能力以及对美术的综合运用能力。

(7) 探索各种生动有趣、适合学生身心发展水平的教学手段。灵活运用影像、范画以及故事、游戏、音乐、参观、访问、旅游等方式,增强学生对形象的感受能力与想象能力,激发他们学习美术的兴趣,促进每个学生在原有基础上进步。根据学生的学习需求,开展计算机和网络美术教学,鼓励他们主动检索美术信息,利用数码相机和计算机创作美术作品,互动交流。

(8) 培养学生健康乐观的心态和持之以恒的学习精神。在具体的美术教学活动中,有意识地培养学生健康乐观的心态和持之以恒的学习精神,使他们充满自信地参与美术学习,要求学生从小事做起,逐渐形成关心集体、爱护环境和公共财物等良好行为习惯。

11.4 小学美术说课稿模式

各位评委老师,你们好!
今天我说课的课题是_____。(板书课题)

一、说教材

1. 教材分析

本课的内容是_____版小学《美术》_____年级_____册《_____》内容。本课属_____领域的学习内容,是_____和_____等课的延伸与继续,它与_____等课构成一个系列,这个系列旨在通过_____(如色彩、线条、构图、肌理等)美术元素表达自己独特的感受,为学生的(即本节课所属领域的学习目标)积累知识与方法。针对_____年级的小学生对_____内容已初步掌握,对_____材料也有了认识,在此基础上,本课主要引导学生进行_____和_____内容的学习。

2. 学情分析

考虑到学生已经学习了_____内容,同时对于_____有了一定的了解。对_____年级的学生来说,还存在一定难度,需要教师在教学过程中巧妙点拨,引导他们在_____的同时体验其中的乐趣。因此,这堂课学生的学习是在教师有计划有目的的引导下进行的自主探究学习,是在教师创设的有关情境中,通过_____和_____,来完成_____学习内容。

3. 教学目标

依据前面的教学内容分析和学生的年龄特点以及已有的知识结构特点,本节课的教学目标拟定如下:

知识目标:感知_____,进一步认识_____。

能力目标:能用_____表达_____,培养学生的想象力和创造力。

情感目标:激发学生的_____积极性,培养学生的_____情感。

4. 教学重点和难点

为了达成上述的教学目标,结合本课的内容和学生的已有认知水平,我认为本节课的教学重点是_____(可能是多个)。教学难点是_____(可能是多个)。

5. 教学准备

在课前,我还布置学生为学习本课做了一些必要的准备,具体如下:① 要求学生复习_____内容;② 让学生收集一些_____;③ 带好_____等所需学习工具。

二、说教法、学法

根据新课程改革的精神,要求美术课改变单一、高深、繁多的专业化倾向,为学生提供丰富的内容和信息,拓展他们的艺术视野。通过生动的教学活动,学习内容变得鲜活充实,易于掌握,学习过程变得生动有趣,富有人文气息。结合本节课的内容特点,在教学方法和手段的选择上,我选择了_____和_____等教学方法。具体表现为在创设情境中讨论、体验;在欣赏中比较、探究学习技法,以解决难点;在展示评价中获得成功体验。

美术课具体的教学方法有讲授法、演示法、讨论法、观察比较法、辅助练习法、参观发现法等。结合课堂实际可将几种方法结合使用,如激趣法就是演示、实验和讨论等方法的结合,再如互动教学法就是将演示、练习和讲授法结合起来,等等。

教师进行学法指导须结合学生实际,如怎样指导学生进行自学、观察、写生、技法训练等。在一堂课中,不可能把所有的学习方法教给学生,说课时,根据本节课的教学内容,说出其中重要的1~2种即可。

说手段,美术教学手段主要是围绕教学方法展开的,如讲授法,手段主要是教师的陈述和问题的创设;演示法,自然要教师直观示范或图片展示,或多媒体课件的运用,让学生有视觉的感受。

三、说教学过程

1. 创设情境,激趣导入

为了能迅速创造一种融洽的教学氛围,把学生带进一个与本节课教学任务和教学内容相适应的理想境界,我采用了导入法(美术教学中常用的课堂导入方法有多媒体导入法、直观导入法、歌曲音乐导入法、情景剧表演导入法、讲故事导入法、情境导入法、悬念导入法、复习导入法、谜语竞猜导入法、激趣导入法等)。我设置了_____,让学生做_____,引出本节课所学的课题。

设计意图:"兴趣是学习的先导"。这个导入环节通过(观看课件,猜想或思考、游戏等)充分调动起学生学习(课的内容)的兴趣,深入浅出地引导学生了解_____,同时通过初次作业,增强学生对_____(课的内容)学习的信心。

2. 思维拓展,启发创作

(1) 在生活中,_____(提问)?

(2) 现在我们来看一组作品,说说你的看法。

(3) 根据学生的各种回答及时小结,初步学习并检验学习成果。

设计意图:这一个环节的拓展,最主要是帮助学生完成学习的第一个步骤。同时开阔学生的眼界,启发与拓展学生的艺术表现,培养学生的发散思维,为下一步创作提供参考和更广阔的思维空间。

3. 比较欣赏,探究创作

(1) 这些_____(线条、色彩、构图、肌理等视觉元素)怎样才能_____(本节课的教学目标)?我们再来看一组作品,先看一幅_____的图片(多媒体课件呈现),仔细观察后请说一说:作者运用了_____视觉元素(线条、色彩、构图、肌理等)?作品中的_____是怎样处理的(即各种视觉元素的运用方法)?引导学生回忆(复习以前的知识)。

(2) 再看第二幅_____图片(多媒体课件出示),提问:和第一幅相比,有什么不同?表现出来的效果怎样?引导学生找出(各种视觉元素的运用)的方法。

(3) 最后我们再看一幅_____图片(多媒体课件出示),你看得出这幅图是怎样表现的吗?这种方法你会吗?说说看。

教师小结:看了他们的作品,我们知道了(第一步教学内容)。你有表现的愿望吗?想不想也来试一试?一会儿我们创作的时候可以大胆地表现。

设计意图:这个环节展示的作品是根据_____(技法、材质、构图等美术作品元素)分类的,分别介绍了_____(技法、材质、构图等美术作品元素)的表现,为学生的_____(本节课的重点内容)学习提供了范例。如果说上面的第一次欣赏是解决(第一步教学内容)的,是从广度上突破学习难点。那么这次的欣赏是从深度上解除学习障碍,在赏析中了解灵活运用_____,这种学习最符合学生创作最近发展区,是为下面_____(本节课的难点内容)打下扎实的基础,同时也是为第_____个环节中学生评价服务提供评价的范本。

4. 自主选择,再次创作

(1) 刚才我们欣赏了这么多作品,现在我们就来自己动手创作了。创作之前先想一下(要表现的内容及细节)。你打算用哪些(工具或手法等)来创作?

(2) 媒体揭示作业要求:(请同学们任选一题)

按照你欣赏的作品,自己动手创作(前面展示过的范作);根据前面学习的知识,自己独立创作;完成书本上的课后作业。

(3) 学生创作,教师巡回辅导。

设计意图:自主选择作业要求,给学生创作带来一个自主学习的空间,在欣赏、讨论的基础上放手让学生充分发挥想象力与创造力,大胆自由地表达。

5. 展示评价,分享创作

(1) 请先画好的同学把作品贴到"我很棒"的展示板上。

(2) 相互评价同学的创作,并说说理由。对争议大的作品放在实物投影上展示评价一下,请作者自评然后再互评,这样大家都能进入作者的创作情景中,尊重并理解作者,在此基础上提出合理的建议和评价。

(3) 教师针对学生的作品与评价做精要的点评。

设计意图:这节课的互评可能争议会大一些,因为每个人生活体验与感受都不同,但正是这种争议,学生思维的变化与冲突会是一次思想上的再创新。互评与自评两者相对照,对学生深入体会作品,理解与深化创意更有帮助。但评价环节主要还是为了让学生分享成功的快乐,提高审美的能力,因此教师在这个环节应力图引导学生从不够完美的作品中找到优点,找到完善作品的更佳方法,让学生越学越愿学,越学越会学,越学越有审美眼光和创造精神。

6. 总结反思,内化提升

课堂的最后总结主要是将本节课的内容做一个简单的复习和回顾,以达到加深学生对教学内容的印象;同时也是对学生的学习做出一个客观的评价,肯定成绩的同时也要用适当方式指出不足,为以后的学习做好铺垫。如:透过你们的作品,看到你们的表现,我感到_____(对学生掌握本节课内容的评语)。你们真了不起!媒体展示:最杰出的艺术本领就是想象——黑格尔(德国哲学家)。希望你们在今后的学习中,借助观察与想象的双翅,在美术的天空自由飞翔!

四、说板书设计

根据教学活动的安排,板书设计分三部分:课题、基本特征示意图和展示区。(课件展示)

五、说教学评价

本节课通过精心设问、合作探讨、动手探究,引导学生进行再创造,强调把学生当成发现者,鼓励学生积极思考,自行探究,培养学生的主体意识和互助、参与合作意识,实现了创新意识、创新思维、创新能力的培养,真正实现了知识与能力的同步提高,教学效果很好。一句话:只要教师转变观念,大胆地放手把课堂还给学生,满足他们好奇、好动、好说的特点,教学效果一定会事半功倍。

11.5 小学美术学科说课案例

各位评委老师,你们好!

今天我说课的课题是"大树的故事"。下面我准备从说教材、说学情、说教法学法、说教学流程、说教学评价、说板书设计等几个方面进行说课。

一、说教材

1. 教材分析

"大树的故事"这节课是人民美术出版社小学二年级的第三册第八课,是"造型·表现"领域的一个内容,这个课题很容易引起学生的兴趣,为学生提供很大的想象空间。内容包含面广,可以从其中三个方面入手,这样就不会觉得空洞。引导学生对大树的图片展示、创作实践、自编故事进行丰富联想,从而培养学生的创新精神和造型表现能力。本课内容可以非常自然地引导学生初步认识人与自然的关系,渗透可持续发展的思想,达到教学目标的多元化。所需课时为一课时。

2. 教学目标

(1) 美育目标:通过引导学生初步认识人与自然的关系,激发学生热爱自然,保护绿色生命的情感。

(2) 知识目标:鼓励学生大胆地、有个性地用自编故事、绘画方式等去表达对大树的情感。

(3) 能力目标:通过本课的学习,培养学生的想象能力、儿童画创作能力、语言表达能力等。

3. 教学重点、难点

根据本课教学目标,我将本课的重、难点确定如下:

(1) 在本课中,围绕大树的特点进行充分的想象和表现是学习的重点。

(2) 在认知大树的基础上拓宽学生的视野,表现大树的同时培养学生画面构思的完整性,又是本课学习的难点。

4. 教具准备

课件、画纸、画笔等。

二、说学情

二年级学生天真、好动、活泼可爱、思维独特、个性鲜明。在教学中要充分运用各种教学手段创设一定的情境,激发他们的求知欲,并让他们时时体验成功的乐趣,从而形成良好的学习习惯。

三、说教法

(1) 让学生在良好的情境中感受大树的美,创造大树的美,达到培养学生的创新精神和造型表现力的目的。我采用情境教学贯穿始终。

(2) 新的美术课程提出要特别注意对学生个性和创造精神的培养,教师应该在充分相信并尊重每位受教育者的基础上培养良好的审美观,帮助学生建立符合各自个性天赋的视觉思维方式和体验,这决定着学生有可能具有丰富而自由的创造力。因此,我引导学生运用探究学习法:针对学生的年龄特点以一些简单的问题为导向,密切联系学生的生活经验,消除学生的依赖心理,激发学生主动参与,解决创造过程中的问题。

四、说学法

学生是主体,在教师的指导下,学生将采用以下主要学法:

(1) 欣赏、联想法:学生在教师的启发引导下,初步认识人与大树的关系。

(2) 交流合作讨论法:学生在教师的要求下,让学生认真思考,合作探究,然后随意交流、发言,这样的学法有利于学生在民主、开放、轻松、自由的气氛中成长。

(3) 表演法:学生用语言或动作,表现大树的特征,激发学生的创造力和表现力。

五、说教学流程

1. 创设情境,导入新课

上课开始,教师播放歌曲《好大一棵树》,引出课题,把学生带进树的故事,并且感受到树的重要性,让学生初步形成保护树的意识。

2. 教师引导,赏析图片

用课件展示绘画中的大树作品。

(1) 欣赏绘画中的大树,让学生知道大树可以用不同的绘画方式去表现。

(2) 欣赏教材中的作品,让学生了解不仅可以画整棵大树,还可以针对大树的某一部分进行创作绘画。

3. 讨论交流,启发思维(2分钟)

我提出:"你们喜欢大树吗?喜欢大树哪些地方?一起说说。"小朋友们说出自己的想法:喜欢树叶、树根、树枝等,为下面的绘画学习打基础。

4. 实践创作,情感体验(7分钟)

学生体验创作快感,其特点是让学生选择材料进行创作时还可以邀请其他小朋友一起合作,培养学生的学习能力和创作能力,同时播放背景音乐,给学生创造一个快乐宽松的情境,让学生在创作中获得一定的创作灵感和快乐。

5. 自编故事,表演展示(7分钟)

让学生发挥想象,说说大树的故事,表现自己的所思所想,培养学生的语言表达能力和发散思维能力。此目的是激发学生热爱大自然、保护大自然的情感。

6. 播放作品,合作学习(3分钟)

欣赏同龄人的作品,目的是增强学生的创造自信心,让学生赏析到美术语言表现的多样性。

7. 挖掘资源,课堂拓展(1分钟)

有关大树的用途有很多。小朋友们可以利用课余时间查阅资料,发挥想象,创作一幅属于自己的大树。

六、说教学评价

知识体系的构建过程是不受时空制约的,美术课教学同样不应局限在40分钟之内。我们应该注意到,学生在课后生活实践中,在有意无意地积累着生活经验,而这些经验本身对其构建自己的知识体系有着巨大的作用。这就是知识来源于生活,又运用于生活。

七、说板书设计

大树的故事

生长姿态　　　颜色　　　外形

这样的板书设计直观明了,既符合低年级儿童的认知特点,又体现本课教学的重点内容,同时对本课学习内容也起到了很好的总结作用。

案例评析

本说课稿的内容选自小学二年级的美术教材,是"造型·表现"中的一课。该说课者能够根据二年级学生年龄和已有的知识结构特点,合理地安排教学内容,说课环节清晰,条理分明,既突出了学生的主体地位,又体现了教师的主导作用。

作为造型课内容,教师没有陷入单纯技法技巧的学习,而是在开始就拓宽了学生的视野,呈现了关于树的各种表现形式的作品。又通过欣赏书本上的作品,让学生既可以表现整棵树,也可以表现感兴趣的局部,给予学生极大的自由表现空间。然后通过表演将美术课拓展开去,达到了培养学生语言和思维能力的目的,不仅仅局限在"美术"课上。

本节课在设计上下了相当的功夫,在体现课改精神的同时也匠心独运,无论在导入还是其他环节的设计都对其他美术课的设计有着参考价值。

1. 简述小学美术学科的课程理念。
2. 说出小学美术学科的教学目标。
3. 描述小学美术学科的教学要求。
4. 撰写一份小学美术学科的说课稿。

第十二章 小学科学学科说课

※ 学习目标：

1. 了解小学科学学科的课程理念。
2. 理解小学科学学科的基本特点。
3. 掌握小学科学学科的教学目标及要求。
4. 会撰写小学科学学科的说课稿。

12.1 小学科学学科新课程理念

一、面向全体学生

小学科学课程对于培养学生的科学素养、创新精神和实践能力具有重要的价值，每个学生都要学好科学。小学科学课程要面向全体学生，适应学生个性发展的需要，使他们获得良好的科学教育。无论学生之间存在着怎样的地区、民族、经济和文化背景的差异，或者性别、个性等个体条件的不同，小学科学课程都要为全体学生提供适合的、公平的学习和发展机会。

二、倡导探究式学习

科学探究是人们探索和了解自然、获得科学知识的重要方法。以证据为基础，运用各种信息分析和逻辑推理得出结论，公开研究结果，接受质疑，不断更新和深入，是科学探究的主要特点。

小学科学课程的学习方式是多种多样的，探究式学习是学生学习科学的重要方式。探究式学习是指在教师的指导、组织和支持下，让学生主动参与、动手动脑、积极体验，经历科学探究的过程，以获取科学知识、领悟科学思想、学习科学方法为目的的学习方式。

小学科学课程倡导以探究式学习为主的多样化学习方式，促进学生主动探究。突出创设学习环境,为学生提供更多自主选择的学习空间和充分的探究式学习机会;强调做中学和学中思,通过合作与探究,逐步培养学生提出科学问题的能力、收集和处理信息的能力、获取新知识的能力、分析问题和解决问题的能力,以及交流与合作的能力等,发展学生的创造性、批判性思维和想象力;重视科学与人文的结合、求善求美教育与求真教育的结合,培养学生基本的科学伦理精神和热爱科学的品质。

三、保护学生的好奇心和求知欲

小学生对周围世界具有强烈的好奇心和求知欲,这种好奇心和求知欲是推动学生科学学习的内在动力,对其终身发展具有重要的作用。小学科学课程的组织与教学要兼顾知识、社会、儿童三者的需求,将科学本质、科学思想、科学知识、科学方法等学习内容镶嵌在儿童喜闻乐见的科学主题中,创设愉快的教学氛围,保护学生的好奇心和求知欲,激发学生学习科学的兴趣,引导学生主动探究,积累生活经验,增强课程的意义性和趣味性。

四、突出学生的主体地位

学生是学习与发展的主体,教师是学习过程的组织者、引导者和促进者。在小学科学教学中,教师要突出学生的主体地位,基于学生的认知水平,联系学生已有的知识和经验,充分利用学校、家庭、社区等各种资源,创设良好的学习环境,引起学生的认知冲突,引导学生主动探究,启发学生积极思维;要重视师生互动和生生互动,引导学生对所学知识和方法进行总结与反思,使学生逐步学会调节自身的学习,能够独立和合作学习,克服学习过程中的困难,成为一个具有终身学习能力的学习者。

12.2 小学科学学科特点

(1)以生活中的科学为逻辑起点。科学教材从学生的认知特点和生活经验出发,让他们在熟悉的生活情景中感受科学的重要性,了解科学技术与日常生活的密切关系,逐步学会分析和解决与科学有关的一些简单的实际问题,遵循由具体到抽象、由简单到复杂、循序渐进的原则,帮助学生认识必要的科学概念和原理。

(2)以科学探究为核心的科学学习过程。教材内容的组织从便于学生的探究性学习出发,通过有计划、有步骤地展示教学情境,引导学生带着兴趣和关注去观察身边的事物和现象,让他们在开展实验与调查、交流与分析和最终形成结论的过程中进行科学课程的学习,在亲历科学探究的过程中培养良好的科学素养。

(3)有机地整合科学课程的各项目标。教材选取物质科学、生命科学、地球与宇宙科学、技术与工程中一些比较直观、学生有兴趣参与学习的重要内容为载体,重在培养学生对科学的兴趣、正确的思维方式和学习习惯。通盘考虑科学探究能力、情感态度与价值观、科学知识三维目标,将观察认识事物(现象)、探究事物(现象)中蕴含的科学特点或原理、运用原理解决问题或进行创新设计与制作等内容,以综合主题的形式有机地加以整合,形成一个个教学单元,使学生在学习的过程中各方面都得到发展。

(4)为学生自主学习留有充分的空间。教材引导学生自己探究解决问题,给他们的自主学习留有充分的空间。学生有机会选择感兴趣的探究问题,可根据条件选择探究方法,鼓励他们从探究的过程中生发新的问题并发表自己独到的见解。满足不同地区、不同经验背景的学生学习科学的需要,也对教师的指导提出了更高的要求。

12.3 小学科学教学目标和内容要求

一、小学科学教学目标

1. 总目标

学生通过科学课程的学习,保持和发展对自然的好奇心和探究热情;了解与认知水平相适应的科学知识;体验科学探究的基本过程,培养良好的学习习惯,发展科学探究能力;发展学习能力、思维能力、实践能力和创新能力,以及用科学语言与他人交流和沟通的能力;形成尊重事实、乐于探究、与他人合作的科学态度;了解科学、技术、社会和环境的关系,具有创新意识、保护环境的意识和社会责任感。

2. 分目标

(1)科学知识目标

① 了解物质的基本性质和基本运动形式,认识物体的运动、力的作用、能量、能量的不同形式及其相互转换。

② 了解生物体的主要特征,知道生物体的生命活动和生命周期;认识人体和健康,以及生物体与环境的相互作用。

③ 了解太阳系和一些星座;认识地球的面貌,了解地球的运动;认识人类与环境的关系,知道地球是人类应当珍惜的家园。

④ 了解技术是人类能力的延伸,技术是改变世界的力量,技术推动着人类社会的发展和文明进程。

(2)科学探究目标

① 了解科学探究是获取科学知识的主要途径,是通过多种方法寻找证据、运用创造性思维和逻辑推理解决问题,并通过评价与交流等方式达成共识的过程。

② 知道科学探究需要围绕已提出和聚焦的问题设计研究方案,通过收集和分析信息获取证据,经过推理得出结论,并通过有效表达与他人交流自己的探究结果和观点;能运用科学探究方法解决比较简单的日常生活问题。

③ 初步了解分析、综合、比较、分类、抽象、概括、推理、类比等思维方法,发展学习能力、思维能力、实践能力和创新能力,以及运用科学语言与他人交流和沟通的能力。

④ 初步了解通过科学探究达成共识的科学知识在一定阶段是正确的,但是随着新证

据的增加,会不断完善和深入,甚至会发展变化。

(3) 科学态度目标

① 对自然现象保持好奇心和探究热情,乐于参加观察、实验、制作、调查等科学活动,并能在活动中克服困难,完成预定的任务。

② 具有基于证据和推理发表自己见解的意识;乐于倾听不同的意见和理解别人的想法,不迷信权威;实事求是,勇于修正与完善自己的观点。

③ 在科学学习中运用批判性思维大胆质疑,善于从不同角度思考问题,追求创新。

④ 在科学探究活动中主动与他人合作,积极参与交流和讨论,尊重他人的情感和态度。

(4) 科学、技术、社会与环境目标

① 初步了解所学的科学知识在日常生活中的应用。

② 初步了解人类活动对自然环境、生活条件及社会变迁的影响;了解社会需求是推动科学技术发展的动力;了解科学技术已成为社会与经济发展的重要推动力量。

③ 初步了解在科学技术的研究与应用中,需要考虑伦理和道德的价值取向;热爱自然,珍爱生命,具有保护环境的意识和社会责任感。

二、小学科学内容标准要求

小学科学课程内容包含物质科学、生命科学、地球与宇宙科学、技术与工程四个领域。从这四个领域中选择适合小学生学习的18个主要概念,其中,物质科学领域6个,生命科学领域6个,地球与宇宙科学领域3个,技术与工程领域3个。通过以上课程内容的学习,可以为小学生科学素养的初步培养和持续发展奠定良好的基础。

(1) 物质科学领域

人们生活在物质世界中,每时每刻都在接触各种各样的物质,感受自然界和人类生活中所发生的、丰富多彩的物质的运动和变化。物质世界中的各种现象和过程,都有着内在的规律性。物质科学就是研究物质及其运动和变化规律的基础自然科学。

本领域内容的学习将有助于增强学生探究物质世界奥秘的好奇心,形成"世界是物质的,物质是运动的"的观点,使学生感受到物质科学对促进社会进步、提高人类生活质量的重要作用,帮助学生初步养成乐于观察、注重事实、勇于探索的科学品质。

在教学中,教师应帮助学生形成以下主要概念:

① 物体具有一定的特征,材料具有一定的性能。

② 水是一种常见而重要的单一物质。

③ 空气是一种常见而重要的混合物质。

④ 物体的运动可以用位置、快慢和方向来描述。

⑤ 力作用于物体,可以改变物体的形状和运动状态。

⑥ 机械能、声、光、热、电、磁是能量的不同表现形式。

(2) 生命科学领域

生命世界包含动物和植物等多种生物类群,生物的生存都需要一定的条件,如营养物质、适宜的温度、水和空气等，在此基础上，生物个体能够生长、发育和繁殖后代，从而使这些生物类群得以延续。植物能够制造营养物质，可供自身利用；而动物则不能制造营养物质，只能利用植物等生物制造的营养物质。生物之间，以及生物与环境之间相互依赖和相互影响，它们组成一个有机的整体。

本领域内容的学习，有助于激发学生了解和认识自然界的兴趣，帮助学生初步形成生物体的结构与功能、局部与整体、多样性与共同性相统一的观点，形成热爱大自然、爱护生物的情感。

在教学中，教师应帮助学生形成以下主要概念：
① 地球上生活着不同种类的生物。
② 植物能适应环境，可制造和获取养分来维持自身的生存。
③ 动物能适应环境，通过获取植物和其他动物的养分来维持生存。
④ 人体由多个系统组成，分工配合，共同维持生命活动。
⑤ 植物和动物都能繁殖后代，使它们得以世代相传。
⑥ 动植物之间、动植物与环境之间存在着相互依存的关系。

（3）地球与宇宙科学领域

地球是目前人们认识到的宇宙中唯一适合人类生存的星球。地球与宇宙中的有关现象、事物和规律，具有时间和空间的复杂性，需要对它们运用实地观察、长期观测、建构模型、模拟实验、逻辑推理等方法进行研究。

本领域内容的学习，将有助于激发学生对地球和宇宙的探究热情，发展空间想象、模型思维、逻辑推理等能力，初步建立科学的宇宙观和自然观，以及人地协调的可持续发展观。

在教学中，教师应帮助学生形成以下主要概念：
① 在太阳系中，地球、月球和其他星球有规律地运动着。
② 地球上有大气、水、生物、土壤和岩石，地球内部有地壳、地幔和地核。
③ 地球是人类生存的家园。

（4）技术与工程领域

人类观察自然、研究各种现象产生和变化的原因，而产生科学，科学的核心是发现；对科学加以巧妙运用以适应环境、改善生活而产生技术，技术的核心是发明；人类为实现自己的需要，对已有的物质材料和生活环境加以系统性的开发、生产、加工、建造等，这便是工程，工程的核心是建造。运用科学、技术和工程，人类创造了丰富多彩的人工世界。

技术与工程领域的学习可以使学生有机会综合所学的各方面知识，体验科学技术对个人生活和社会发展的影响。技术与工程实践活动可以使学生体会到"做"的成功和乐趣，并养成通过"动手做"解决问题的习惯。

在教学中，教师应帮助学生形成以下主要概念：
① 人们为了使生产和生活更加便利、快捷、舒适，创造了丰富多彩的人工世界。
② 技术的核心是发明，是人们对自然的利用和改造。
③ 工程技术的关键是设计，工程是运用科学和技术进行设计、解决实际问题和制造产品的活动。

12.4 小学科学说课稿模式

一、说教材

"_____"是人教版小学《科学》教材_____年级上(下)册第_____单元第_____课。教材围绕_____主题设计_____个活动：活动1_____，活动2_____，活动3_____。利用图画和问题，引导学生观察、实验、调查、制作，并进行展示与交流。旨在以生活中常见的_____事物(现象)为载体，让学生在科学探究实践过程中逐步形成良好的科学素养。

根据课程标准的要求，结合本节课内容特点，我将教学目标确定为：

知识目标：知道_____，认识_____。一般是对事物(现象)特征、其中蕴含原理的把握。

方法能力目标：能_____，会_____。主要的科学探究实践能力：能通过对身边事物(现象)的观察，发现和提出问题；能运用已有的知识经验对问题的答案做出假设；能制定简单的科学探究方案；能根据方案开展观察、测量、实验、调查、制作等科学探究活动；会记录、整理探究获得的数据和信息；能分析数据、做出解释或得出结论；能用自己喜欢的方式表达交流；能进行基于证据的质疑和辩论。

情感态度价值观目标：体验_____，喜爱_____。主要指：保持和发展对周围事物的好奇心和探究欲，形成自主探究解决问题的习惯；珍爱并善待周围环境中的自然事物，体会人与自然和谐相处的重要性；感悟科学技术对人们生活的影响，形成用科学技术提高生活质量的意识。

二、说教学方法与教学准备

本节课在_____的基础上进一步探究(设计制作)，学生具有_____知识经验，具备_____能力。考虑学生的实际，结合本节课内容，我采用"引导探究"教学模式：教师创设问题情境、提供探究条件，引导学生自主探究、合作交流，在亲历科学探究实践的过程中建构科学知识、提升科学能力、形成科学情感。主要采取观察、实验、制作、调查、阅读、游戏、讨论交流、演示讲解等教学方法。

教学准备：准备探究(实验、制作、观察、阅读)材料，考察调查地点，联系采访对象，制作精美的课件，设计层层递进的问题，预测活动中学生可能出现的问题、思考问题的对策等。

三、说教学过程

1. 创设情境，导入新课

生动有趣的教学情境，能迅速吸引学生的注意，激发学习兴趣。通过_____游戏，

_____谜语,_____魔术,_____视频,_____实验,_____实物,结合教师优美的语言,导入课题。明确本课的主要任务,探讨的问题:_____。

2. 引导探究,解决问题

探究解决问题的过程一般分为思考提出假设,设计探究方案,实施方案、收集数据、分析整理、得出结论,以及交流展示四大环节。

(1)引导学生思考提出假设_____:请你根据自己已有的知识经验,大胆地想象,猜测_____问题的可能答案,并说明这样猜测的理由。当学生猜测出现思维障碍时,呈现日常生活中_____事实或现象加以引导;当学生提出合理的、有价值的假设时,流露出喜悦和欣赏:我很欣赏同学大胆猜测,敢于提出自己的观点。

(2)引导学生设计探究方案:猜测是否正确,需要验证,你打算通过什么方法收集证据,证明自己的观点?选择适当的探究方法:实验、观察、制作、测量、调查、查阅资料等,讨论制订小组合作探究方案。实验探究方案包括实验材料、实验步骤、实验现象、结论;观察探究方案包括观察方法、观察内容、观察结果、结论;科技制作方案包括制作思路、制作材料、制作步骤、性能检验;测量方案包括测量工具、测量方法、数据记录、结论;调查方案包括调查地点或对象联系、调查工具或材料准备、信息采集和整理、结果;查阅资料方案包括资料来源、查找方法、内容摘要、结论。学生设计方案可能遇到_____困难,出示_____材料或_____图片,启发学生观察思考。

(3)引导学生实施方案、收集数据、分析整理、得出结论。组织小组合作,利用提供的探究材料或创设探究条件,实施方案,收集证据获得结论或完成制作。教师演示讲解突破操作难点_____,设计探究记录表_____,引导学生有序认真地探究和记录,指导学生运用统计、比较、分类、排序、分析、综合等方法对收集的信息进行思维加工等。通过组间巡回,及时评价,如我很喜欢××同学_____,科学探究需要_____,以维持活动秩序、激发探究热情。

(4)组织交流、展示成果。学生通过努力解决问题或完成制作之后,都会有与别人交流分享的欲望。组织交流、展示探究成果,既是科学实践的重要环节,又让学生充分体验成功的快乐。鼓励学生选择自己喜欢的方式:口头、书面、图表、照片、视频、实物模型等,从小组成员、探究方法、获得的信息、得出的结论或制作的作品、自己的感悟等方面进行交流。学会倾听、质疑;学会用_____证据证明自己的_____观点,说服别人,学会虚心接受别人的建议并改进。

3. 总结评价,应用拓展

引导学生回顾本节课探究学习的过程和收获:采用_____方法、获得_____知识,评价探究过程中表现出的情感和态度,进行知识、方法、情感态度的迁移应用,去解释更多的自然奥秘,创造更好的科技作品。

四、说教学设计特色

从教学内容、教学方法、指导策略等方面,简要阐述本课教学设计的主要特点及其蕴含的教育心理学原理。可从以下内容中选取适合本课的两至三点。

(1) 教学内容生活化。创设生活情境，提供生活中常用的操作材料，探究日常生活中常见的事物或现象，解决生活中常见的问题，体现了陶行知先生"教育即生活，生活即教育"的教育活动理念。利于激发和保持学生对周围事物或现象的好奇和求知的欲望，体会到科学就在身边，人人都能学科学。

(2) 以探究为核心的教学方式。提供探究材料，指导学生提出问题、猜测与假设、设计和实施方案、收集和处理信息数据、得出结论和表达，在主动探究、合作交流的过程中建构科学概念，提升科学素养。

(3) 采用观察法认识事物。运用多种感官感知（看、听、闻、摸、尝）事物的属性，将各种感觉捕捉到的信息进行综合，认识某一种事物；将多种事物进行比较、分类，找出共同特征，获得对某一类事物的认识。培养了学生的观察、思维、表达能力，利于学生学会观察认识事物的方法。

(4) 采用调查法研究_____。调查家庭的_____，社区的_____，一方面充分挖掘教育资源，为科学教育活动创造条件；另一方面引发学生关爱家庭、关注社会，理解科学、技术、社会之间的关系。

(5) 开展科技制作活动，运用_____科学原理制作_____，引导学生构建模型、动手制作、展示作品性能，培养学生大胆想象、敢于创新的精神，体验科学技术给人们的生活带来的方便。

(6) 采用游戏、魔术导入或结束，让科学彰显趣味和神奇的魅力，激发学生的学习热情，符合小学生的身心发展规律。

(7) 对科学活动的指导，基于学生已有的知识经验、能力水平和心理特点。设计层层递进的问题、探究记录表等，引导学生观察、思考、操作，集体指导与个别点拨相结合，让学生"跳一跳摘到桃"，符合维果斯基的"最近发展区"理论，利于学生自主解决问题能力的培养，体验通过努力获得成功的快乐，增强自信、激发学习兴趣；注重活动过程中的及时评价，评价内容具体而富有情感，激励和提醒小学生像科学家、发明家一样进行科学探究、科技制作活动。

12.5 小学科学说课案例

"认识材料"说课稿

尊敬的评委老师：你们好！

我说课的课题是"认识材料"。我将从教材内容与教学目标、教学方法与教学准备、教学过程、教学设计特色四个方面，向评委老师展示我的教学设计。

一、说教材内容与教学目标

"认识材料"是人教版小学《科学》五年级上册第二单元"建筑与材料"第一课的教学内容，是探究材料的吸音、防水、保温性能，运用材料进行建筑设计的基础。教材设计四个活动:活动1:调查建筑物或家庭生活用品是用什么材料制造的;活动2:了解材料的发展;活动3:自己动手制作草叶纸或再生纸;活动4:"换"材料游戏。利用图画和文字,引导学生调查、统计、阅读、操作、展示和交流。旨在以认识生活中常见物品的制作材料为载体,培养学生的科学探究能力,形成良好的科学情感态度。

根据课程标准的要求,结合本节课内容特点,我将教学目标确定为:

知识目标:认识常见材料(石材、木头、金属、玻璃、陶瓷、塑料、橡胶、纤维等),知道常见材料的基本性能。

方法能力目标:能通过调查统计常见材料的种类,能通过实验操作、资料查阅探究常见材料的基本性能,尝试运用材料的性能解决实际问题。

情感态度价值观目标:感悟运用科技手段制造人造材料对人们生活的影响,形成合理使用材料的节约环保意识。

二、说教学方法与教学准备

五年级学生在日常生活和科学课程的学习中,积累了许多物品与制作材料的感性知识,经历过一些科学探究活动,具备了一定的探究能力。为此,我采用"引导探究"教学模式:教师创设问题情境,提供探究条件,引导学生调查统计常见材料的种类,实验观察探究材料的基本性能,阅读与制作感悟科学技术的神奇、制造材料的艰辛,创新设计体会解决实际问题的快乐。主要采用调查、实验、制作、讨论交流等教学方法。

教学准备:水枪、四驱车、芭比娃娃,实验材料(木条、石块、玻璃片、金属、陶瓷、塑料、橡胶、布、纸等,热水、电池、导线、小灯泡等),自编电子书《走进材料的世界》,草叶纸制作材料(用水泡软的稻草、豆浆机、胶水、抄纸台、剪刀、干毛巾),多媒体课件。

三、说教学过程

1. 创设情境、导入新课

同学们,老师带来了一些精美的礼品,要奖励给在今天的学习中积极探究、大胆交流的同学。想看吗?好,看看它们是什么?用什么材料做的?一支塑料水枪,一个塑料身体、棉布外衣的芭比娃娃,一辆塑料外壳、金属底板、橡胶轮子的四驱车……不同的奖品由相同或不同的材料制成,我们今天的任务就是要认识这些材料。我们要调查统计,我们要实验探究,我们要阅读、设计、制作和交流。谁能拥有奖品?就看活动表现。

2. 引导探究、解决问题

活动1:调查统计常见材料的种类

出示问题串:调查了哪些物品?它们是用什么材料制造的?一共发现多少种材料?可以将它们分成哪几类?调查中发现想要进一步探究的有关材料的问题是什么?引导学生设计调查统计表,经老师审阅通过后进行调查。

第×小组调查统计表

物品名称	制造材料	材料种数	材料分类	进一步探究的问题

小组成员：×××、×××、×××、×××。

调查记录、统计分类、观察发现问题，完成调查统计表。对材料进行分类是难点，我用"根据材料的_____，将它们分成_____材料和_____材料"的句式，引导学生思考分类标准（来源、组成、性能等）和分类结果，鼓励他们选择不同的标准进行分类，培养发散思维。

展示调查统计表，交流调查结果。学生会提出许多问题，引导他们对问题进行筛选和分类：今天研究的主题是材料，不是有关材料的问题暂不考虑；问题很多而且杂乱，我们将问题分成三类：_____物品是什么材料做的？_____材料是怎么造出来的？为什么_____物品要用_____做？有没有更好的材料代替它？可以通过实验、查阅资料等方法来解决。

活动2：实验探究材料的性能

探究材料的性能有助于我们解决问题，老师准备五个实验站，每个站点有探究实验名称、实验材料、操作指导及安全注意事项。

实验1——探究材料的硬度。用小刀刻划木块、石块、金属、塑料、玻璃、陶瓷、橡皮、纤维，比较不同材料的硬度。

实验2——探究材料的延展性。用小锤敲打大小、厚度相同的金属、塑料、玻璃、陶瓷，它们谁能抵抗外力，发生形状变化而不易破裂？

实验3——探究材料的导热性。将相同大小的金属片、塑料片、玻璃片、陶瓷片、木片一端同时插入一杯热水中，比较另一端温度的高低。

实验4——探究材料的导电性。将不同材料接入电路，看看能否导电。

实验5——探究材料的吸水性。将不同材料的一边垂直浸在水中，比较水沿着材料上升的速度；用放大镜观察不同材料的材质致密程度。

请同学们以小组为单位进行实验探究，并尝试用得出的结论解决提出的问题。教师在实验站点之间巡回进行小组个别指导，适时做出具体明确的评价，如：我很欣赏××小组，喜欢他们细心操作、认真观察和记录的样子；科学探究需要对观察记录进行分析比较才能得出结论；××小组已经通过实验探究成功解答了××问题，等等，引导和激励学生积极探究，确保活动顺利有序地进行。

实验探究之后组织学生进行交流：陈述本组关于材料性能的观点，并提供实验证据予以证明；运用获得的知识经验解答调查中提出的问题。

实验探究帮助我们解决了一部分问题，还有些问题如：这些材料是怎么造出来的？我们可以通过查阅资料来解决。

活动3：查阅电子书《走进材料的世界》，制作草叶纸出示自编电子书,提供草叶纸和再生纸的制作材料,引导学生查阅、制作,进一步认识材料。

电子书《走进材料的世界》

第一篇 天然材料和人造材料

在我们常见的材料中,有的直接来自大自然,如羊毛、木材、石料等,它们是天然材料;有的不是直接来自大自然,而是由加工处理天然材料,或是天然材料的性质发生变化后制造出来的,如纸、铁、玻璃和塑料等,它们是人造材料。

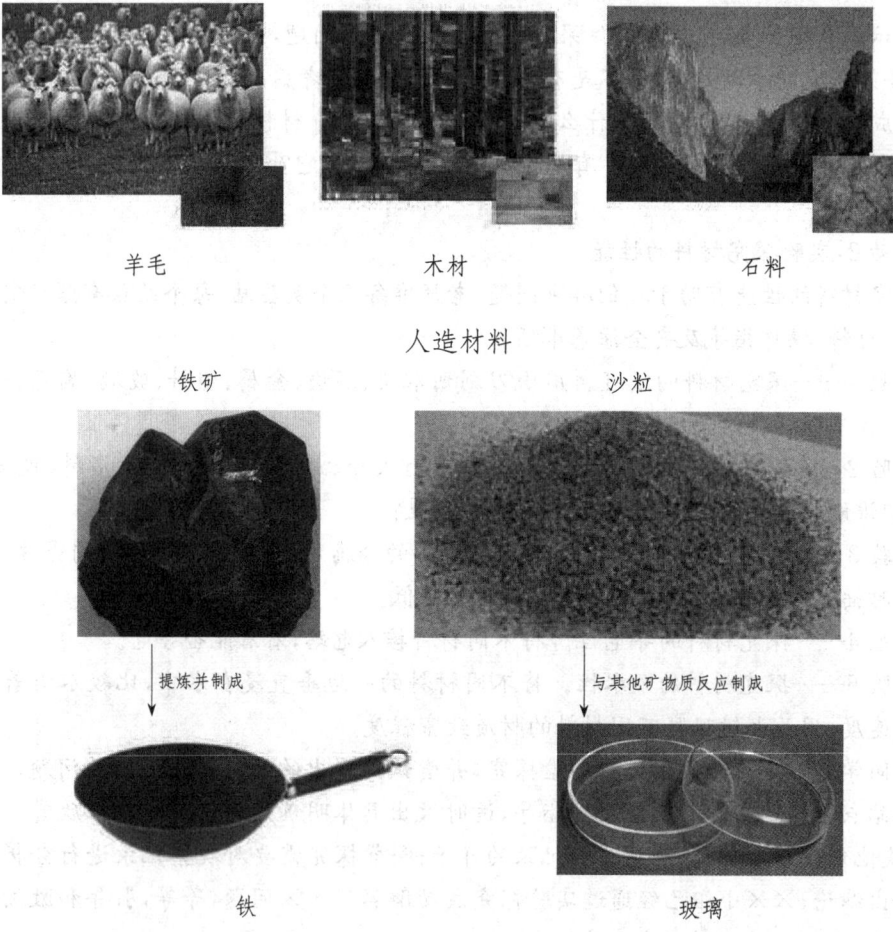

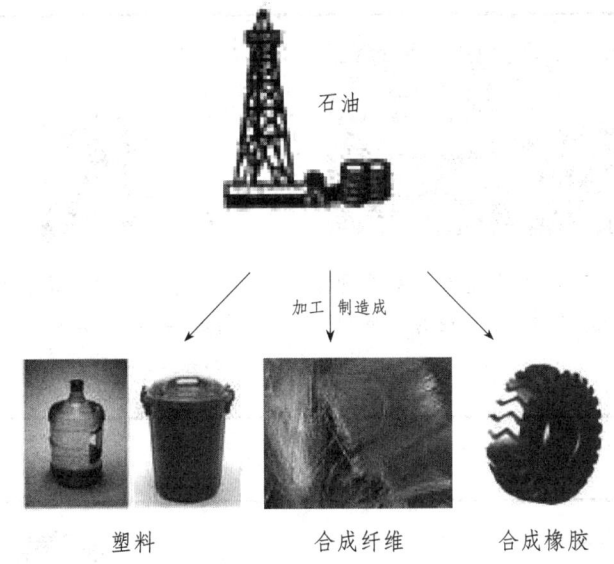

第二篇　材料的发展

人类最先使用的材料是直接取自大自然的,后来逐渐学会从矿石中提炼金属,就有了青铜、铁等材料。

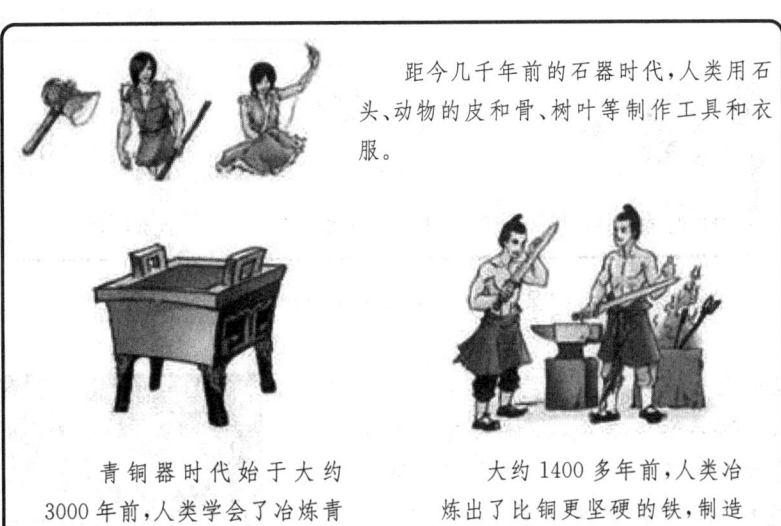

距今几千年前的石器时代,人类用石头、动物的皮和骨、树叶等制作工具和衣服。

青铜器时代始于大约3000年前,人类学会了冶炼青铜,制造出了青铜器。

大约1400多年前,人类冶炼出了比铜更坚硬的铁,制造出了铁器。

随着科学技术的发展,新材料不断地被制造出来,现在世界上的材料已经有几十万种了。新材料的使用,也推动了科学技术的不断进步。

飞机的外壳使用的是比铜、铁更结实、更轻的金属材料。

水龙头内用陶瓷材料做内芯,可以防止漏水,并大大提高寿命。

第三篇 金属

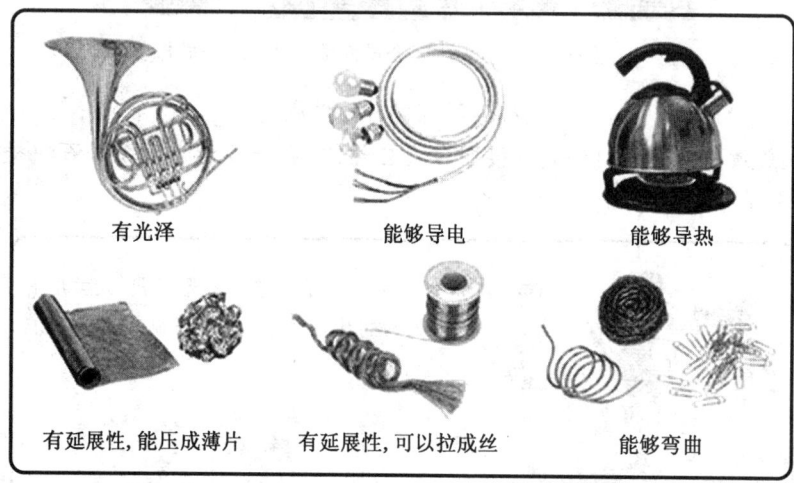

有光泽　　　能够导电　　　能够导热

有延展性,能压成薄片　　有延展性,可以拉成丝　　能够弯曲

第四篇 水泥、玻璃和陶瓷

水泥

以黏土和石灰石为主要原料,经研磨、混合后在水泥回转窑中煅烧,再加入适量石膏,并研成细粉就得到普通水泥。水泥具有水硬性,跟水掺和搅拌,静置后容易凝固变硬,被用作建筑材料。

水泥、沙子和水的混合物叫水泥砂浆,是建筑用黏合剂,可把砖、石等黏结起来。水泥、沙子和碎石的混合物叫混凝土。混凝土常用钢筋做结构,这就是我们常说的钢筋混凝土结构。钢筋混凝土的强度大,常用来建造高楼大厦、桥梁等高大建筑。

玻璃

将沙、石灰石和纯碱按一定比例混合粉碎后,放入玻璃窑中加热融化制成玻璃。玻璃透光性好、耐腐蚀、不导电、不吸水。传导光的玻璃纤维(光导纤维)可制成光缆,能同时传输大量信息,一条光缆通路可同时容纳十亿人通话。

陶瓷

陶瓷是由黏土烧制而成的,耐高温、耐腐蚀、耐磨损、不导电,日常生活中的部分餐具、建筑中的砖瓦、电器中的绝缘瓷、实验用的蒸发皿等都是陶瓷制品。

第五篇 塑料、纤维和橡胶

塑料

塑料是石油炼制的产品制成的,质轻、绝缘、防水、抗腐蚀、易燃烧产生有毒气体。有机玻璃属于塑料,透光性好,抗碎裂能力高出普通玻璃几倍,广泛用于仪器表面板、汽车车灯车窗、光学镜片等。泡沫塑料是由大量气体微孔分散于固体塑料中而形成的,具有质轻、隔热、吸音、防水、减震等特性,广泛用作绝热、隔音、包装材料。塑料不易降解,包装用塑料膜、塑料袋和一次性塑料餐具在使用后被抛弃在环境中,给景观和生态环境带来很大破坏,由于废旧塑料包装物大多呈白色,因此造成的环境污染被称为"白色污染"。

纤维

棉花、羊毛、木片、干草都是天然纤维,可以制成棉布、纯毛线、纸张,透气性好,吸水性好,但易缩水,易被虫蛀。尼龙、腈纶等合成纤维,由石油炼制的产品制成,强度高、弹性好、耐磨、耐化学腐蚀、不发霉、不怕虫蛀、不缩水。其缺点是吸水性、透气性差。天然纤维和合成纤维进行混合纺织,制成的布料具有两者的优点,做成的衣服既舒适漂亮,又方便打理。

橡胶

橡胶分为天然橡胶和合成橡胶。天然橡胶是从橡胶树、橡胶草等植物中提取胶乳制成,合成橡胶由石油加工制成。橡胶具有弹性、绝缘性、不透水的特点,广泛应用于工业或生活各方面。

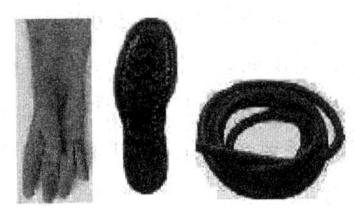

第六篇 复合材料

复合材料是由两种或两种以上不同性质的材料组成的具有新性能的材料。各种材料在性能上互相取长补短,使复合材料的综合性能优于原组成材料而满足各种不同的要求。特别是性能的可设计性,被广泛应用于航空航天、国防、交通、体育、医疗等领域,如航天航空材料要求具有强度大、质量轻、耐受超强温度变化、抗辐射、隔热、吸音、防水等性能。纳米复合材料最具吸引力,世界发达国家新材料发展战略都把纳米复合材料的发展放到重要的位置。

第七篇 自己动手用植物叶或废纸制造一张纸

① 将植物叶或废纸剪碎。② 将碎叶或碎纸放在适量的水中泡软。③ 加入胶水或淀粉糊,搅拌均匀,制成纸浆。④ 将用窗纱做的抄纸台放入水中,把纸浆倒在抄纸台上,轻轻摇匀后提起,用纱布或毛巾轻轻吸干水分。

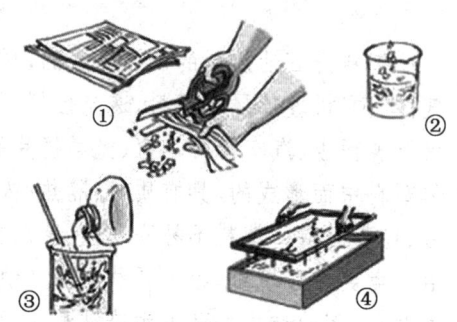

为了学生能在较短时间内完成造纸,我在活动前将稻草浸泡蒸煮,在活动中用豆浆机帮助学生制造纸浆,是同学们的合作伙伴。

查阅资料和制作活动之后,引导学生交流各自的感悟和发现:焚烧秸秆,污染空气、破坏土壤(黏土烧制陶瓷,火烧土壤变硬);用秸秆造纸,节约木材、保护环境。废纸可回收再用来造纸,金属、一些塑料、布等也可回收再用,我们应分类处理垃圾。各种各样的材料取自于大自然,通过科技加工而成,自然界中的石油、煤、矿物等是有限的,应该珍惜资源,节约使用。高科技新材料的性能好,能帮助我们解决生活中的许多问题,研制很有价值。

3. 总结评价、应用拓展

回顾"认识材料"这一课的学习过程和收获:通过调查、实验、阅读,认识了制造物品的常用材料,知道了常用材料的基本性能,体会到节约材料的重要和研制新材料的重要。组织学生通过"换"材料游戏,巩固和应用所学的知识:选择一个你熟悉的物品,向同学们介绍它是由哪些材料制造的,说一说为什么要选用这些材料;其他同学选择适当的材料来替换,说明替换后的优缺点。教师鼓励学生大胆想象,提出创新设计改进现有物品的设想。

最后,组织学生反思活动表现,进行自我评价、学生互评和师评,颁发奖品,激励学生将改进设想付之行动。

四、说教学设计特色

本课的教学设计体现以"探究"为核心的科学教育理念。教师创设实验站、自编电子书,为学生提供探究学习条件;以学生喜欢的科技玩具、班级整体指导和小组个别指导相结合的指导方法、具体而感情真挚的过程评价,营造浓烈的探究学习氛围;用调查、实验、阅读、制作、游戏等多样化的活动方式,激发学生的探究学习兴趣。引导学生调查发现问题、思考提出假设、实验收集数据、阅读查找信息、整理得出结论、交流解决问题,在积极探究、合作交流的过程中,建构有关材料种类和性能的知识,提升科学实践解决问题的能力,感悟节约使用材料和研制新材料的重要,符合建构主义理论。

"认识材料"这一课的教学设计展示完毕,敬请评委老师指导,谢谢!

案例评析

小学科学课程的教学,需要教师具有良好的科学素养和运用先进的教育理论指导教学实践的能力。新课程标准指导下的小学科学教材给教师和学生留有很大的教与学空间,需要教师挖掘和利用课程资源,创造科学探究学习的条件,引导学生进行科学探究实践,教师自身的科学素养(科学知识、科学实践能力、科学情感态度)至关重要。本课中教师设计多种探究实践活动,引导学生亲历探究解决问题的过程;自编电子书《走进材料的世界》,为学生查阅资料解决问题提供方便;组织学生交流活动体验和感悟,促进积极的科学情感态度价值观的形成,表现出教师自身较高的科学素养。教学中教师创设情境、提供条件、组织引导,角色定位准确,是情境创设者、条件提供者、过程组织者、困难指导者,学生是探究活动的主体,通过自主、合作、探究学习,积极完成学习任务、达成学习目标。教学设计符合先进的教育教学理念,体现出教师良好的教育心理学理论基础和运用理论指导教学实践的能力。说课过程中呈现部分精彩的教学片段,运用多媒体辅助,层次清晰、表达生动,给人留下了深刻的印象。

1. 简述小学科学学科的课程理念。
2. 说出小学科学学科的教学目标。
3. 描述小学科学学科的教学要求。
4. 撰写一份小学科学学科的说课稿。

第十三章 幼儿园课程说课

※ 学习目标：

1. 知道幼儿园课程理念。
2. 了解幼儿园课程的基本特点。
3. 理解幼儿园课程的教学目标及要求。
4. 掌握幼儿园课程"五大领域"说课稿基本结构。
5. 会撰写幼儿园课程的"五大领域"说课稿。

13.1 幼儿园课程新理念

一、以幼儿快乐成长为本，追求全面和谐发展

幼儿的身体、心理和社会性等方面的发展是一个相互依存的整体，任何一方面的缺陷都会影响幼儿其他方面的进一步持续发展。因此教师要把促进幼儿全面和谐发展作为活动课程的价值取向，提供孩子全面和谐发展所需要的丰富物质环境和与同伴互助交流的机会。

二、以游戏和实践操作活动为幼儿的主要学习方式

幼儿园学习活动课程的内容选择和组织应与幼儿发展的特点相符合，与幼儿生活实际相联系；学习活动的实施以"活动、体验"为抓手，通过幼儿喜欢的游戏、参观、摆弄、操作等方式，为幼儿提供自由的时间、空间与材料，使幼儿有机会获得多种物质方面的经验与人际交往方面的经验。

三、活动课程应尊重幼儿发展的个体差异性

幼儿园孩子由于遗传、家庭环境不同，有着不同的性格、兴趣、行为习惯和认知水平。

教师必须重视幼儿的年龄特点和个性差异,了解幼儿的内在需要、不同爱好和潜在的发展可能性,给予幼儿充分的自我发展机会。

13.2 幼儿园课程特点

一、生活化

幼儿的年龄特点和身心发展需要,决定了幼儿园教育目标和内容的广泛性,也决定了保教合一的教育教学原则。对于幼儿来讲,除了认识周围世界、启迪其心智的学习内容以外,一些基本的生活和"做人"所需要的基本态度和能力,如卫生习惯、生活自理能力、交往能力等,都需要学习。但是这样广泛的学习内容不可能仅仅依靠教师设计、组织的教育教学活动来完成,也不可能通过口耳相传的方式来实现,儿童只能在生活中学习生活,在交往中学习交往。即使是认知方面的学习,也要紧密结合幼儿的生活经验,才能被幼儿理解和接受。因此幼儿园课程具有浓厚的生活化的特征——课程的内容来自幼儿的生活,课程实施贯穿于幼儿的每日生活。

二、游戏化

游戏符合幼儿的年龄特征,能够满足幼儿的各种身心需要,是幼儿园的基本活动,也是幼儿教育的基本原则之一。游戏从本质上来看,是幼儿自身的一种自由自发的主体性活动,对幼儿的发展有着多方面的价值。游戏是幼儿的基本活动形式,也是幼儿基本的学习方式。所以,游戏在幼儿园课程中居于非常重要的位置。

三、活动性和直接经验性

幼儿主要通过各种感官来认识世界。只有在获得丰富的感性经验的基础上,幼儿才能理解事物,才能对事物形成相对比较抽象概括的认识。幼儿的这种具有行动性和形象性的认知方式和认知特点,使得幼儿园课程必须以幼儿主动参与的教育性活动为其基本的存在形式和构成成分。对幼儿来讲,只有在活动中的学习才是有意义的学习,只有在直接经验基础上的学习才是理解性的学习。

四、潜在性

从本质上讲,幼儿园教育是有目的、有计划的教育过程,幼儿园课程也有明确的课程目标和基本的学习领域,但是由于幼儿身心发展和学习的特点,幼儿园课程不是体现在课表、教材、课堂中,而是体现在生活、游戏和其他幼儿喜闻乐见的活动形式中。虽然怎样创设环境,怎样支持幼儿的探索学习,都是教师根据幼儿园课程的目的、内容要求精心设计的,但这些内容、目的和要求仅仅存在于教师的意识和行动中,幼儿并不能清楚地认识到。幼儿感受到的更多的是环境、活动、材料和教师的行为,而不是教育者的教育目的和期望。

也就是说,幼儿园课程蕴含在环境、材料、活动和教师的行为中,潜移默化地对幼儿起作用。

总体来看,幼儿园课程基本以活动课程为主要形式,同时隐性课程的特点非常突出。"通过环境教育幼儿""保育与教育相结合""寓教育于一日生活当中""以游戏为基本活动"以及"在生活中、在游戏中、在幼儿的自主活动中指导幼儿的学习"等提法都反映了幼儿园课程的这些特点。

13.3 幼儿园课程教学目标与内容要求

幼儿园教育应当贯彻国家的教育方针,坚持保育与教育相结合的原则,对幼儿实施体、智、德、美诸方面全面发展的教育,全面落实《幼儿园工作规程》所提出的保育教育目标。

幼儿园教育的内容是广泛的、启蒙性的,可按照幼儿学习活动的范畴相对划分为健康、语言、社会、科学、艺术等五个方面,也可以按其他方式划分。各方面的内容都应包含知识技能、情感态度、活动方式方法等多方面的学习。幼儿实际的学习是综合的、整体的,幼儿园教育内容范畴的划分是相对的,教育过程中应依据幼儿的学习特点进行整合处理,以使幼儿通过真实而有意义的活动生动、活泼、主动地学习,获得完整的经验,促进身心全面和谐地发展。《幼儿园教育指导纲要(试行)》对健康、语言、社会、科学、艺术五个领域的目标、内容与要求、指导要点进行了阐述,如下:

一、健康

1. 目标

(1) 身体健康,在集体生活中情绪安定、愉快;

(2) 生活、卫生习惯良好,有基本的生活自理能力;

(3) 知道必要的安全保健常识,学习保护自己;

(4) 喜欢参加体育活动,动作协调、灵活。

2. 内容与要求

(1) 建立良好的师生、同伴关系,让幼儿在集体生活中感到温暖,心情愉快,形成安全感、信赖感。

(2) 与家长配合,根据幼儿的需要建立科学的生活常规。培养幼儿良好的饮食、睡眠、盥洗、排泄等生活习惯和生活自理能力。

(3) 教育幼儿爱清洁、讲卫生,注意保持个人和生活场所的整洁和卫生。

(4) 密切结合幼儿的生活进行安全、营养和保健教育,提高幼儿的自我保护意识和能力。

(5) 开展丰富多彩的户外游戏和体育活动,培养幼儿参加体育活动的兴趣和习惯,增强体质,提高对环境的适应能力。

(6) 用幼儿感兴趣的方式发展基本动作,提高动作的协调性、灵活性。

(7) 在体育活动中,培养幼儿坚强、勇敢、不怕困难的意志品质和主动、乐观、合作的态度。

3. 指导要点

(1) 幼儿园必须把保护幼儿的生命和促进幼儿的健康放在工作的首位。树立正确的健康观念,在重视幼儿身体健康的同时,要高度重视幼儿的心理健康。

(2) 既要高度重视和满足幼儿受保护、受照顾的需要,又要尊重和满足他们不断增长的独立要求,避免过度保护和包办代替,鼓励并指导幼儿自理、自立的尝试。

(3) 健康领域的活动要充分尊重幼儿生长发育的规律,严禁以任何名义进行有损幼儿健康的比赛、表演或训练等。

(4) 培养幼儿对体育活动的兴趣是幼儿园体育的重要目标,要根据幼儿的特点组织生动有趣、形式多样的体育活动,吸引幼儿主动参与。

二、语言

1. 目标

(1) 乐观与人交谈,讲话礼貌;
(2) 注意倾听对方讲话,能理解日常用语;
(3) 能清楚地说出自己想说的事;
(4) 喜欢听故事、看图书;
(5) 能听懂和会说普通话。

2. 内容与要求

(1) 创造一个自由、宽松的语言交往环境,支持、鼓励、吸引幼儿与教师、同伴或其他人交谈,体验语言交流的乐趣,学习使用适当的、礼貌的语言交往。

(2) 养成幼儿注意倾听的习惯,发展语言理解能力。

(3) 鼓励幼儿大胆、清楚地表达自己的想法和感受,尝试说明、描述简单的事物或过程,发展语言表达能力和思维能力。

(4) 引导幼儿接触优秀的儿童文学作品,使之感受语言的丰富和优美,并通过多种活动帮助幼儿加深对作品的体验和理解。

(5) 培养幼儿对生活中常见的简单标记和文字符号的兴趣。

(6) 利用图书、绘画和其他多种方式,引发幼儿对书籍、阅读和书写的兴趣,培养前阅读和前书写技能。

(7) 提供普通话的语言环境,帮助幼儿熟悉、听懂并学说普通话。少数民族地区还应帮助幼儿学习本民族语言。

3. 指导要点

(1) 语言能力是在运用的过程中发展起来的,发展幼儿语言的关键是创设一个能使他们想说、敢说、喜欢说、有机会说并能得到积极应答的环境。

（2）幼儿语言的发展与其情感、经验、思维、社会交往能力等其他方面的发展密切相关，因此，发展幼儿语言的重要途径是通过互相渗透的各领域的教育，在丰富多彩的活动中去扩展幼儿的经验，提供促进语言发展的条件。

（3）幼儿的语言学习具有个别化的特点，教师与幼儿的个别交流、幼儿之间的自由交谈等，对幼儿语言发展具有特殊意义。

（4）对有语言障碍的儿童要给予特别关注，要与家长和有关方面密切配合，积极地帮助他们提高语言能力。

三、社会

1. 目标

（1）能主动地参与各项活动，有自信心；

（2）乐意与人交往，学习互助、合作和分享，有同情心；

（3）理解并遵守日常生活中基本的社会行为规则；

（4）能努力做好力所能及的事，不怕困难，有初步的责任感；

（5）爱父母长辈、老师和同伴，爱集体、爱家乡、爱祖国。

2. 内容与要求

（1）引导幼儿参加各种集体活动，体验与教师、同伴等共同生活的乐趣，帮助他们正确认识自己和他人，养成对他人、社会亲近、合作的态度，学习初步的人际交往技能。

（2）为每个幼儿提供表现自己长处和获得成功的机会，增强其自尊心和自信心。

（3）提供自由活动的机会，支持幼儿自主地选择、计划活动，鼓励他们通过多方面的努力解决问题，不轻易放弃克服困难的尝试。

（4）在共同的生活和活动中，以多种方式引导幼儿认识、体验并理解基本的社会行为规则，学习自律和尊重他人。

（5）教育幼儿爱护玩具和其他物品，爱护公物和公共环境。

（6）与家庭、社区合作，引导幼儿了解自己的亲人以及与自己生活有关的各行各业人们的劳动，培养其对劳动者的热爱和对劳动成果的尊重。

（7）充分利用社会资源，引导幼儿实际感受祖国文化的丰富与优秀，感受家乡的变化和发展，激发幼儿爱家乡、爱祖国的情感。

（8）适当向幼儿介绍我国各民族和世界其他国家、民族的文化，使其感知人类文化的多样性和差异性，培养理解、尊重、平等的态度。

3. 指导要点

（1）社会领域的教育具有潜移默化的特点。幼儿社会态度和社会情感的培养尤应渗透在多种活动和一日生活的各个环节之中，要创设一个能使幼儿感受到接纳、关爱和支持的良好环境，避免单一呆板的言语说教。

（2）幼儿与成人、同伴之间的共同生活、交往、探索、游戏等，是其社会学习的重要途径。应为幼儿提供人际间相互交往和共同活动的机会和条件,并加以指导。

(3) 社会学习是一个漫长的积累过程,需要幼儿园、家庭和社会密切合作,协调一致,共同促进幼儿良好社会性品质的形成。

四、科学

1. 目标

(1) 对周围的事物、现象感兴趣,有好奇心和求知欲;
(2) 能运用各种感官,动手动脑,探究问题;
(3) 能用适当的方式表达、交流探索的过程和结果;
(4) 能从生活和游戏中感受事物的数量关系并体验到数学的重要和有趣;
(5) 爱护动植物,关心周围环境,亲近大自然,珍惜自然资源,有初步的环保意识。

2. 内容与要求

(1) 引导幼儿对身边常见事物和现象的特点、变化规律产生兴趣和探究的欲望。
(2) 为幼儿的探究活动创造宽松的环境,让每个幼儿都有机会参与尝试,支持、鼓励他们大胆提出问题,发表不同意见,学会尊重别人的观点和经验。
(3) 提供丰富的可操作的材料,为每个幼儿都能运用多种感官、多种方式进行探索提供活动的条件。
(4) 通过引导幼儿积极参加小组讨论、探索等方式,培养幼儿合作学习的意识和能力,学习用多种方式表现、交流、分享探索的过程和结果。
(5) 引导幼儿对周围环境中的数、量、形、时间和空间等现象产生兴趣,建构初步的数概念,并学习用简单的数学方法解决生活和游戏中某些简单的问题。
(6) 从生活或媒体中幼儿熟悉的科技成果入手,引导幼儿感受科学技术对生活的影响,培养他们对科学的兴趣和对科学家的崇敬。
(7) 在幼儿生活经验的基础上,帮助幼儿了解自然、环境与人类生活的关系。从身边的小事入手,培养初步的环保意识和行为。

3. 指导要点

(1) 幼儿的科学教育是科学启蒙教育,重在激发幼儿的认识兴趣和探究欲望。
(2) 要尽量创造条件让幼儿实际参加探究活动,使他们感受科学探究的过程和方法,体验发现的乐趣。
(3) 科学教育应密切联系幼儿的实际生活进行,利用身边的事物与现象作为科学探索的对象。

五、艺术

1. 目标

(1) 能初步感受并喜爱环境、生活和艺术中的美;
(2) 喜欢参加艺术活动,并能大胆地表现自己的情感和体验;

（3）能用自己喜欢的方式进行艺术表现活动。

2．内容与要求

（1）引导幼儿接触周围环境和生活中美好的人、事、物，丰富他们的感性经验和审美情趣，激发他们表现美、创造美的情趣。

（2）在艺术活动中面向全体幼儿，要针对他们的不同特点和需要，让每个幼儿都得到美的熏陶和培养。对有艺术天赋的幼儿要注意发展他们的艺术潜能。

（3）提供自由表现的机会，鼓励幼儿用不同艺术形式大胆地表达自己的情感、理解和想象，尊重每个幼儿的想法和创造，肯定和接纳他们独特的审美感受和表现方式，分享他们创造的快乐。

（4）在支持、鼓励幼儿积极参加各种艺术活动并大胆表现的同时，帮助他们提高表现的技能和能力。

（5）指导幼儿利用身边的物品或废旧材料制作玩具、手工艺品等来美化自己的生活或开展其他活动。

（6）为幼儿创设展示自己作品的条件，引导幼儿相互交流、相互欣赏、共同提高。

3．指导要点

（1）艺术是实施美育的主要途径，应充分发挥艺术的情感教育功能，促进幼儿健全人格的形成。要避免仅仅重视表现技能或艺术活动的结果，而忽视幼儿在活动过程中的情感体验和态度的倾向。

（2）幼儿的创作过程和作品是他们表达自己的认识和情感的重要方式，应支持幼儿富有个性和创造性的表达，克服过分强调技能技巧和标准化要求的偏向。

（3）幼儿艺术活动的能力是在大胆表现的过程中逐渐发展起来的，教师的作用应主要在于激发幼儿感受美、表现美的情趣，丰富他们的审美经验，使之体验自由表达和创造的快乐。在此基础上，根据幼儿的发展状况和需要，对表现方式和技能技巧给予适时、适当的指导。

13.4 幼儿园课程说课流程

一、说教材

说教材，分析题目、来源，即从何而来、为何而选——

说教材内容就是通过分析所选活动主题的内容特点，从《纲要》与《指南》角度指明它在整体或主题网络教学中的地位。所以教师首先必须说清楚此次活动的内容是什么及为什么要选择这些内容。

例如，《亲亲长颈鹿》这个故事选自小班下学期"有趣的动物"这一主题中。该故事选用了小朋友生活中比较熟悉并喜欢的小兔子和长颈鹿为角色，讲述了一个长颈鹿阿姨助人为乐的故事,特别是小兔子们亲亲长颈鹿阿姨这个情节既让人觉得有趣又很符合小班小朋友的年龄特点,生活中我们也会经常看到自己班的小朋友亲亲老师的小手或者脸蛋来表示他对老师的喜爱之情。又考虑到现在的小朋友大多数都是独生子女,特别是小班幼儿年龄小,多"以自我为中心",缺乏友爱互助的品质,所以我觉得这个故事既符合小班幼儿年龄特点,又符合孩子的现实需要,因此,我选择了这个故事,并将它与语言和社会两个领域相结合。

二、说学情

说幼儿现状,简要分析。主要包括幼儿的年龄特点、身心发展状况;幼儿原有知识和基础技能的掌握情况、智力的发展水平;幼儿的非智力因素,包括幼儿的兴趣、动机、行为习惯、意志品质等发展状况。

三、说目标

活动目标是指教学活动的主体在具体教学活动中所要达到的预期结果、标准。确立活动目标,要根据《纲要》、所选内容、幼儿学习的特点及发展,从以下三方面进行整体设计,建立目标体系:

(1) 确立情感态度:通过学习,幼儿所应养成的良好的情感态度和审美观。

(2) 确立能力:通过学习,幼儿在身心发展上,如能力、意志、性格、体力的发展上要达到一个什么标准。一般而言,能力是由观察、思维、记忆、想象等构成的,其中思维能力是核心。

(3) 确立知识、技能:通过学习,幼儿在基础知识和基本技能上达到一个什么标准,是掌握还是理解、知道等等。

活动目标制约着活动设计的方向,对教学活动起着指导作用,目标确定要做到明确、具体、可测。因此教师要紧紧抓住活动目标,以充分的理论依据和实践经验说明实现活动目标的进程、步骤、组织,目标实现程度的检测等方面的基本思路。

例如,《幼儿园教育指导纲要》语言领域中提出:"发展幼儿语言的关键是创设一个能使他们想说、敢说、喜欢说、有机会说并能得到积极应答的环境"以及要"鼓励幼儿大胆、清楚地表达自己的想法和感受,发展幼儿语言表达能力和思维能力"。根据这一目标和要求,结合小班下学期幼儿的年龄特点和语言发展水平:幼儿年龄小,注意力容易分散,以自我为中心,我从认知、能力和情感三方面提出了本次活动的目标。

(1) 认知:在游戏情景中理解故事内容,加深对长颈鹿的认识。

(2) 能力:积极参与故事清洁的讨论,愿意大胆地表达自己的想法。

(3) 情感:体验友爱互助给大家带来的快乐。

目标中提到:在游戏情景中理解故事内容,体验友爱互助带来的快乐。因此,在活动中,我把这点作为教学重点。小班幼儿在语言表达方面不完整,有时只说了半句话就无法再说了,或表达不出心中的想法,根据幼儿的语言发展情况,我确定本次活动的难点是用比较完整的句子表达自己的想法。

四、说准备

说活动准备。包括活动前的准备(家长工作、社区协调、环境创设、资料收集、幼儿园活动等);活动中的准备(即有关玩具、教具等材料,包括幼儿用书、教学挂图等);活动后的准备(即活动延伸,包括区域游戏活动、生活活动、家园社区活动等)。① 可以延伸到下一个活动,使半日活动或者一日活动成为一个有机联系的整体;② 可以延伸到区域活动中去,使区域活动成为教学活动的自然延伸;③ 可以延伸到家庭和社会活动中,真正实现幼儿园与家庭、社会的密切配合。活动准备是为让幼儿通过与环境、材料的相互作用来获得发展的,因此,活动准备必须与幼儿的能力、兴趣、需求等相适应。

例如,《亲亲长颈鹿》活动准备为:① 物质上的准备。我给小朋友们准备了小兔头饰,这是为了让幼儿更能进入小兔这一游戏角色中;根据故事,我布置了小河、森林等情境以及道具长颈鹿,这是为幼儿在情境中游戏,并能加深故事的理解而准备的;音乐,是为了进一步营造游戏的气氛而准备的。② 知识上的准备。我让幼儿先认识长颈鹿,了解了长颈鹿的基本特征。③ 幼儿练习爬及滑这两个基本动作。

五、说教法和说学法

(1) 说教法:教学方法是幼儿教师有效地传递信息、指导幼儿学习活动的途径,说教法主要说明在本次活动中将采用的教学方法和运用的教学手段,以及这样做的原因,要着重说明自己独创的做法,特别是培养幼儿创新精神和实践能力的具体做法。说教法时要注意根据教材的特点、幼儿的实际、幼儿教师的特长以及教学活动环境情况等,来说明选择某种方法或手段的依据。

(2) 说学法:说学法就是说明幼儿要"学什么、怎样学""为什么这样学"的环节,教师要说出教给幼儿哪些学习方法,培养幼儿哪些行为能力。教师在说学法时要说出活动中幼儿怎样学习、依据是什么;自己在活动中如何激发幼儿学习兴趣,引导幼儿主动、积极地进行探索活动;还要讲出怎样根据班级特点和幼儿的年龄、心理特征,运用哪些教育教学规律指导幼儿进行学习。

在现在的幼儿园教学活动中常用多通道参与法、体验法、操作法、小组合作法、观察法等学习方法。

六、说流程

说活动流程是说课的重点部分,它反映着教师的教学思想、教学个性与风格,也只有通过对活动流程设计的阐述,才能看到其活动安排是否合理、科学,是否具有艺术性。一般要说清"总共有几大环节""各环节的主要目标"。分环节讲清"教什么""怎样教"——如何保证教学目标的达成、如何保证重点难点的攻克、如何保证所有孩子最大限度地达成目标。这要从"选择什么教学方法来突破教学的重难点""如何引导学生学习""如何训练帮助幼儿在情感、认知、能力等方面获得提高"以及"为什么这样教"这几方面说。在说怎样教的过程中还要说清:环节的时间处理、环节的效果预期、可能出现的问题(如不同能力水平的幼儿可能出现的差异、与预设不符的情况等)以及如何解决、如何随机渗透,等等。要把教学过程说详细具体,但并不等同于课堂教学实录。对于重点环节,诸如运用什么教学方法突破重难点要细说,一般环节的内容则可少说。尽量避免"师问、估计幼答,师又问,估计幼又答"等这种流水账式的说法。

说流程的方法,可以是把整个环节的安排先说出来,再逐环节说,也可以是把一个环节的内容说完后,再依次说下个环节的内容,环节之间尽量用上恰当的过渡语,使整个说课内容浑然一体。

七、说特色与亮点

何之谓亮——最与众不同的,要多角度挖掘选材、教学方法、教师素质、组材,以上几块内容可以有不同的组合,如:① 教材,其中就包括教材内容、目标、重点难点、准备等;② 教法学法;③ 教学流程。说课的核心在于说理,重点要说清为什么要这样教,教学重点和教学难点如何突破。因此在对自己设计课程中的思维活动进行审视后,要突出说明自身的教学风格与特色。

13.5 五大领域说课稿模式

一、健康领域

大家好。今天我说课的内容是(小班/中班/大班)健康活动(课题)。下面我主要围绕说活动内容、说活动目标、说活动准备、说教学方法和说教学流程五个方面来进行说课。

1. 说活动内容

(小班/中班/大班)幼儿活泼好动,各种动作的发展日趋完善,_____能力增强了很多,_____持久性有了明显的提高。但是(小班/中班/大班)幼儿身体的协调性和平衡能力还不太高,在_____时会出现蹬地腿蹬不直,蹬地不充分,落地时屈膝缓冲过大容易坐到地上的现象。_____是一种能够有效锻炼幼儿协调能力和平衡能力的运动项目,可以有效地改善这些现象,使_____动作更流畅,从而提高幼儿的_____能力。

《幼儿园教育指导纲要》在健康领域明确强调培养幼儿对体育活动的兴趣是幼儿园体育的重要目标。怎样让(小班/中班/大班)幼儿有兴趣地练习(跑、跳、投、掷),并使其能够在增加动作难度的基础上巩固(跑、跳、投、掷)的技能,是当前(小班/中班/大班)(跑、跳、投、掷)体育活动所需要解决的问题。为此,本次活动创设"_____"的情境,以扮演_____的活动形式来激发幼儿的兴趣,吸引幼儿热情参与活动,以锻炼幼儿的(跑、跳、投、掷)能力。活动的动作训练内容主要是_____,能锻炼幼儿的_____力量、_____协调性和_____灵活性,具有极大的价值。

2. 说活动目标

(1) 目标定位:活动的目标是教育活动的起点和归宿。根据(小班/中班/大班)幼儿

的年龄阶段特点和基本动作的发展情况,本次活动的目标定位于:

① 通过探索模仿(某种动物)的动作,学会_____,掌握正确的_____姿势;

② 乐于参加体育活动,体验参与体育活动的乐趣,增强自信心。

(2) 重点定位于:探索模仿(某种动物)的动作;难点在于:能有意识地控制_____活动,保持身体动作的协调灵活。

3. 说活动准备

(1) 物质准备:_____是体育游戏活动的材料,它便于_____环节的进行,_____可以增加活动的趣味性。一段较活泼的音乐主要是作为信号,音乐播放时开始活动,音乐停止时停止活动,可用于控制幼儿的运动量。

(2) 环境布置:_____是本次体育活动情景创设,场地要求平整。由于活动的训练内容是_____,地面平整才能保证幼儿的安全。

(3) 知识经验准备:幼儿认识(某种动物),对它的外形特征和生活习惯有大概的了解。幼儿已有一些_____动作的经验和对(某种动物)的了解,有助于教师迁移新的动作经验,也有利于幼儿更快地学习。教师要熟悉模仿(某种动物)姿势,便于引导活动有目的地进行,及时纠正幼儿的错误动作。

4. 说教学方法

考虑到体育活动本身的特点及(小班/中班/大班)幼儿的年龄阶段特点,本次活动主要采用了以下几种教学方法:

(1) 提问法:在体育活动中采用提问法,一方面可以鼓励幼儿自己去探索思考,从而启发他们积极大胆地想象模仿(某种动物);另一方面,还有助于了解幼儿基本动作的发展现状。活动开始时通过提问_____,帮助解决练习_____的过程中可能出现的部分能力弱的幼儿不容易学会的问题。

(2) 情景创设法:活动的主体环节创设了两个情境:_____、_____。这使整个体育活动变得更加有趣味,从而激发幼儿的兴趣,使其积极热情地参与到体育活动中。

此外,我还采用了自主探索法、示范法、重复练习法等对活动加以整合,使幼儿在尝试练习的过程中获得愉悦的经验。

5. 说教学流程

在整个活动中,我主要设计了五个环节,包括热身进场—自由探索—巩固练习—集体游戏—放松活动。

(1) 环节一:进场

热身运动,教师引导幼儿模仿一些动物的动作(例如:蜗牛慢慢地走、螃蟹横着走、小鸭子摇摆着走、小兔蹦蹦跳、小鸟左右飞。)爱模仿是幼儿的一个很重要的心理特点,在这一环节的设置中,我主要抓住了幼儿的这一个特点来提高他们参与活动的兴趣。同时还可达到活动前的热身效果。这还便于引出主要活动内容:_____。

(2) 环节二:引导幼儿自由探索

在这一个环节中通过提问,启发幼儿有意识地探索模仿(某种动物)的方法。

① 提出问题:"小动物是怎么运动的呀?"

此时,教师应尽量启发鼓励自主探索模仿(某种动物)运动的方法,我重点观察提取幼儿说出该动物运动的比较关键的方法。同时关注幼儿的动作情况,根据幼儿的个体差异,因人施教。

② 请几个幼儿进行示范,试一试。

请个别幼儿上来给大家演示模仿小动物运动的方式,重点关注幼儿的动作是否协调灵活,着重提示幼儿模仿(某种动物)时要注意哪些动作要领,让幼儿把动作做得更到位。

(3) 环节三:巩固动作经验

① 教师示范,引导幼儿注意动作要领:_____。_____是本次体育活动的重点和难点,教师示范可以巩固幼儿的动作经验,还能起到一定的强调作用。

② 引导幼儿练习_____。师:"那现在我们来当回(某种动物),把_____的动作本领学好。"

每个幼儿戴上(道具),开始自由练习。教师观看幼儿动作是否到位,提醒幼儿注意运动的姿势,及时纠正做错动作的幼儿,再次给予示范。

创设情景"_____",巩固_____的动作。播放音乐,幼儿开始自由练习。

③ 音乐停止,做放松练习。

情境的创设可以激发幼儿的兴趣,让幼儿在有趣的情境中巩固练习运动的动作。可根据幼儿运动的情况,利用音乐作为一种信号,适时让幼儿停下来休息,调整运动量。活动中教师还要注意观察,指导、鼓励和帮助能力差的幼儿完成动作的学习活动。此处主要采用了示范法、动作练习法,巩固加深幼儿重点动作的经验,为下一个环节做准备。

(4) 环节四:模仿动物游戏

请几个幼儿示范模仿(某种动物运动游戏),教师进行引导,让幼儿将动作做得更到位一些。接着做做放松活动,然后睡一觉。

这一环节是活动的难点,再次创设情景,主要训练幼儿的(某种运动技能)。在开始游戏前教师虽有提出明确的要求,但是幼儿往往会记不住,所以就需要教师在活动过程中注意指导。强调安全注意事项,防止碰撞。同时关注孩子们的体力状态,适当调节孩子的活动量。

(5) 环节五:放松活动

教师带领幼儿做一些放松舒缓的动作,拍拍腿,甩甩手脚,最后静静地"睡觉",使原来兴奋的神经逐渐恢复到相对安静的状态,在轻松愉快的气氛中结束活动。

二、语言领域

各位评委老师:大家好!今天我说课的主题是(小班/中班/大班)语言活动:_____。(板书或多媒体展出)

1. 说教材

其一,_____这一内容情节有趣,形象鲜明突出,语言诙谐有趣,容易引起幼儿的学习兴趣,又可以扩展孩子的词汇量;其二,现在的孩子由于受生活环境限制,缺乏与周围人相处的经验,普遍存在对周围事物缺乏感情的行为,所以这一内容既符合幼儿年龄特点,又符合孩子的现实需要。

2. 说活动目标

《幼儿园教育指导纲要》在语言领域中提出:"发展幼儿语言的关键是创设一个能使他们想说、敢说、喜欢说、有机会说并能得到积极应答的环境"以及要"鼓励幼儿大胆、清楚地表达自己的想法和感受,发展幼儿语言表达能力和思维能力"。根据这一目标和要求,结合(小班/中班/大班)幼儿年龄特点和语言发展水平,我从能力和情感两方面提出了本次活动的目标:

(1) 理解故事的情节、内容,感受作品中主人公的善良、美好的角色形象;大胆、清楚地表达自己的想法和感受,乐意参与表演,大胆学说角色对话。

(2) 通过交流与表演,幼儿能逐步懂得做事要多为他人着想,要互相关心、互相帮助。

活动的重点和难点:本次活动的教学重点是理解故事情节、内容,使幼儿懂得做事要替别人着想;教学难点是请幼儿大胆、清楚地表达自己的想法和感受,乐意参与表演,大胆学说角色对话。

3. 说活动准备

为了更好地服务于本次的活动目标,完成活动内容,做以下活动准备:

某些动物的角色教具,教学图片一套,故事课件一套,表演用道具若干个。

4. 说教法学法

(1) 教育心理学认为"学习者同时开放多个感知通道,比只开放一个感知通道,能更准确有效地掌握学习对象"。根据幼儿的学习情况,本次活动我运用了直观法、提问法、角色游戏等教学方法。

采用直观法是因为这个年龄段的幼儿思维具有明显的具体形象性特点,属于典型的具体形象思维。从幼儿认识事物的特点和语言本身特点来看,在幼儿园语言教育中贯彻直观性原则非常重要。以看图片、看课件的形式直接刺激幼儿的视听器官,能使学习活动进行得生动活泼,激发幼儿学习的兴趣。

采用提问法是因为提问能引导幼儿有目的地、仔细地观察,启发幼儿积极思维。运用启发性提问,让幼儿将看到的具体形象的图片或课件用语言描述出来,是解决活动重点的有效方法。

采用角色游戏法是因为角色游戏是幼儿最喜爱的活动,在幼儿身心略感疲惫时,游戏能增强幼儿参与活动的兴趣。幼儿在进行角色表演中能充分地表现自我,大胆说话。

(2) 遵循幼儿学习的规律和幼儿的年龄特点,在《纲要》新理念的指导下,整个学习活动,始终以幼儿为主体,变过去的"要我学"为现在的"我要学"。遵循由浅入深的教学原则,幼儿在看看、听听、想想、说说、玩玩的轻松气氛中掌握活动的重、难点。幼儿将运用观察法、讨论谈话法等。讨论谈话法是幼儿在讨论、谈话中无拘无束地说出自己的理解与看法,从而提供给幼儿练习说话的好机会。

5. 说活动流程

结合幼儿园教育工作原则和本次活动的目标,我设计了以下四个环节:

(1) 出示小动物画面,引起幼儿兴趣,引出课题。

兴趣是幼儿主动参与活动的关键,开始部分我就以一个孩子们喜欢的角色吸引了他们的眼球,并且通过一个提问直接进入了课题:今天晚上,小动物要上台表演唱歌,请小朋友帮它想想办法,怎样才能打扮得很美呢?(请幼儿讨论并说说)

(2) 结合图片,分段欣赏故事,理解故事内容。

此环节我运用了直观法和提问法等方法,将故事进行分段讲述。

通过提问:① 小动物为什么要把自己打扮得很漂亮? ② 小动物到了哪里,看到了什么,他怎么想? ③ 它为什么不用花草打扮自己? ④ 这件事被谁看到了,它们怎么说? 让幼儿理解故事情节。

(3) 看课件欣赏故事情节,感受动物的善良美好。

此环节其实重在揭示思想内涵,进行情感教育,通过看课件的形式完整欣赏故事,有利于幼儿更形象地欣赏故事,理解故事内涵。同时还运用提问法,引导幼儿去发现本质:小动物耳朵上的绿星到底是什么?萤火虫为什么要扮成闪亮的绿星停在小动物的耳朵上?揭示出了小动物因为善良美好也得到了萤火虫的回报,请小朋友谈谈自己在生活中如何对待人和事物,进行思想提升。

(4) 幼儿进行角色表演。

教师提供给幼儿道具并布置简单的场景,请幼儿自己选择扮演的角色进行故事表演,可根据具体情况把故事的叙述部分改成简单的旁白,主要让幼儿练习角色的对话及表演相应的动作。

这一环节能充分满足幼儿的活动欲望,让幼儿在轻松的氛围中学习对话,表达自己的理解,给幼儿提供表现和说话的机会,将整个活动推向高潮,最终能实现活动目标的达成。

三、社会领域

各位专家评委,大家下午好!今天我说课的课题是(小班/中班/大班)社会领域:_____ _____。(板书或多媒体课件展出课题)

1. 说教材

《纲要》中指出,在幼儿生活经验的基础上,帮助幼儿了解自然、环境与人类生活的关系。从身边的小事做起,培养初步的_____意识和行为。_____是"_____"主题活动中的一个内容。

幼儿期的生活还处在他律的阶段,他们并不懂得什么是对的,什么是错的,别人这样做,他们也会这样做。幼儿教师应该让幼儿获得正确的情感体验,要让幼儿明白不文明行为对我们的社会、生活所造成的危害,要让幼儿在理解_____的基础上,关注自身的_____的好习惯,使幼儿在内化的过程中成为良好行为习惯的宣传者、执行者,并将良好的习惯泛化到周围人身上,从中找到快乐。选择_____作为教材,使幼儿逐步认识到日常生活中哪些行为是正确的、哪些行为是错误的,错误了怎样改正,从而激发幼儿良好行为、文明习惯的情感意识和情感行为,为以后思想品德健康发展扣好第一个纽扣。

2. 说活动目标

(1) 活动目标。根据幼儿的年龄特点及发展水平,本次活动的立意旨在要求幼儿从自身做起,从日常生活点滴小事做起,并在潜移默化中领悟到_____的重要性,进而将_____提升为一种良好_____。我制定活动目标如下:

① 帮助幼儿了解_____,认识_____,并能初步学会_____。
② 养成_____的好习惯,建立初步的_____意识。
③ 引导幼儿愿意为_____做一些力所能及的事。

(2) 活动重点难点。重点是帮助幼儿学会_____;难点是为_____做一些力所能及的事。

3. 说活动准备

(1) 物质准备:事先收集一些材料,教学课件、教学录像。
(2) 知识准备:请幼儿观察、调查_____,和父母一起讨论收集有关_____一些图片或图表。

4. 说活动流程

环节一:了解_____来源。播放录像,提问讨论:你们喜欢_____? 为什么? _____怎样产生的? 有什么危害?

环节二:学会_____处理方法。 播放教学软件:认清日常生活中的不良行为习惯,发现其原因,我们该怎么做?

环节三:角色游戏,亲身尝试。再次感受不良行为的危害,为正确行为的树立奠定基础。

5. 说延伸活动

收集废旧材料,投放在活动区中,实现了空间、时间上的开放式教学,具体内容如下:_____。

6. 说活动特色

(1) 生活理念的教育。此次选材贴近幼儿的生活,设计理念来源于生活,通过生活中的小事,以小见大,激起幼儿关注_____,树立_____意识,并在动手、动脑、动口的活动中,获得了无穷乐趣。

(2) 先进的视听教育手段。多媒体技术集图、文、声音、像为一体,形象、生动。

(3) 可持续发展理念。一次活动只是一个开始,是其他教育活动的引子。通过本次活动,幼儿能更多地关注_____,这是本次教育的潜在效应,体现了活动的可持续发展。

四、科学领域

(一) 科学探索

尊敬的各位评委老师,大家好!今天我说课的课题是科学领域中科学探索部分:_____

第十三章 幼儿园课程说课

_____。(板书或课件展出课题)

1. 说教材

_____是(小班/中班/大班)主题活动_____一个课题,是一个_____变化的探究活动。孩子们生活在一个五彩缤纷的世界里,_____变化的奇妙,激发幼儿探索、发现_____变化的欲望,丰富有关_____变化的经验,体验变化的乐趣。

2. 说活动目标

本次活动遵循《纲要》的精神,体现幼儿园教育活动以"幼儿发展为本"的原则,符合幼儿爱动手、爱摆弄的年龄特点。通过引导幼儿互相合作,共同探讨、互相交流,在探究中的发现,从而培养幼儿的探究意识、探究兴趣和探究能力。因此,本人预设了以下三个活动目标:

(1) 幼儿主动参与_____操作活动,感受_____的变化;
(2) 培养幼儿的合作意识,激发对科学探究活动的兴趣;
(3) 乐意与同伴分享自己对_____变化的发现。

活动重难点:

《纲要》指出:探索是儿童的本能冲动,好奇、好探究是儿童与生俱来的特点,在此次活动中,为了满足幼儿的好奇心和求知欲,发展孩子们实际探究解决问题的能力,本人把"幼儿主动参与_____的操作活动、探索_____的变化"定位为本次活动的重点。考虑到这是幼儿第一次自主探索_____的变化,在操作中会异常兴奋和忙乱,为了有序地完成操作、发现、记录这一探究过程,本人把幼儿自主分配角色,互相合作_____定为本次活动的难点。

3. 说活动准备

活动准备是为了完成具体活动的目标服务的,同时幼儿是通过材料的相互作用获得发展的,我给每组幼儿准备了一个_____,一张记录表和一支笔。准备的每一种材料都是要让幼儿通过动手使其发生变化,从而获得启发,得到发展。

4. 说教法学法

(1) 演示法

观摩小魔术表演,让孩子观察_____从无到有的变化过程。在记录表的讲解上,通过直观的记录表,更好地为孩子做示范,让他们清楚地感知操作和记录的方式方法。同时在演示时,本人只示范一种方法,其他的留给孩子们足够的想象、探究空间。

(2) 谈话法

主要体现于_____活动和记录结果的小结评价。孩子们在_____和做记录的时候,有的有交流、有的因角色分配发生冲突、有的意见不统一需要商量等,谈话法促进了孩子与孩子之间、孩子和老师之间的交流,从而也围绕目标渗透了孩子合作意识的培养。

(3) 观察法

科学活动中的观察法是非常重要的,在开头引题激趣环节,幼儿观看小魔术演示,观察了_____从无到有的变化过程,从而产生好奇心和探究欲望;继而又观察了教师示范

173

_____和记录的方法,为下一环节的操作及记录提供了有效的指导依据。

(4) 实物操作法

幼儿充分利用教师提供的_____等进行操作,在感知、探究_____的变化过程,从中获得有关_____变化的知识经验,充分体验操作的乐趣。

(5) 讨论法

科学教育内容要求教师引导幼儿积极参加小组讨论,培养幼儿合作学习的意识和能力,学习用多种方式表现、交流分享探索的过程和结果。本次活动,讨论法主要运用于两个环节,一是幼儿_____的角色分工问题;一是运用于操作结束后讨论、交流操作结果。

5. 说活动流程

(1) 观摩小魔术表演

我设计的小魔术表演,目的是让幼儿通过观看表演、观察其变化过程,从而产生好奇心,激发求知欲。魔术演示特意请个别幼儿尝试,有的幼儿能发现_____变化,有的幼儿不能发现_____变化,什么原因呢?把疑问留给幼儿,让他们带着疑问进入下一个环节。

(2) 幼儿亲手操作

通过观看老师小魔术表演,孩子们已经跃跃欲试,迫不及待地想动手操作,这时,老师通过直观的演示法,把操作步骤教给孩子,让孩子在观察中得到启发。同时,老师又没有面面俱到地帮孩子解决所有问题,而是留有一定余地,让孩子在操作中发现问题,培养他们解决问题的能力。

(3) 师幼谈话小结

小结环节是增进孩子们的交流,激发他们表达的欲望,从中渗透孩子的口语表达能力,也有利于创设浓烈的师幼互动氛围。

(4) 应用发现,体验快乐

孩子们利用刚才的探索发现,去合作完成作品,再展示交流,评价完善,让幼儿不断体验获得成功的快乐。

6. 说教学反思

本次活动过程始终以幼儿为主体,创造条件让幼儿积极参与其中;以教师为主导,积极调动幼儿的各种感官,让幼儿在活动中,通过看一看、说一说、做一做等各种体验,激发幼儿的学习热情,在操作探索中发现_____变化的神秘,感受_____变化的乐趣,从而完成预设目标的要求。

(二) 数学教育

各位评委老师,大家下午好!今天我说课的课题是科学领域中数学教育部分:_____
_____。(板书或课件展出课题)

1. 说教材

活动的主要内容是(小班/中班/大班)数学教育中的_____。该内容是在幼儿已经知道_____的基础上来进行学习的。基于幼儿对_____概念不易理解,教材通过操作、观察让幼儿反复进行_____的练习,从而帮助幼儿形成_____概念。

2. 说活动目标

幼儿园数学是一门系统性、逻辑性、应用性很强的学科,有着自身的特点和规律。《纲要》提出:"数学教育必须要让幼儿能从生活和游戏中感受事物的数量关系并体验到数学的重要和有趣;教师要引导幼儿对周围环境中数、量、形、时间和空间等现象产生兴趣,建构初步的_____概念,并学习用简单的数学方法解决生活和游戏中某些简单的问题。"由此可见,生活化、游戏化已经成为构建数学课程最基本的原则。针对本次学习活动,我制定如下活动目标:

(1) 学习_____,引导幼儿归纳出_____的关系。
(2) 激发幼儿主动探索、与同伴交流的数学兴趣。

活动重点难点:

大班幼儿思维中出现抽象逻辑思维的萌芽,在认识事物方面,不仅能够感知事物的特点,而且能够进行初步的归纳和推理。因而本次活动的重点:让幼儿学习_____;难点:在此基础上引导幼儿归纳出_____的关系。

3. 说教法和学法

(1) 本节课属于_____概念学习,对幼儿园的小朋友来说比较难理解。为了帮助幼儿掌握学习重点,突破学习难点,依据新的数学课程标准,在教法上力求体现以下几点:

① 创设生动具体的教学情境,使幼儿在愉悦的情景中学习数学知识。

充分利用教材提供的教学资源,结合活动室里的环境,充分利用生动有趣的故事情节为幼儿展现每一环节的活动过程,激发幼儿的学习兴趣,调动幼儿的情感投入,激活幼儿原有知识和经验,以此为基础展开思考,自觉地构建知识。

② 鼓励幼儿独立思考、自主探索和合作交流。

动手实践、自主探索和合作交流已成为幼儿学习数学的重要方式。在教学中,幼儿在具体的操作活动中进行独立思考,并与同伴交流,亲身感悟知识的生成过程,体验学习成功的乐趣。

③ 尊重幼儿的个体差异。

由于幼儿的生活背景和知识水平不同,在参与教学活动的过程中,教师要注意加强个别辅导,因材施教。

(2) 依据新的课程标准,必须转变幼儿的学习方式,本次课中在幼儿的学习方法上力求体现:

① 在具体的情境中幼儿亲身学会解决问题,体验探索的成功、学习的快乐。
② 在动手操作、独立思考、进行个性化学习的基础上,开展同伴交流活动,通过互助,让幼儿构建学习方法。
③ 通过灵活、有趣的游戏,巩固新旧知识,提高数学技能。
④ 通过观察进行归纳和推理,发展初步抽象逻辑思维能力。

4. 说活动准备

活动准备是为了完成具体活动目标服务的,且幼儿是通过环境、材料相互作用获得发展的,因此活动准备必须与目标、活动主体的能力、兴趣、需要等相适应,本次活动我既进行了物质准备,又考虑到幼儿的知识经验准备。(一般有教具、学具、多媒体课件等)

5. 说教学流程

(1) 创设情境,游戏导入。

——这样的设计是遵循"游戏是幼儿的主要活动"的原则,重在激发幼儿参与活动的兴趣。

(2) 自主探索,合作交流。

通过抛出贴近生活的数学问题,激发了幼儿的探索兴趣。正如《纲要》中指出:"让幼儿学习用简单的数学方法解决生活和游戏中某些简单的问题。"(小班/中班/大班)幼儿具有活动的积极性、自主性和创造性特点,我安排了操作_____活动,让幼儿在操作中自主探索、交流分享,启迪幼儿的智慧。

(小班/中班/大班)幼儿的初步抽象逻辑思维开始萌芽,在认识事物方面,不仅能够感知事物的特点,而且能够进行初步的归纳和推理。本班幼儿好学、好问,喜欢有挑战性的学习内容。学习内容要有一定的难度,要有一定的挑战性,我设计了归纳_____关系这一环节,目的是让幼儿"在跳一跳够得着的地方"进一步提升他们对_____概念质的飞跃。

(3) 知识应用,拓展提升。

设计这一环节的意图是让幼儿将所掌握的知识应用于实际当中,引导幼儿对周围环境中数、量、形、时间和空间等现象产生兴趣,同时要求他们进行记录和同伴交流,有利于发展他们的表达能力、合作能力。

(4) 角色游戏,体验快乐。

例如:在学习5的分解与组成后,引出《鸭子走》的游戏:1只鸭子前面走,4只鸭子后面走;2只鸭子前面走,3只鸭子后面走;……这样教学让幼儿兴致浓浓地结束本节课,再一次体验成功的快乐。

6. 说活动延伸

好的教育活动不是特定的某一次活动,而是一个长期、持续的过程,特别是对幼儿能力、习惯的培养,活动的延伸不可缺少。因此,我采用把_____投放进科学活动区域,引导幼儿在日常生活中操作的方法进行活动延伸,帮助幼儿把本次活动中学到的知识继续提升。

五、艺术领域

(一) 音乐活动

各位评委老师,大家好!今天我说课的内容是(小班/中班/大班)音乐活动:_____(课题)。下面我主要围绕说活动内容、说活动目标、说活动准备、说教法学法和说教学流程五个方面来进行说课。

1. 说活动内容

(1)《纲要》中指出,幼儿是教育活动的积极参与者,活动内容必须与幼儿兴趣、需要及实际能力相吻合,以引导幼儿向最近目标发展区发展。在幼儿园教学活动中,游戏是幼儿最喜欢的活动方式。音乐游戏可反映幼儿的生活和他们的情趣,在游戏过程中,观察、了解他们的喜、怒、哀、乐和他们的爱好及动作特点,积累起来加以提炼。_____的音乐流畅、动听、节奏鲜明,具有动作性和故事性,富有情趣,音乐诙谐、幽默,深受幼儿喜欢。结合(小班/中班/大班)幼儿的年龄特点及其爱好,我设计了音乐游戏_____。

(2)《纲要》中指出,积极运用语言、动作、表情等方式进行创造性地表现和表达,在认真研究分析教材的基础上大胆对教材进行创编,让孩子们的创造性思维得到进一步的发展。在活动中,我以游戏的形式贯穿活动始终,让幼儿在与环境的交互作用下获得发展。

2. 说活动目标

根据《纲要》和教学内容,结合大班幼儿的实际发展水平,我拟定了适合幼儿发展的三个目标:

(1) 在熟悉歌曲旋律的基础上,学唱游戏歌曲。

(2) 通过听故事、看木偶演示等活动,创编游戏动作,学会游戏的玩法。

(3) 能遵守游戏规则,体验游戏诙谐、幽默的愉快情趣。

活动的重点难点:

(1) 重点:根据《纲要》和幼儿的已有经验、水平,我认为此活动的重点在于幼儿在理解歌词的基础上创编动作,并且配上自己的表情。

幼儿教师要利用故事性较强的歌词引导幼儿发挥想象,从中建构积极、有效的师幼互动,从而使重点得到解决。

(2) 难点:能在游戏中灵活运用已有经验进行创造性的游戏。

幼儿教师要为幼儿创设宽松、愉快的活动氛围,采用鼓励、表扬、引导以及个别指导的方法,使幼儿能大胆想象、自由表现,其创造性思维也得到充分发展。在游戏中使难点得到突破。

3. 说活动准备

(1) 知识经验的准备:熟悉_____的旋律,丰富幼儿的生活经验。

(2) 物质准备:各种道具、材料等;创设需要的游戏环境。

4. 说教法学法

(1) 本次活动中我运用了启发提问法、引导发现法、观察法、游戏法等。教师用启发、引导的方式,充分调动幼儿学习的积极性,并以游戏的方式贯穿活动的始终,再加上形象、生动的故事,孩子们在游戏中获得知识,习得经验,真正体现玩中学、学中玩的乐趣。

(2) 活动中,我引导幼儿运用游戏操作法、观察法、归纳法来获得知识。因为幼儿是学习的主人,创设游戏的情境,幼儿能够用眼睛看、用耳朵听、用嘴巴说,动脑思考、用动作表现,从而全身心地积极投入到活动中去,并且在创造性游戏中,幼儿用不同的动作、表情表现自己对游戏情节的理解,充分展现小朋友们的自由空间。

5. 说教学流程

(1) 创设情景,激发兴趣。

出示_____,引起幼儿兴趣。"小朋友,你们看这是谁?""噢,小动物告诉我,它准备去干一件事,它要去干什么呢? 我们一起去看看吧!"

此环节利用出示小动物引起幼儿的兴趣,并且用启发提问的方法为下一环节_____做铺垫。

(2) 提问引导,熟悉歌词。(木鱼伴奏)

这个环节运用讲故事的方法引导幼儿熟悉歌词,理解歌词,为创编动作做铺垫。

(3) 伴随节奏,学唱儿歌。

教师带领幼儿一起有节奏地念唱儿歌,加深幼儿对歌词的印象。

(4) 创编动作,记忆歌曲。

此环节中幼儿有模仿,有创新,让幼儿的创造性思维得到发展,同时也让幼儿体验与同伴游戏的快乐,充分体现了自主、创新的现代儿童的学习方式。

(5) 角色扮演,共享快乐。

在此游戏环节,教师运用语言提示的方法帮助幼儿掌握游戏动作,提醒幼儿遵守游戏规则,引导幼儿做出与音乐节奏相符的各种得意的样子。

(6) 活动结束,在音乐中走出活动室。

(二) 美术活动

各位领导、各位专家,大家上午好! 今天我说课的内容是(小班/中班/大班)美术活动:_____(课题)。下面我从说教材、说活动目标、说活动准备、说教法学法、说活动流程、说活动延伸等几个方面来进行说课。

1. 说教材

_____的内容一般反映了_____意识和审美情趣,它可以陶冶一个人的情操,提高审美能力。《纲要》中指出,发展幼儿绘画时,要培养孩子用不同的材料进行绘画,培养孩子对绘画的兴趣,提高孩子的审美能力,初步感受_____笔墨的浓淡变化,所以我设计这节_____活动。

2. 说活动目标

(1) 初步了解_____画及作画时所需要的工具;

(2) 能用正确的执笔姿势画出_____特征;

(3) 对_____画产生兴趣,并能大胆作画。

重点难点:

活动的重点:让幼儿学会正确的执笔姿势及基本的运笔方法。活动的难点:幼儿能用正确的姿势,通过不同的运笔及墨的浓淡表现_____的特征。

3. 说活动准备

为了让幼儿更好地了解_____画,我准备了_____多媒体课件;旧报纸、墨汁、毛笔、颜料、调色盘、宣纸等人手一份;小围裙等。

4. 说教法学法

本次活动我所用的教法有引导法、观察法、直观演示法、师幼互动法。幼儿通过讨论交流法、观察法、实际操作法来学习本节活动。

5. 说活动流程

为了幼儿更好地学习这节课,我设计了六个环节:

环节一:出示图片,引出课题。

为了引起孩子兴趣,我是这样设计的:小朋友,今天,老师给你们带来了几幅画,咱们先来欣赏一下。请小朋友说出图片上的内容,然后把两组图片放在一起,请幼儿仔细观察。这几幅画给人的感觉一样吗?什么不一样?这几幅画是用什么画的?请幼儿分组进行讨论,引出课题。

环节二:介绍材料,了解用途。

老师介绍工具名称及用途(多媒体课件出示)。让幼儿摸一摸自己的绘画工具,介绍有关工具的用途,并尝试着练习执笔的姿势,老师可以帮助幼儿学会正确的执笔姿势。

环节三:出示实物,教师范画。

首先在桌子上铺一张旧报纸,把宣纸放在报纸上(防止墨汁渗透弄脏桌子),将少量墨汁倒入调色盘中(提醒幼儿要小心,不要将墨汁溅出),拿起毛笔,用笔尖蘸少量墨汁(提醒幼儿正确的执笔姿势,蘸墨汁时不要蘸太多,蘸完后在调色盘上抹一抹,防止墨太多,弄脏宣纸),然后在宣纸上画出小动物的身体(提醒幼儿注意把握小动物的特征及身体比例)。老师画好后,将画放在一边晾干(提醒幼儿要小心,墨汁还没有干,纸还很湿,一定要轻拿)。

环节四:自由作画。

小朋友,刚才看了老师作画,想不想自己试一试?你们肯定会比老师画得好!

(1)请一名幼儿总结老师刚才作画的步骤及画画时注意的事项。

(2)先请一名幼儿进行试画,让其他幼儿注意观看这名幼儿在作画时存在什么问题并提醒自己画的时候也要注意。幼儿画完以后,老师就幼儿绘画中出现的问题进行总结。

(3)让幼儿先在旧报纸上练练笔,体会墨的浓淡变化,以及用笔尖、侧锋、中锋画出的效果。

(4)鼓励幼儿大胆创新地添画其他景物小朋友。

(5)幼儿作品完成后,先让幼儿讨论画完画后应该做些什么,然后指导幼儿将桌面收拾干净,把工具摆放整齐,将画小心晾干。

环节五:活动结束,欣赏交流。

(1)将幼儿作品贴于展板,让幼儿互相欣赏,相互交流画完画后的感受,请几名幼儿讲评一下小朋友的作品。

(2)老师进行总结:今天小朋友表现得非常棒,咱们不仅了解了_____画,知道了

_____的绘画工具,而且还用这些工具画出了这么棒的一幅精美的图画,真是了不起,以后小朋友们经过练习,肯定会画得越来越好。

6. 说活动延伸

幼儿将自己的作品带回家让家长欣赏,并请家长帮忙搜集关于_____画的其他资料和图片,与其他小朋友们分享。

(三)舞蹈活动

各位评委老师,大家下午好!今天我说课的内容是(小班/中班/大班)舞蹈_____(课题)。下面我从说教材、说活动目标、说活动准备、说教法学法、说活动流程、说活动延伸等几个方面来进行说课。

1. 说教材

《纲要》指出"应支持幼儿富有个性和创造性的表达,发挥艺术的情感教育功能,克服过分强调技能技巧和标准化要求的偏向"。(小班/中班/大班)舞蹈_____,该舞蹈选用的音乐是一首优秀的传统音乐,能带给人们一种欢快喜庆的情绪,通过欣赏音乐,引导幼儿展开丰富的想象,进行舞蹈创编,对幼儿了解并喜爱舞蹈,进而激发幼儿热爱祖国、热爱生活的情感具有积极作用。

2. 说活动目标

《纲要》指出,艺术活动是一种情感和创造性活动。幼儿在艺术活动过程中应有愉悦感和个性化的表现。教师要理解并积极鼓励幼儿与众不同的表现方式,注意不要把艺术教育变成机械的技能训练。因此,整个活动都要以幼儿的想象和意愿为主,教师在活动中起一个引导者和支持者的作用,幼儿可以在认知、情感、能力方面都得到相应的发展。具体目标如下:

(1)知识目标:通过音乐背景,启发幼儿进行简单的舞蹈创编。

(2)技能目标:鼓励幼儿运用肢体动作表现音乐中快乐的情绪,会与同伴交流自己的感受和乐趣。

(3)情感目标:通过肢体动作快乐表演,激发幼儿对舞蹈的热爱。

重点和难点:

(1)活动重点:引导幼儿感受音乐美,体验美,自由地表达自己欢乐喜悦的心情。

(2)活动难点:能运用学过的动作自由创编舞蹈。

3. 说活动准备

多媒体课件(乐谱图示、背景图片);舞乐曲、幼儿表演道具;布置好场地。

4. 说教法学法

《纲要》提出"教师应成为学习活动的支持者、合作者、引导者",活动中,教师要心中有目标,眼中有幼儿,时时有教育,以互动的、开放的、研究的理念,让幼儿真正成为学习的主体。因此我运用了直观、生动、形象的教学手段,在活动中以激发幼儿的兴趣为出发点,为幼儿搭建了一个自我表现、自我创新的舞台,让孩子们通过发现、欣赏、探索、创新,从而获得成就感。在潜移默化中使幼儿的节奏感、乐感、表演及自由创编能力得到相应培养和提高。

本次活动主要采用如下教学方法:

(1) 欣赏法:这是舞蹈教学必不可少的方法。在活动中,先引导幼儿整首欣赏,保持作品的完整性,给幼儿一种完整的感受,然后分段欣赏,重点部分重点欣赏。引导幼儿进一步直观地感受舞蹈艺术的造型美,有效地提高幼儿的审美能力。

(2) 示范法:根据舞蹈的难易程度、幼儿接受水平及教学阶段目的的不同,采用完整示范和局部示范。示范前对幼儿提出要求,引导幼儿有目的地观察、模仿。

(3) 启发提问法:提问能引导幼儿有目的地、仔细地观察,启发幼儿积极思维,大胆想象。运用启发性提问,幼儿能将看到的、想到的具体事物用语言描述出来或动作表现出来,这样教学活动会起到事半功倍的效果。

(4) 练习法:它是幼儿亲身参加到舞蹈艺术创编活动中来的一种基本方法,也是幼儿学习舞蹈的基本知识技能,陶冶情感、性格的基本途径。在教师指导过程中主要采用了基本动作、难点动作、分乐句和完整串排练习方法。在幼儿练习、掌握的过程中,我采用了分组、分角色、单独练习方法。

(5) 个别指导法:运用这种方法要有针对性和计划性。对于能力较强的幼儿,从动作美感、自主创编、大胆表现等方面进行个别指导,然后请他个别示范,达到"互相学习"的目的;对于能力稍差的幼儿,从动作规范、完整连贯等方面给予个别指导,缩小了全班幼儿学习舞蹈的水平差距,增强幼儿对学习舞蹈的积极性。

学习方法安排如下:

(1) 幼儿主动探究,发现学习;
(2) 运用多媒体课件等手段,调动多种感官参与活动;
(3) 发挥想象,创造美。

5. 说教学流程

(1) 播放视频,欣赏舞蹈。

今天,老师给小朋友们带来一份礼物——是一段好看的舞蹈。(提出要求:请小朋友仔细看,你喜欢哪个动作?是怎样做的?一会请看得仔细的小朋友给大家说一说。)教师用简短的语言指导幼儿去欣赏舞蹈,调动起幼儿的情绪,获得对该舞蹈的初步印象。

设计意图:借助声像并茂的多媒体课件导入课题,激发幼儿对舞蹈的热爱。

(2) 鼓励模仿,自由表现。

师:这个舞蹈,热情奔放,变化丰富,你也试着跳一跳吧?

幼:老师,老师,我能编出比阿姨们更漂亮的舞蹈。孩子们兴奋不已,产生强烈浓厚的兴趣,为后面的完整创编做了铺垫。整个创作过程以幼儿为主,教师采用"先试后导"的方法,尊重和肯定幼儿的想法和创造,接受他们的表现方法,引导幼儿相互交流,相互欣赏。

设计意图:幼儿创编的动作更加符合音乐特点,共同分享表现美、创造美的快乐,为下一步完整创编舞蹈奠定基础。

(3) 感受音乐,自主探究。

① 聆听《_____舞》音乐,感受乐曲欢快热烈的情绪。

设计意图:音乐是舞蹈的一个重要组成部分,舞蹈的动作要依据音乐来进行。在听音乐时,老师和幼儿一起感受乐曲的欢快及强、弱节拍,并用身体动作表现:强——拍手,弱——拍肩。

② 再次组织幼儿听音乐,明确乐曲节拍。

设计意图:让幼儿完整感知音乐是一个逐渐提高的过程。老师利用动画图谱,将音乐结构直观表现出来,使幼儿在一次次探索中自主得出结论"有六个八拍"。

(4) 拓展思维,自由创编。

① 提问幼儿怎样才能编出好看的舞蹈,在编舞时应该注意什么?

运用分组讨论法,教师通过发散性的问题,引领幼儿从表情、动作、造型中发现美,对下一个环节的开展起到承前启后的作用。

② 组织幼儿自由分组听音乐创编舞蹈动作,教师巡回指导。

设计意图:在这个环节中,老师给了孩子自由尝试创编的机会,并观察幼儿的表现,有的孩子自己组合创编舞蹈动作,还有的孩子和旁边的小朋友交流着自己的动作。他们结合自己的经验随着音乐节奏欢快地跳着。

③ 教师巡回指导,个别交流:"你是怎么编的?你在音乐的什么地方跳这些动作呢?""这个动作真好看"……

设计意图:老师鼓励幼儿大胆表现自己的想法,在尝试和交流中获得自由表现和创造的快乐。交流时,老师按幼儿讲的顺序,邀请小朋友到前面表演,并放在相应乐句下。老师引导幼儿根据讨论出的动作顺序,听音乐完整表演舞蹈。

④ 启发幼儿、不断创新。

师:你还知道哪些舞的动作,可以怎样跳呢?

幼儿听音乐自由舞蹈。

设计意图:本环节老师鼓励幼儿自由组合动作,只要符合音乐节拍、音乐结构即可,给了幼儿大胆表达自己情感的空间,使幼儿在尝试的过程中体验到舞蹈动作的组合可以有许多种,可以根据自己的意愿来编排,同时引导幼儿去求异和创新。

(5) 分别展示、巩固提高。

① 听音乐以多种形式表演红绸舞蹈,感受创作的欢乐。

② 为舞蹈创想名字。

这个环节给了幼儿与同伴交流情感的机会,培养了幼儿在有限空间活动的能力,进一步满足了孩子们的探索、创新的需要,激发幼儿浓厚的兴趣及表现的欲望,把整个活动推向了高潮。

6. 说活动延伸

利用区角活动,引导幼儿继续探讨其他的造型,并将自己的想法画下来。

幼儿的兴趣未尽,这样的设计可以引领幼儿继续学习、向更广阔的天空发展,为新的艺术活动生成奠定基础。

13.6 幼儿园说课案例

一、健康领域说课案例

(一) 小班健康活动

"认识五官"说课稿

尊敬的各位老师：

大家好！今天我说课的题目是"认识五官"，将围绕教材分析、学情分析、活动目标、教法学法、活动流程设计五个方面进行阐述。

1. 说活动教材

《3~6岁儿童学习与发展指南》健康领域的学习与发展目标中指出，幼儿阶段是儿童身体发育和技能发展极为迅速的时期，为有效促进幼儿身心健康发展，应帮助幼儿养成良好的生活与卫生习惯。

2. 说学情分析

在我们小三班，一部分孩子经常用手挖鼻孔，把东西放到嘴里，没洗手就去揉搓眼睛，很多时候不能用语言很好地表达自己的想法和需求。为了能让孩子们养成良好的卫生习惯，我们设计了一系列的习惯养成教育课程，重在实现孩子们的健康成长。

3. 说活动目标

(1) 认知目标：能正确说出五官的名称，了解它们准确的位置。

(2) 技能目标：知道五官的用途，以及懂得如何保护它们。

(3) 情感目标：培养爱护自己的五官的良好意识。

重点难点：(本次活动的)重点是了解五官的准确位置并知道它们的用途；难点是懂得如何保护五官。

4. 说教法学法

根据孩子们的年龄特点，我运用了三种教学法，分别是观察法、提问法以及情景式教学法，通过对这三种教学法的整合交替使用，让幼儿与多媒体中的人设进行对话，激发学生的学习兴趣，从而达到教学的效果。

拟人化的形式、多彩的画面以及在情景中互动，特别能激发孩子们的好奇心，因此活动中运用了多媒体演示学习法、倾听与表达学习法、情景游戏学习法，进而提高孩子们运用语言等能力。

5. 说活动流程

(1) 韵律导入

活动通过韵律《五官歌》进行导入，从而激发孩子们的兴趣，活跃课堂气氛，同时引出主题。

(2) 情境导入（引导幼儿了解五官的作用）

① 首先，老师通过PPT的播放，介绍出五位小客人，而这五位小客人都分别少了一种五官。

② 接着，进入游戏环节"猜猜我是谁"。例如：老师提问，请问哪个小客人闻不到味道？孩子们找出没有鼻子的那个小客人，再提问我们的鼻子是用来干什么的？通过观察与提问的方式，和孩子们一起探索五官的作用，如此类推，剩下的五官也这样进行学习。

(3) 设计"让我来帮帮你"的情景游戏（让幼儿学会对五官进行保护）

首先，通过多媒体中的人物，告诉孩子们为什么他们的五官分别离开了他们。

为了能让尽量多的孩子们都有参与游戏的机会，通过PPT图片以及音频的结合，每位小客人轮流出现，都和孩子们进行问答对话。例如：

师：我们先来帮助一一吧，一一请你再说一次鼻子为什么离开你？

一一：因为我老喜欢挖鼻子，有一天力气太大了，把鼻子都挖流血了，于是，鼻子离开了我。

师：平时我们鼻子痒的时候应该怎么办？和孩子们一起探寻保护鼻子的方法。当孩子们回答出来并告诉屏幕中的一一后，一一的鼻子又会变了出来。通过情景游戏，充分激发孩子们的学习兴趣。

(4) 手指小游戏（最后会通过一个手指小游戏结束我们的活动，再次巩固孩子们对五官的认知。）

师说鼻子鼻子，在哪里？

孩子们就边指着鼻子边回应，鼻子鼻子，在这里。

就这样，在韵律游戏中快乐地结束我们本次活动。我的说课完毕，感谢您的聆听！如有不当之处敬请各位老师指导！

(二) 中班健康活动

"好宝宝，不挑食"说课稿

各位评委老师，大家好！

今天我说课的课题是中班健康教育活动"好宝宝不挑食"。下面我将从说活动教材、说活动目标、说活动准备、说活动方法、说活动流程、说活动反思等环节进行说课。

1. 说活动教材

结合本学期我们中班开展的"香香的蔬菜"主题活动，小朋友对食物有了初步的认识，但通过我多次观察发现，许多的孩子还是很挑食，有喜欢吃肉不喜欢吃蔬菜的，也有喜欢吃蔬菜不喜吃肉的，但更多的是喜欢吃零食不喜欢吃饭。《纲要》中明确要求我们要与家长配合，根据幼儿的需要建立科学的生活常规，培养幼儿良好的饮食习惯。设计本次活动旨在让孩子们能更好地去了解挑食给小朋友带来的危害以及各种食品的营养，培养小朋友养成不挑食的好习惯。这也是围绕我园《弟子规》特色教学开展的一次（对饮食勿拣择）的践行活动。

2. 说活动目标

(1) 活动目标。本次活动我设定了以下几个目标：

① 初步了解挑食给小朋友带来的危害。

② 进一步认识各种蔬菜,初步了解蔬菜及其他食物对人体的作用。

③ 培养幼儿养成不挑食的习惯。

(2) 重点难点。本次活动的重、难点是帮助幼儿认识挑食的危害,培养幼儿养成不挑食的好习惯。

3. 说活动准备

夸张的胖宝宝、瘦宝宝的图片及常见的各种食物的图片。

4. 说活动方法

《幼儿园教育指导纲要》指出:"教师应成为学习活动的支持者、合作者、引导者。"在本次活动中我主要采用了以下几种方法:

(1) 直观展示法:让幼儿观察夸张的胖宝宝和瘦宝宝的图片,引发幼儿思考他们怎么那样胖或那样瘦呢?

(2) 讲述法:通过生动形象的讲述,能激发幼儿的情感共鸣,引导幼儿理解本课内容,帮助幼儿树立简单的是非观念。在讲述的过程中,根据需要,我注意控制语速的快慢、音量的大小和抑扬顿挫的变化,采用不同的音色来和不同事物对话,如出示胖宝宝时我会这样说:我是胖宝宝,我很胖很胖,胖得走路都走不动了;出示瘦宝宝时我就这样说:我是瘦宝宝,我很瘦很瘦,瘦得风一吹就要倒了,从而较好得表达胖宝宝与瘦宝宝的心声,帮助幼儿更好地理解事物的形象特点,并能较好地集中幼儿的注意力,为提高教学效果和突破重、难点做准备。

(3) 讨论法:让幼儿根据自身的生活经验互相合作,共同探讨问题的答案。在活动中,我将讨论法结合在讲述过程中。如请小朋友们共同讨论:他怎么这么胖呢? 他又为什么这么瘦呢?

(4) 提问法:提问是教师引导幼儿观察事物,要求幼儿再现已掌握的知识,启发幼儿积极思维的重要手段。我主要运用了解释性提问(他怎么这么胖呢? 他又为什么这么瘦呢?)、假设性提问(如果你是他们的爸爸妈妈,你会怎么做呢?)等等。在提问时,针对不同能力层次的幼儿,比较容易的问题可让水平比较差的幼儿回答,需要幼儿描述的问题就请能力较强的幼儿回答,像总结、归纳性的问题请能力最强的幼儿来回答,使每个幼儿都能体验到成功的喜悦。

5. 说活动流程

(1) 激趣导入

① 出示夸张的胖宝宝、瘦宝宝的图片

(a) 我是胖宝宝,我很胖很胖,胖得走路都走不动了。你为什么这么胖呢? 引导幼儿互相讨论最后找出原因,因为我喜欢吃肉不喜欢吃蔬菜,并且我每天要吃很多东西。

(b) 我是瘦宝宝,我很瘦很瘦,瘦得风一吹就要倒了。你为什么这么瘦呢? 同样先引导幼儿互相讨论去寻找原因,因为我喜欢吃零食不喜欢吃饭。

② 总结宝宝过胖或过瘦的原因,引出挑食的危害,再引导幼儿思考"挑食除了会让宝宝变得过胖或过瘦以外还有哪些危害呢?"让幼儿思考讨论,教师加以总结。

(2) 大家行动起来帮助两位宝宝养成不挑食的习惯

① 帮助挑食宝宝了解蔬菜及其他食物的营养(出示常见食物)。

(a) 我是白菜宝宝,吃了我以后我们的皮肤会很好。

(b) 我是胡萝卜宝宝,小朋友要和我做朋友,吃了我以后,我们的眼睛会变得更加明亮。小白兔可喜欢我们了。

(c) 我是香菇宝宝,我身上有许多的营养,吃了我,身体会更加健康。

(d) 我是蒜头宝宝,可别忘了我,吃了我以后,我们就少生病。

(e) 我是猪宝宝,吃了我你们会有力气。

(f) 我是鱼宝宝,吃了我你们会更聪明、更强壮。

② 总结各种常见食物的营养。

③ 帮助挑食宝宝合理搭配不挑食。

(a) 教师引导如何合理搭配(荤素搭配)。

(b) 教师出示各种蔬菜及其他食物的图片,请小朋友自己进行搭配。

(3) 结合《弟子规》总结全文。

总结:我们都是好宝宝,吃东西不能挑食,《弟子规》中也要求我们吃东西不能挑食,它是这样说的:对饮食勿拣择。幼儿复述,教师板书。

(4) 活动延伸

引导小朋友进入各区域进行活动。结合本节课我设置了以下四个区域:

① 语言区(请幼儿以各种方式诵读《弟子规》)。

② 益智区(蔬菜拼图、食物营养搭配、食物与数字配对)。

③ 美工区(绘画食物、粘贴食物)。

④ 角色区(小饭店)。

6. 说活动反思

(1) 本次活动充分考虑中班幼儿的年龄特点及认知水平,从幼儿身边的事情入手,通过各种图片及事例让幼儿进一步认识挑食所带来的危害,培养幼儿养成不挑食的习惯。

(2) 通过区域活动的设置,特别是让幼儿对食物进行营养搭配及小饭店的开展,能进一步巩固幼儿对本次活动的认知理解。

但我想今天所展示的这个活动肯定还存在着许多不足之处,希望各位领导老师给予批评指正,谢谢大家!

案例评析

(1) 设计幼儿日常生活中出现的挑食问题,结合实际,有实用性与针对性。

(2) 活动目标设计初衷很好,但是前两条如果能把主体由教师转换成幼儿自己更好。

(3) 活动过程通过胖瘦对比有趣味性,容易激发幼儿的求知兴趣,引人入胜。

(4) 活动过程中有序介绍多种蔬菜宝宝,内容丰富,能拓展幼儿的学习视野。

(三) 大班健康活动

"我该换牙了"说课稿

各位评委老师,大家好!今天我说课的课题是大班健康活动"我该换牙了"。

1. 说活动教材

《幼儿园教育指导纲要》中倡导:幼儿园健康教育是要根据幼儿身心发展特点,通过适宜有效的多种活动,提高幼儿的健康认识水平,改善幼儿健康的态度,培养幼儿的健康行为,最终使幼儿形成良好的健康生活方式。换牙对于幼儿来说,是成长的标志。大班幼儿正处于换牙期,但是他们对换牙了解得并不多,很多幼儿既好奇又害怕,而且由于生活水平的提高,很多孩子常吃甜食,却没有保护乳牙的意识,导致有蛀牙的幼儿很多。为此,在换牙初期,学习保护新长出的牙齿就显得尤为重要。为此,我设计了该教学活动,让幼儿认识换牙是一种正常生理现象,学会保护牙齿的方法,为养成健康的生活方式打下良好的基础。

2. 说活动目标

根据大班幼儿逻辑思维能力已经萌芽的年龄特点和对活动的整体考虑,我制定了以下活动目标:

(1) 认识换牙是一种正常的生理现象,不用害怕。对换牙现象有正确的了解,消除幼儿的疑虑和恐惧是首先要达成的目标。

(2) 学习保护新长出牙齿的方法,养成良好的口腔卫生习惯。健康生活方式的形成是健康教育活动的起点和归宿。因此,该目标是活动的重点部分。

(3) 体会牙齿健康对身体的重要性。感受到牙齿健康的重要性,是形成良好的口腔卫生习惯的动力所在。

3. 说活动准备

围绕活动目标,进行了如下活动准备:

(1) 经验准备:活动前展开幼儿换牙情况调查,了解幼儿换牙状况。给幼儿发换牙记录表一张,让幼儿记录。

(2) 材料准备:保护牙齿的多媒体图片若干张。

4. 说教学方法

根据本次活动目标、内容及大班幼儿年龄特点,我采用如下教学方法。

(1) 讨论法。大班幼儿对牙齿已经具备一定的相关知识经验,且逻辑思维能力有所发展。组织幼儿积极参与换牙话题的讨论,交流想法,提高幼儿的语言表达能力和思维能力。

(2) 体验法。让幼儿说一说自己的换牙经历,亲眼看一看身边小朋友的换牙情况,有助于激发幼儿探索、发现的兴趣。

5. 说活动流程

(1) 讲述故事,引入课题

我给幼儿讲一段精彩的小故事《多多的牙齿》,大概情节:多多是幼儿园大班的小朋友,一天中午,多多正在幼儿园吃饭,突然,多多两只手捂着嘴"哎哟哎哟"地叫起来。原来多多的牙齿松动了,快要掉了,刚才他吃饭不小心碰到牙齿,疼得忍不住叫起来。

教师:多多的牙齿怎么了?好好的牙齿怎么会掉下来呢?引发幼儿谈论换牙的话题。创设情境、导入活动,激发起幼儿的好奇心。

(2)找一找"谁换牙了"

① 出示调查表,请幼儿将换牙记录卡片贴出来。

调查表主要是对班上幼儿现阶段换牙情况的一个了解,每个幼儿都要参与,把自己的换牙记录卡贴到指定的位置。

② 引导幼儿相互观察。

让幼儿认真观察记录卡,了解身边小朋友的换牙情况。引导幼儿看一看换牙小朋友的牙齿,使幼儿获得对换牙的直观认识。

③ 说一说:换牙情况。

在幼儿充分观察后,教师提出问题:谁换牙了?换了几颗牙?谁还没有换牙?为什么小朋友换牙的数量不同?

④ 统计换牙情况。

这一步骤,我会请其他班的幼儿对我班幼儿换牙情况进行统计,使他们认识到换牙是很多小朋友成长过程中都会经历的事情。

(3)议一议:换牙的感受

① 说说换牙的感受。

我会请正在换牙的幼儿说说自己换牙时的感受。如换牙有什么不方便的地方,自己的牙齿是怎样掉落的,牙齿掉落时有什么现象等。这一步骤的目的是让幼儿了解换牙出现的情况,让幼儿知道换牙时不用害怕,完成目标(1)。

② 了解换牙的卫生。

这一环节教师提出一些问题:如果你的牙齿松动了,能不能用手摇一摇让它快一点掉下来?为什么?有的小朋友喜欢用舌头舔刚长出来的牙齿,能不能这样做?为什么?

让幼儿知道换牙时应该怎么做,不能怎么做,掌握必要的换牙卫生知识。

(4)教师小结

换牙是正常现象,没有什么可怕的,说明小朋友长大了,被换掉的是乳牙,新长出的是恒牙,恒牙是要陪伴我们一生的。在换牙时,不要用舌头舔,不要用手摸,否则长出的牙齿就不整齐了。

(5)说一说:怎样保护牙齿

这是本次活动的重点部分。我通过多媒体手段、讨论和观察等方法,让幼儿保持盎然的兴趣,引导幼儿积极讨论和交流保护牙齿的好方法,从而促进幼儿养成良好的个人卫生习惯和饮食习惯。

① 健康的牙齿对我们身体的作用是什么?

我们不仅要让孩子们知道换牙是每个人身体生长必须经历的一个过程,还要引导幼儿说一说健康的牙齿对我们身体的重要性。这是他们开动脑筋、想办法保护牙齿的动力。

② 观看动画片,让幼儿了解如果有蛀牙,会带来什么样的麻烦?

师:小朋友知道了健康的牙齿对我们的身体很重要,那么你知道有什么保护牙齿的好方法吗?

③ 引导幼儿讨论如何保护牙齿。

首先,我采用引导语导入本环节:既然牙齿健康对我们的身体很重要,而且如果恒牙不小心碰掉了,或者蛀掉了,就再也长不出新牙,那很难受的,所以我们要保护好牙齿。

幼儿知道了健康的牙齿对我们的身体的重要性,从而加深幼儿对牙齿的认识,进一步加深了对爱护、保护牙齿必要性的认识。而大班幼儿对牙齿已经具备一定的相关知识经验,所以能说出很多日常生活中保护牙齿的好办法,为养成良好的口腔卫生习惯奠定基础。

④ 教师和幼儿一起总结保护牙齿的好方法,有检查牙齿、早晚刷牙、用正确的方法刷牙、饭后漱口、选择合适的牙刷和牙膏、不咬硬物、不多吃糖、不用手摸等,帮助幼儿整理知识、提升思维水平。

6. 说活动延伸

我设计的活动延伸是采取家园共育的方法。请家长为孩子选择他们喜欢的牙刷、牙膏,培养幼儿对刷牙的兴趣,帮助幼儿养成早晚刷牙及饭后漱口的卫生习惯。

二、语言领域说课案例

(一) 小班语言活动

"小老鼠打电话"说课稿

各位评委老师,大家好! 今天我说课的课题是小班语言活动"小老鼠打电话"。

1. 说活动教材

打电话是人们生活中不可缺少的联系方式。在日常生活和游戏中,小班幼儿时常会模仿成人打电话。但由于他们年龄小,词汇贫乏,不知道打电话要使用礼貌语言,不知道先介绍自己是谁,说话语无伦次,不能达到顺利沟通的效果,更缺乏主动倾听的意识。《纲要》中提倡幼儿园应以游戏为基本活动形式。我设计了本次语言游戏活动"小老鼠打电话",内容贴近幼儿生活,形象鲜明突出。游戏化的语言易于小班幼儿模仿和学习,非常符合小班幼儿的年龄特点。

2. 说活动目标

小班幼儿语汇积累较少,不会合理使用礼貌用语,缺乏倾听的意识。他们的语言表达能力不完整,语音不清晰,注意力容易分散,以无意注意为主。根据小班幼儿的认知水平,本次活动的目标拟定如下:

(1) 学习乐意与人交谈,正确使用简单的礼貌用语。

(2) 学会倾听,养成初步的游戏规则意识。

重难点:小班幼儿语汇积累不够丰富,合理使用礼貌用语能力意识不强,语言表达完整性欠缺。因此,通过游戏引导幼儿交谈并学习使用简单的礼貌用语是本次活动的重点。小班幼儿处在规则游戏发展的初级阶段,他们没有规则意识,所以把活动的难点定为养成初步的游戏规则意识。

3. 说活动准备

在教学准备方面,采用家园共育的方法,让家长帮助幼儿认识和了解电话,丰富幼儿的打电话经验。在活动室创设小老鼠的家的场景,挂上小老鼠的照片,放上娃娃家的用具和电话一部。另外,准备小老鼠和小松鼠的头饰,准备玩具电话机。

环境赋予幼儿的影响作用十分显著,以上准备目的在于帮助幼儿进入游戏氛围,明确游戏角色。

4. 说活动方法

本次活动运用的主要方法有游戏法、示范法、讲解法。

(1) 游戏法。让幼儿在轻松、愉快的游戏氛围中,充分地表现自我,大胆说话,充分体现《纲要》中提出的"语言能力是在运用的过程中发展起来"的精神实质。

(2) 示范法。通过教师示范游戏,为幼儿提供具体模仿的范例。

(3) 讲解法。教师示范的同时,辅以讲解。通过讲解游戏规则,幼儿明白游戏的玩法,从而使活动顺利开展。

5. 说活动流程

(1) 听儿歌,导入活动

活动开始,请幼儿们听一首儿歌:"小老鼠打电话,约来朋友过家家,喂喂喂,你好呀,请你到我家来做客。"之后,提出问题:"小朋友,谁会到小老鼠家做客呢?我们一起去小老鼠家里看一看吧。"通过说儿歌,既让幼儿感知了游戏内容,同时也激发了幼儿的学习兴趣。

(2) 介绍游戏玩法

教师出示小老鼠和小松鼠的头饰,让幼儿自主选择想要扮演的角色头饰,选好后按角色分为两组,使教学显得更为生动活泼。接下来,请一名幼儿与教师一起示范游戏玩法。教师戴上小老鼠头饰,幼儿戴上小松鼠头饰,表演小老鼠邀请小松鼠做客的情景。

教师:小老鼠,打电话,5432678,铃铃铃,你好呀,小松鼠,你好呀,小松鼠,今天请你来我家做客好吗?

幼儿:谢谢你,小老鼠,马上就到你的家。

教师:再见,小松鼠。

幼儿:再见,小老鼠。

通过教师和小朋友的情境表演,幼儿理解游戏的基本内容。由于小班幼儿生活经验有限,教师应根据幼儿打电话时有可能出现的问题,在讲解游戏玩法的基础上,通过提问来强调游戏规则。例如,"小朋友们,小松鼠接到电话后,是怎么回答的?"通过提问,结合示范让幼儿了解游戏的规则和玩法,从而突破活动难点。

(3) 幼儿自主游戏

幼儿熟悉游戏内容、玩法和规则后,进入自主游戏阶段。教师带领幼儿一起玩"打电话"的游戏,在幼儿掌握游戏的玩法后,教师组织幼儿自由结合进行练习。启发幼儿想一想"在哪儿"与"干什么"的内容,编入游戏中进行对话。也可提供具体的情景,"如果你过生日,想打电话约好朋友,你会怎么说呢?"在活动中,教师是观察者和指导者,适时参与和调节幼儿出现的矛盾和纠纷;要督促幼儿遵守游戏规则,如果幼儿玩得兴奋,忘了拿着电话说,要给予提醒和帮助。

这一环节采用的是游戏法。小班幼儿处于典型角色游戏的发展期。活动中,以幼儿自主参与为主,充分调动幼儿学习积极性,进一步巩固本次活动的重难点。

(4) 游戏评价

我通过评价游戏结束教学活动。表扬参加游戏、遵守规则的小朋友,正确使用礼貌用语的小朋友,对正确、规范的语言要加以肯定,对游戏中存在的问题与不足加以引导与纠正。

6. 说活动延伸

《纲要》中提出:发展幼儿语言的关键是创设一个能使他们想说、敢说、喜欢说、有机会说并能得到积极应答的环境。我将在娃娃家中多投放小电话,给幼儿提供打电话的环境和机会,让幼儿在平时的游戏中继续"打电话"。

(二) 中班语言活动

"熊和鸟窝"说课稿

各位评委老师,大家好!今天我说课的课题是中班语言活动"熊和鸟窝"。

1. 说活动教材

排图讲述是一种创造性的讲述,是启发幼儿在观察图片、理解图意的基础上用恰当的词句表达图意的一种活动,也是发展幼儿口语表达能力的重要形式。这种活动的特点在于所给的图片可以按不同的顺序排列,从而讲出不同的故事。在中班进行排图讲述活动,是对幼儿各方面素质发展的巩固和深化,无论从孩子的情感、态度、能力的培养,还是智力发展、知识建构方面都起着承前启后的作用。

2. 说活动目标

结合中班幼儿的年龄特点和语言发展水平,制定以下活动目标:

(1) 仔细观察图片,感受理解图片内容。

(2) 能按自己的理解和想象排列图片,并尝试完整连贯地讲述。

(3) 乐意参与讲述活动。

重点:幼儿按自己理解和想象的事件发展顺序,尝试排列图片并连贯讲述。

老师要引导孩子理解一个完整的故事,要有时间、地点、人物、发展变化等要素,以此方法来突出重点,既不限制孩子,又教给孩子编故事的方法,构建可持续发展的认知基础。

难点:幼儿用不同的排图顺序讲故事。

通过组织幼儿观察图片、展开想象,幼儿之间相互交流各自的构思想法,最后通过完整讲述故事来展现故事内容。

3. 说活动准备

(1) 示范图4张,幼儿每人一套小图片(便于幼儿更直观地观察图片,方便排图活动的展开)。

(2)红黄蓝队标志,故事小精灵头饰,音乐,奖状(吸引幼儿的注意力,让幼儿对活动始终保持高度的热情)。

4. 说活动方法

(1)观察法:由于幼儿期的思维特点是以直观动作思维、具体形象思维为主,幼儿可以通过生动有趣的画面,直观地去理解故事内容,还可以提高学习的兴趣。排列图片顺序必须在观察的基础上,透彻地理解图片的内容,经过自己的分析判断来完成。

(2)讲述法:讲述的过程是幼儿创造性地运用语言,提高语言表达能力的过程,需要创造一个自由、宽松的语言交流环境,支持、鼓励、吸引幼儿与老师、同伴间的积极对话,充分解放幼儿的大脑和嘴巴,让幼儿想说、敢说、喜欢说、有机会说,并积极地应答、评价。

(3)练习法:在教师的帮助辅导下,通过多次重复的练习讲述,幼儿熟悉地掌握故事情节,在此基础上讲述更多有趣的、精彩的不同故事。我将通过"讲故事比赛"来加深孩子对此故事的印象。

(4)示范法:开阔孩子的思路,同时起到榜样示范的作用。

5. 说活动流程

(1)环节一:教师通过扮演"故事小精灵"创设活动情境。

将幼儿分成红、黄、蓝队,我会这样引导孩子:"红、黄、蓝队的小朋友们,大家好,我是故事小精灵,今天我们森林里要举办一个'讲故事比赛',你们愿意参加吗?看哪一队讲得最好、最棒。小精灵是有奖励的!"好的开始是成功的一半,这样的导入能激发幼儿的兴趣,有效地吸引幼儿的注意力,实现了目标中"乐意参与讲述活动"的要求。

(2)环节二:引导幼儿观察图片并大胆讲述。

①(小熊爬上树放鸟窝)"我们一起来看看图上有谁?它在干什么?是在什么时间、什么地点发生的事情?"该环节让幼儿了解故事的基本要素,重点引导幼儿说出故事发生的时间、地点、人物和事件。

②(小熊被鸟窝砸中脑袋)"小熊怎么了?是什么东西砸着小熊的脑袋了?"启发幼儿动脑筋,拓展幼儿思维。着重引导幼儿讲述小熊的心情,请幼儿模仿难过的表情。通过这种方式让幼儿更加深刻地体会图中小熊的情感。

③(忽然刮起大风)提问:"看看天气怎么样?你是怎么看出来的?小熊在树下干什么?"

④(小熊在树下美美地睡觉)问:"小熊在什么地方?干什么呢?周围的环境是怎么样的?"着重引导幼儿观察图中的景物。该环节有助于培养幼儿的观察力、想象力,理解讲述对象,以便为讲述故事打好基础。

这一环节运用观察法,实现了目标中"仔细观察图片,感受理解图片内容"的要求。

(3)环节三:幼儿排图讲故事。

引导幼儿思考:"请小朋友看一看你桌上的小图片,排一排,可以随便排列图片,然后把故事讲给大家听。"语言是在交流中发展起来的,同伴交流不仅能提高幼儿的语言表达能力,还有助于促进幼儿同伴间的互动。教师随时注意观察幼儿,了解幼儿的情况,帮助幼儿理顺故事情节,及时纠正幼儿语句不通和用词不当的现象,引导幼儿运用适当的动词讲述故事。教师在观察、倾听孩子讲述的时候,有目的地选择不同的排列方式。

(4) 环节四：讲故事比赛。

幼儿上台排图讲述故事，红、黄、蓝队分别派出队员讲述。老师和幼儿一起评价。"大家觉得怎么样？谁讲得更好？"帮助幼儿归纳出这样的认识，故事的转折点在于小熊做了一件什么事，这样做对吗？启发幼儿了解故事中小熊的做法。

(5) 环节五：教师示范，总结提升。

"小朋友们的故事讲得真好，小精灵也蠢蠢欲动，想给大家讲个故事了。"教师完整讲述故事。这个环节教师通过示范总结让幼儿明白"图片有多种排列方法，可以编出许多不同的故事"这一道理。这有助于提升幼儿的思维能力。

6. 说活动延伸

在表演区投放树、小熊头饰、鸟窝。平时游戏时，让幼儿按照几种不同的故事情节进行表演，满足幼儿表演的愿望。

(三) 大班语言活动

"七彩虾"说课稿

各位评委老师，大家上午好！今天我说课的课题是大班语言活动"七彩虾"。下面我将从活动教材、活动目标、活动准备、活动流程、活动延伸等几个方面来进行说课。

1. 说活动教材

《纲要》指出"善于发现幼儿感兴趣的事物、游戏和偶发事件中所隐含的教育价值，把握时机积极引导"。这天刚下过雨，出了太阳就出现了彩虹，所以我马上联想到故事，《七彩虾》因时因地灵活地运用了这天然的教育素材。为了更好地帮助幼儿理解故事内容，感受该故事所包含的情感。这一内容的选择，遵照新《纲要》有关要求，我认为：① 既适合幼儿现有水平，又有一定的挑战性。② 既符合幼儿的现实需要，又有利于其长远发展。虽然故事中只是说小青鱼帮虾公公实现了一个心愿，其实，已在潜移默化地教育幼儿从小就应该爱父母、尊敬老人。③ 贴近幼儿的生活来选择幼儿感兴趣的事物和问题。对于大班的孩子来说，他们对彩虹的形成一定有很强的好奇心，所以在该活动之中，我可以适时地引导幼儿在区域活动中来画画、做做彩虹，让他们初步地了解色彩是来源于光的作用，这有助于拓展幼儿的经验和视野。

2. 说活动目标

根据《纲要》《指南》的要求，围绕教学内容，结合幼儿特点，我设计以下活动目标：

(1) 理解故事情节，感受小青鱼尊敬老人的情感。

(2) 能大胆地运用动作、语言表现故事情节。

《纲要》指出：提供幼儿自由表现的机会，通过动作、语言表现形式，他们能更大胆地表达情感、理解和想象。幼儿在理解内容之后自然而然地会联系生活现实，小青鱼因为帮助了别人而得到了快乐。同样，在社会生活中老人是需要更多关爱的人群，通过该活动可以让幼儿在心灵深处透出像七彩虾一样的美丽，用自己的力量去爱老人、帮助老人。

3. 说活动准备

我的准备有图片、绘画纸和油画棒，人手一份，主要让幼儿在轻松、愉悦的氛围下理解故事,体验故事所表达的主题,通过涂涂画画感受彩虹的美丽、七彩光的美丽,知道我们身边处处都有七彩颜色,有了七彩颜色画画更美丽,打扮东西更漂亮。

4. 说活动流程

我的教学活动分三个环节:

环节一:猜谜语,通过猜谜语这种形式,让幼儿从生活中了解彩虹的七彩和拱形的特点。

环节二:小青鱼和虾公公主要让幼儿熟悉作品的内容,了解他们的生活,这里我采用① 直观的教学法,比如活动一开始当幼儿猜出谜语后,我就通过观察图片让幼儿进一步感知彩虹的特点,这是满足幼儿思维具体形象性的需要。② 分析欣赏法,在幼儿欣赏前半部分后,设置悬念"你猜猜看小青鱼看到虾公公伤心的样子会怎么做?"既给幼儿想象的空间,又培养幼儿对他人、社会的亲近态度,"如果你是小青鱼的话,除了它的办法,你会怎样做呢?"

环节三:学学小青鱼和虾公公,用大胆的动作表达自己的情感和理解,实现自己的价值,体现自己对他人的作用,知道哪怕是一声体贴的问候,都会给人带去快乐。

5. 说延伸活动

让幼儿在区域活动中涂涂画画彩虹,再一次感受其中的美丽。

三、社会领域说课案例

(一) 小班社会活动

"能干的小手"说课稿

1. 说活动教材

"能干的小手"是小班上学期主题三《我自己》主题《小手和小脚》中的一个活动内容,我选择本活动是由于:

(1) 小班幼儿已具有初步的自我意识,对身体各器官逐步产生探索兴趣。然而,幼儿对身体器官的认识还很肤浅,爱护身体、保护自己的经验又比较缺乏,此活动的进行,可以使孩子认识自己的小手,知道小手的用处,对自己的小手感兴趣并萌发保护小手的意识。

(2) 现在的独生子女是在衣来伸手、饭来张口的环境中长大的,家长包办替代和过度宠爱使孩子失去一些自我服务的机会,通过此活动能使孩子认识到自己的小手很能干,激发幼儿自己的事情自己做的愿望,培养幼儿的自理能力。

(3) 本活动灵活性强,不受季节、时间、环境的限制。

2. 说学情

小班幼儿年龄在4岁左右,他们处于典型的游戏年龄阶段,是角色游戏的高峰期,他们对游戏特别感兴趣,平时总喜欢把自己想象成故事中的某一角色,但由于词汇贫乏,幼儿在游戏中想说又不知该怎样说,即使说了也很难把自己的意思表达完整。因此,我想通过活动,让幼儿体验游戏的乐趣,给幼儿提供说话的机会。

3. 说活动目标

根据幼儿的年龄特点和现有水平,我确定本活动的目标为:

(1) 激发幼儿自己的事情自己做的愿望。

(2) 引导幼儿认识自己的小手,知道手能做许多事情。

(3) 帮助幼儿初步掌握保护手的方法。

为了更好地完成本活动教育目标,我把活动的(重点)确定为:引导幼儿通过活动了解自己的小手,知道手能做许多的事情。活动的(难点)为:引导幼儿用语言表达出手能做许多事情。

4. 说活动准备

根据小班幼儿喜欢玩玩具这一特征,为幼儿准备了适合幼儿年龄特点的玩具,有小汽车、积木、手铃、串珠等;为拓展幼儿的视野和经验,准备了"哥哥姐姐会做什么"图片一套;为避免空洞的说教还准备了手套、护手霜等物品。

5. 说活动方法

(1) 游戏法:游戏是幼儿最喜欢的活动,是引导幼儿主动学习的重要方式,能够给幼儿带来许多乐趣。小班的幼儿年龄小,经验缺乏好模仿,所以在活动中多处采用模仿游戏,如:组织幼儿一起用手变魔术、做手指游戏、模仿洗手的动作等,在游戏中使幼儿自然习得对手的认识,知道了手能做许多事情。

(2) 谈话法:所谓谈话法,就是围绕活动内容,通过教师提问,引导幼儿回答的一种方法。由于幼儿年龄小,经验少,在引导幼儿认识小手时,就通过以教师为主,幼儿为辅的谈话,调动幼儿已有的经验,围绕我的手上有什么,我的小手本领大,怎样保护手等问题,师幼进行谈话、讨论,达成共识,完成教育目标。

(3) 经验感知法:由于小班幼儿的经验缺乏又喜欢模仿,容易在经验分享中产生人云亦云的现象,如在讨论小手会干什么时,一个幼儿说我的小手会刷牙,其他的幼儿也会跟着说会刷牙,幼儿的思路打不开,就不能较好地完成教育目标。所以我为幼儿准备了不同的玩具,通过幼儿的实践操作,拓展幼儿的经验,再通过教师适时的引导,幼儿的思路就会打开,经验就能较好地分享,知道手会玩很多的玩具,会做许多的事情,并能尝试着用语言表达出来,这样能够有效地化解难点,突破重点。

6. 说活动流程

本活动是一个综合活动,包含健康领域、科学领域的内容,我采用游戏引入—师生讨论—探索感知—谈话小结的教学流程,逐步深入,环环相扣,自然达成教育目标。具体流程如下:

(1) 创设情境,引入活动

活动开始,我以变魔术引入活动:"今天老师要用手变魔术给小朋友看,你们想不想看?"教师用手变几样孩子感兴趣的东西,接下来邀请孩子跟老师一起用手变小动物,并模仿小动物的动作和叫声,进一步集中孩子的注意力,诱发孩子的活动兴趣。

爱玩是孩子的天性,游戏是孩子最喜欢的活动,以变魔术引入活动,能有效地吸引孩子,引发孩子的兴趣,拉近师生之间的距离。引发孩子对小手的兴趣,就为下一个环节认识小手做好了铺垫。幼儿园教育应尊重幼儿的身心发展规律和学习特点,关注个别差异,促进每个幼儿富有个性地发展。此游戏活动能够面向全体,能力差的、胆子小的幼儿也能体会到成功和快乐。

（2）通过观察、比较、游戏等形式，引导幼儿认识自己的小手

由"小朋友，刚才我们用什么变的魔术呀？"引入本环节。鼓励幼儿伸出会变魔术的小手来看一看，通过对比感知老师的手和小朋友的手大小不同；通过看、听、说知道手心、手背、五根手指头的名称和作用；通过拉拉钩和做手指游戏复习巩固手指名称。

教育不能通过灌输来进行，必须通过幼儿自己的活动来进行，通过观察、比较、游戏等形式引导孩子认识自己的小手，知道每人都有一双手，有手心手背手指头，每根手指都有自己的名字和作用。游戏能引发幼儿的兴趣，而兴趣是孩子最好的老师，拉拉钩的游戏和手指宝宝游戏，就使幼儿在开心和快乐中复习了手指名称，巩固了学习的知识点。

（3）为幼儿提供感兴趣的操作材料，在操作中拓展幼儿的经验

此环节的活动设计，运用了前面提到的经验感知法。本环节由老师请小朋友玩玩具展开活动，这里为幼儿创设了游戏的情境，使孩子在探索中自己发现手能玩许多的玩具。鼓励孩子探索玩法并用语言表达自己在玩什么，玩完玩具后引导孩子收拾玩具，并送玩具宝宝回家。通过提问你的小手会玩什么？引导孩子在操作的基础上回答问题，知道小手会玩许多的玩具。在玩玩具的基础上，教师进一步提出问题：除了玩玩具，你的小手还会帮你做什么事情？哥哥姐姐的小手会做什么事情？由小手能玩玩具迁移到小手能做许多的事情。这一环节，有效地帮助小朋友认识到小手真能干，萌发向哥哥姐姐学习、自己的事情自己做的愿望。

（4）教育幼儿讲究卫生，保护自己的小手

小手这么能干，我们怎么保护小手呢？自然引入本环节：保护自己的小手。由手心向上引出小手脏不脏，接着做了洗手的模仿动作，由手背向上引出指甲长不长，教育幼儿勤剪指甲；不吸吮手指；不玩刀子、剪子等；冬天洗完手要抹护手霜，出门要戴棉手套等。

《幼儿园教育指导纲要》提出："幼儿园必须把保护幼儿生命和促进幼儿健康放在工作首位"，小班幼儿生活经验少，自我保护意识不强，平时生活中常会把手指放入嘴巴、啃指甲，玩刀子、剪子等，需要成人及时引导。为避免空洞的说教，准备了护手霜、手套，通过实物展示及提问，启发孩子说出保护小手的方法并教育幼儿要保护自己的小手。

（5）结束活动

小朋友知道了怎么保护小手，小手特别高兴，要邀请小朋友出去玩更多、更有趣的游戏呢！我们变成自己喜欢的动物，出去玩吧！通过变动物的游戏，引领孩子出活动室，既和活动开始部分相呼应，又能再一次引发幼儿的兴趣，使孩子在快乐中结束活动。

7. 说活动反思

游戏是幼儿最喜欢的活动，是引导幼儿主动学习的重要方式，能够给幼儿带来许多乐趣。因此本次活动课的亮点就是根据小班的幼儿年龄小、经验缺乏好模仿的特点，在活动准备中我们为幼儿准备了适合幼儿年龄特点的玩具，有小汽车、积木、手铃、串珠等；为拓展幼儿的视野和经验，准备了"哥哥姐姐会做什么"图片一套；为避免空洞的说教，还准备了手套、护手霜等物品；在活动设计中，组织幼儿一起用手变魔术、做手指游戏、模仿洗手的动作等，在游戏中使幼儿自然习得对手的认识，知道了手能做许多事情。幼儿园教育应

尊重幼儿的身心发展规律和学习特点,关注个别差异,促进每个幼儿富有个性的发展。因此游戏活动能够面向全体,能力差的、胆子小的幼儿也能体会到成功和快乐。

在教学法方面,我运用谈话法和经验感知法,围绕活动内容,通过以教师为主,幼儿为辅的谈话,调动幼儿已有的经验,围绕我的手上有什么,我的小手本领大,怎样保护手等问题,师幼进行谈话、讨论,幼儿的思路就会打开,经验就能较好地分享,知道手会玩很多的玩具,会做许多的事情,并能尝试着用语言表达出来,这样能够有效地化解难点,突破重点。

整个活动,孩子们不是端坐静听,而是积极动脑思考;老师不是单纯讲述,而是以游戏吸引孩子,和孩子们一起参与。当我们用心去设计、组织一个教学活动,我们会发现孩子的收获是那么大!我们老师也感受到了成功的快乐!愿老师们在今后的工作中都能享受到成功的快乐!

(二) 中班社会活动

"独自在家时"说课稿

1. 说设计意图

随着社会生活水平的提高,工作节奏的加快,城市中的家长们往往忙于加班、应酬,孩子在家的独处时间越来越多,而孩子独处的过程又与幼儿的安全息息相关。《纲要》中明确指出:密切结合幼儿的生活进行安全营养和保育,提高幼儿的自我保护意识和能力。因此,设计此活动,力求通过与幼儿生活密切的相关点,在懂得一些安全常识的同时,培养幼儿的自我保护意识。

2. 说活动目标

活动目标是教育活动的起点和归宿,对活动起着导向作用,根据中班幼儿年龄特点及实际情况,此活动的目标设计如下:

(1) 培养幼儿的勇敢精神,激发其自信心。

(2) 提高幼儿在危急时刻的自我保护能力。

(3) 引导幼儿了解独自在家时的自我保护方法,能运用较完整的语言表达自己的想法。

根据活动目标,我们把重点定位于:提高幼儿在危急时刻的自我保护能力,了解独自在家时的自我保护方法;活动难点是能运用完整语言表达自己的想法,培养勇敢精神,激发其自信心。

3. 说活动准备

为顺利完成以上目标,我们做了如下活动准备:

(1) 知识准备:

询问家长,了解幼儿独自在家时的情况。

(2) 材料准备:

多媒体课件:情景表演"独自在家时"(内容设计的是短小情节)

4. 说活动方法

《纲要》指出:"教师应成为学习活动的支持、合作者、引导者",活动中应力求"形成合

作探究式"的师生互动,因此,本活动采用的教学法有:

(1)直观法:以多媒体课件直接激发幼儿学习的兴趣,能使活动生动活泼。

(2)提问法:在活动中教师适当地提出问题,有助于幼儿思维,启发学习,有利于幼儿获得新的知识和发展智力。

(3)交流讨论法:皮亚杰指出,儿童是具有主动性的,他的活泼受兴趣和需要的支配,通过直观法,这时让幼儿交流讨论是个很好的时机。

(4)游戏法:游戏是幼儿的基本活动,它具有教育性、娱乐性、创造性,在本活动最后一个环节中,我就引导幼儿扮演故事中独自在家的孩子,共同体验合作的快乐,我在孩子表演的过程中,对不理解的进行引导,对表演好的进行表扬。

5. 说活动过程

根据中班幼儿年龄特点及知识掌握程度,我这样开展活动过程,谈话导入—出示多媒体课件,激发兴趣—自由探索讨论—游戏体验。

(1)谈话导入

一开始我就与幼儿谈话:亮亮是住在李老师隔壁的一个小姑娘,最近她的爸爸出差了,妈妈是医生,晚上要去医院值班,让亮亮一个人在家,亮亮一个人在家都做了些什么呢?李老师带来了亮亮自拍的录像,小朋友想不想看?激发幼儿的学习欲望。

(2)出示多媒体课件,激发兴趣

兴趣是最好的老师,出示多媒体课件(内容是设计表现独自在家时的小情节),引起幼儿的兴趣,在幼儿观看课件内容的过程中,教师提问:亮亮在干什么?将幼儿的注意力集中到活动中来。

(3)自由探索讨论

根据幼儿好奇心强的特点,让幼儿观看课件后,在这环节中,作为引导者、合作者、支持者,我帮助幼儿运用较完整的语言表达自己的想法,让幼儿动脑筋想一想,看一看,说一说,亮亮在家为预防大灰狼都做了什么准备?当她听到"滴答滴答"的声音时她又是怎么做的?亮亮是不是一个勇敢的孩子?

小朋友有没有独自在家待过?独自在家时感受如何?你认为自己勇敢吗?

互相讨论一下,独自在家时可以干什么?讨论后请部分孩子在集体面前进行交流。

幼儿分组讨论:如果有陌生人敲门、有电话找爸爸妈妈、突然停电的情况发生时该怎么办?教师巡回指导了解情况,请每组2~3名幼儿总结交流,师幼共同为独自在家时出点子想办法,引导幼儿了解独自在家时的保护方法。

(4)游戏体验法

幼儿分组大胆创编"独自在家"的情景表演,教师可以适当参与扮演陌生人。这时,老师给做得好的幼儿及时表扬,能让每个幼儿都在游戏中找到快乐,这样不仅能使幼儿真正掌握知识,也能让幼儿亲身体验独自在家的感觉,培养幼儿的勇敢精神。

6. 说活动延伸

活动结束后,要求家长,在日常生活中为幼儿独自在家创造适宜条件,让幼儿亲身体验独自在家的感觉,并将幼儿的表现记录下来带到幼儿园进行展出。

(三) 大班社会活动 1

"快乐的中秋节"说课稿

各位领导老师,大家好!今天我说课的课题是大班社会活动"快乐的中秋节"。下面我将从活动教材、活动目标、活动准备、活动方法、活动流程、活动延伸等几方面进行阐述。

1. 说活动教材

《纲要》在社会领域中明确提出:"社会教育具有潜移默化的特点,幼儿教育应以幼儿生活为基础。"中秋节和端午节、春节都是我国重要的传统节日。农历八月十五是我国的传统节日——中秋节。每年我们都会和家人一起赏月、吃月饼、看中秋联欢晚会,这些都是幼儿生活中的真实体验。并且大班幼儿上小、中班时,对中秋节已有初步的了解。

为了让我国优秀的传统文化得到传承,我设计了本节活动,引导幼儿大胆讲述,收集中秋节有关信息,使他们进一步了解中秋节的来历和各地的中秋文化;又通过品尝月饼等活动,丰富幼儿的生活经验,让幼儿感受到传统节日的独特魅力,激发热爱中国传统文化的情感。

2. 说活动目标

活动目标是教学活动的起点,根据大班幼儿的年龄特点以及上小、中班时对中秋节的初步认知,我拟定了以下的活动目标:

(1) 知道中秋节的来历,进一步加深对传统节日的了解。

(2) 能大胆讲述收集的信息,产生对传统文化的兴趣。

(3) 乐于与同伴交流、分享,体验集体过节的快乐。

针对教学活动的具体内容,我将活动的重点确定为:让幼儿以"快乐"为中心点,体验幼儿园这个大家庭的团圆与快乐,激发幼儿喜爱中国传统文化的美好情感。

3. 说活动准备

为了更好地完成活动目标和活动内容,我会有以下活动准备:

(1) 嫦娥奔月的动画故事、中秋节的相关环境创设。

一个良好、积极的环境有着潜移默化的特点,其效果往往要比教师的言传身教更为实用、有效。

(2) 教师与幼儿一起准备的月饼、中秋节相关信息。

这些"准备"的目的是让幼儿主动参与、亲身体验,进一步加深对活动内容的了解。

4. 说活动方法

活动中,我为幼儿创设了愉快的氛围,用幼儿能接受和乐于接受的形式来展开活动。我将运用以下方法:

(1) 讲解法:通过讲中秋节的来历和有关故事,进一步加深幼儿对中秋节的认识,激发幼儿对传统文化的兴趣和爱好。

(2) 讨论法:可以给幼儿更大的空间和主动性,让幼儿相互讨论交流收集的中秋信息,获得更多关于中秋节的知识,激发幼儿的表现欲,提高幼儿的语言表达能力。

(3) 演示法:通过展示老师和幼儿收集的各地中秋节相关图片和信息,让幼儿更加形象、直观、真实地感受到各地过中秋节的民俗文化,激发幼儿的学习兴趣。

5. 说活动流程

(1) 欣赏动画——引出主题

活动开始我是这样设计的,首先,我会让幼儿观看嫦娥奔月的动画故事,吸引幼儿的注意力,激发幼儿的兴趣和求知欲望。(展示动画)

(视频播放结束)通过观看动画故事,唤起幼儿对中秋佳节的遐想,进而引出主题。

(2) 师幼交流——丰富经验

大班幼儿上小、中班时,对中秋节已有初步的了解,活动前我会请幼儿和家长一起收集中秋节的信息,让幼儿以主动学习的方式,加深对中秋节的了解。

活动中,我运用了让幼儿先表现、老师后补充的方式,充分给幼儿提供表现的机会。首先我会请幼儿讲述收集到的中秋节来历和相关故事以及中秋节有关的古诗、民谣等。幼儿通过回忆、谈论的方式,互相交流,互相学习,大胆表述中秋节的相关信息,在幼儿展现的基础上,老师进行补充:每年的八月十五是我国传统的中秋佳节,这时是一年当中秋季的中期,因而被称为"中秋"。这天晚上月亮特别圆、特别亮。人们看到圆月就会联想到一家人的团聚,希望生活像月亮一样团团圆圆、和和美美,因而又把"中秋节"称为"团圆节",使幼儿更加明确了中秋节的来历。

接着,引导幼儿说一说:"过中秋节了,我们班上有什么变化?"通过中秋节的相关环境布置,为幼儿创设过中秋节的愉快氛围,充分发挥环境空间的教育价值。另外,引导幼儿说一说"大街上都有什么变化?""你和爸爸妈妈一起过中秋节时都干些什么?"通过提问的方式充分调动幼儿已有的生活经验,让幼儿在观察、回忆中体会过中秋节的情感,进而产生对传统文化的兴趣。

为了进一步丰富幼儿对中秋节文化知识的了解,我会提问幼儿:"你们还知道其他地方的人都会用什么方式来庆祝中秋节吗?"请幼儿向大家展示和讲解他们收集到的信息,充分调动幼儿的积极性,激发相互学习的兴趣,培养幼儿的语言表达能力。最后在幼儿展示的基础上,我会出示相关图片,补充并小结:除了赏月、祭月、吃月饼外,还有香港的舞火龙、安徽的堆宝塔、广州的树中秋等。

(3) 品尝月饼——分享快乐

过中秋,庆佳节,必不可少的活动形式就是吃月饼,月饼是幼儿熟悉并喜爱的一种点心,为了让幼儿能够充分地体验到过中秋节的快乐,我设计了品尝月饼、共同分享快乐的环节。

活动前我鼓励幼儿将月饼带到幼儿园里和大家一起分享。让幼儿感受到人与人之间友好交往的幸福,体验分享的快乐。品尝月饼的过程中,我先请幼儿观察月饼的形状,"小朋友们,看一下我们带的月饼都是什么形状的?和老师的月饼有什么一样的地方?"(让幼儿通过观察、讨论,发现月饼通常是圆的,知道月饼的圆代表团团圆圆,代表生活幸福美满);接着请幼儿向大家介绍一下他们的月饼:"你带的是什么月饼?什么馅儿的?"丰富幼儿对中秋节月饼种类的了解。

接下来,让幼儿欣赏歌曲《爷爷为我打月饼》,活跃节日气氛,让幼儿边听音乐边与同伴互相分享月饼,体验与同伴、老师一起过节的快乐。通过这个环节,让幼儿品尝月饼、感受中秋快乐的同时,进一步激发了幼儿对传统文化的热爱,体验分享的乐趣。

(4) 许下心愿——祝福团圆

在这一环节中,引导幼儿:"中秋节快要过去了,让我们一起许下中秋节的心愿吧!"请全班幼儿闭上眼睛许愿。接着,我鼓励幼儿把心愿说给大家听听,给幼儿表达心愿的机会。

本环节通过让幼儿许下中秋心愿,添加了神秘感和乐趣的同时,也发展了幼儿的想象力和语言表达能力。

等幼儿分享完中秋心愿后,我们的活动也将接近尾声。

6. 说活动延伸

活动结束后,我设计了一个延伸活动:鼓励幼儿回家和家人一起制作中秋节贺卡,并与同伴互送,体验浓厚的亲情和友情。

本节活动,我改变了以往单纯说教的方式,通过环境的创设、幼儿的大胆表现及品尝月饼、中秋许愿等方式,让幼儿运用多种感官感受到过节的快乐,又通过看、说、尝等分享活动,进一步加深幼儿对中秋节这一传统节日的认识和热爱。

(四) 大班社会活动 2

"合作真快乐"说课稿

各位评委老师,大家好!今天我说课的课题是大班社会活动"合作真快乐"。

1. 说活动教材

随着社会的进步和科技的发展,现今生活的各个领域中越来越需要人们具备与人合作、与人分享的品质。《纲要》把"乐于与人交往、学习互助、合作和分享"作为幼儿园社会教育总目标之一。要求"养成对他人、社会亲近、合作的态度,学会初步的人际交往技能"。《指南》中也指出:"活动时能与同伴分工合作,遇到困难能一起克服。"由此可见,培养幼儿建立"与人合作、与人分享"的品质已经成为当前幼儿教育的重要目标之一。

因此,我设计"合作真快乐"这一主题活动,引导幼儿发现理解合作的内涵及重要性,并让幼儿在游戏过程中体验合作的乐趣,学习合作的方法。

2. 说学情分析

大班幼儿基本上都接触过简单的、基本的"合作"这种社会交往技能。在日常生活中,孩子们一起游戏、一起完成值日生工作,他们无意识中习得了合作的技能,但幼儿并不清楚这种行为就是合作,更不理解合作的真正内涵及其重要性。大班幼儿有合作的愿望,但缺少科学的合作方法和技能。

3. 说活动目标

根据大班幼儿自主探索能力强、有合作愿望,但缺少合作方法的发展特点,确定以下活动目标:

(1) 初步理解合作的内涵和意义。此目标从认知角度确定,让幼儿理解合作的含义,知道合作和助人不一样。

(2) 尝试协商、分工合作,提高与同伴合作的能力。此目标从能力角度制定,让幼儿增强合作意识,掌握合作的方法,提高合作能力。

(3)体验合作的愉快情感,进一步增强合作的意识。此目标从情感角度确定,幼儿的社会学习具有强烈的情感驱动性,幼儿体验到合作的快乐,就能增强合作的意识。

重点:体验合作的愉快情感,进一步增强合作的意识是本次活动的重点。因为要使幼儿真正理解合作并内化为行动,情感、态度是内在动力。

难点:尝试协商、分工合作,提高与同伴合作的能力是本次活动的难点。因为合作不是简单地在一起做事,需要掌握一定的技能技巧。

4. 说活动准备

幼儿是在对原有知识进行同化和顺应中建构新经验的,了解幼儿的已有经验很重要。大班幼儿做过一些需要合作的活动,如需要合作的体育游戏、跳集体舞等。物质准备方面,布置娃娃家家具场景,准备关于合作的图片4张。

5. 说活动方法

教育活动应以幼儿的需要、兴趣,尤其是幼儿的经验为导向。我拟采用讨论、行为练习、游戏等方法来完成活动。

(1)讨论法

创设平等、宽松的氛围,和幼儿一起讨论关于合作的话题,加深幼儿对"合作"的理解。

(2)行为练习法

创设一定的情境,让幼儿不断地尝试、操作,体验合作的重要性,学会合作。

(3)游戏法

活动中让幼儿玩合作游戏。通过游戏,幼儿掌握合作方法,体验合作的快乐。

6. 说活动流程

《指南》中指出:应多为幼儿提供需要大家齐心协力才能完成的活动,让幼儿在具体活动中体会合作的重要性,学习分工合作。本活动过程设计为:创设情景、感知理解合作——玩游戏、掌握合作的方法——回归生活、提升合作经验。

(1)环节一:创设情景,感知理解合作

创设搬娃娃家的家具的情景:"这么多家具,我们都不能做游戏了,我们把家具搬到'阳光小屋'去吧!"从而引导幼儿初步体验大家一起合作的感受。在幼儿体验的基础上,引导幼儿讨论、发现、了解合作。

提问:"刚才你们怎样很快地整理好家具?"从而引出"合作"的概念。"很多人一起做同一件事,我们给它一个很好听的名字,叫'合作'。"使幼儿明白"有许多事情光靠一个人的力量是不行的,需要大家一起做才能完成,这就是'合作'"。

(2)环节二:玩游戏,掌握合作的方法

大班幼儿具有合作的愿望,但缺少科学的合作方法。要使幼儿掌握科学的合作方法、调动幼儿的学习兴趣,应多让他们在实践中操作。我设计了两个游戏。

① 玩"抬花轿"游戏——尝试分工合作

幼儿自由结伴,三人一组,两人抬轿,一人坐在轿上。老师巡回观察。游戏结束后引导幼儿进行讨论:"哪组玩得好?为什么?"从而引导幼儿发现游戏前需要先"分工",商量好谁当坐轿人、谁当抬轿人,才能玩好游戏。

② 玩"背靠背"游戏——尝试协商一致进行合作

幼儿两人一组,坐在地上,手拉手,背靠背。游戏规则是铃声一响,立刻站起,看哪组最快。游戏结束后提问:"有的小朋友很快就能迅速站起来,有的小朋友铃声响了仍未配合好,为什么?"引导幼儿思考、讨论,并请游戏成功的幼儿说一说该怎么做,鼓励幼儿发表自己的见解,从而发现"协商一致"的合作方法。请幼儿再次玩游戏,体验"协商"合作。

上述活动步骤采用游戏、讨论、再游戏的形式,使幼儿体验合作、讨论合作,学会分工和协商一致的合作方法。既突破了活动难点,幼儿在游戏中又充分体验到合作的快乐,解决了活动重点。

(3) 环节三:回归生活,提升合作经验

为了丰富幼儿对合作途径的认识,这一活动环节运用讨论法。我提出问题:"在日常生活中,你们还发现什么事情需要合作?"调动幼儿原有经验,进一步丰富和强化幼儿的合作意识。接下来,请幼儿观看杂技表演、劳动场景等图片,通过直观、生动形象的画面展示人与人之间的相互合作,让幼儿感受到合作在社会生活中的重要性。

本次活动,采用了幼儿感兴趣的合作游戏,使幼儿体验、感受合作的乐趣。先提出合作的概念,然后通过游戏让幼儿掌握分工与协商的合作方法,最后拓展幼儿的合作经验。幼儿在游戏活动和讨论中探索、理解和体验合作。对于幼儿来说,单靠这一次活动不可能完全掌握合作的方法,需要在不断的反复练习中才能真正体悟合作要领。因此,我设计了形式多样的延伸活动。

7. 说活动延伸

(1) 区角渗透

收集破旧的儿童图书,投放在美工区。幼儿分工合作,剪贴图书变新书,体验合作的乐趣。

(2) 各项活动中渗透

在平时的生活、体育活动中贯穿合作的练习,让幼儿在轻松、自主的环境中充分尝试,提高幼儿的合作技能。

四、科学领域说课案例

(一) 小班科学活动

"玩冰"说课稿

1. 说活动教材

《纲要》指出:"幼儿园科学教育的内容要从孩子身边取材,积极引导幼儿对身边常见的事物和现象的特点变化规律产生兴趣和探究欲望。"幼儿是学习的主体,作为教师要尽量为幼儿的探究活动创造宽松的环境,让每个幼儿都有机会参与尝试,从而培养幼儿对科学的兴趣,激发他们的探究欲望,并培养幼儿一种运用科学的态度、方法去发现问题、解决问题的能力。

冰是幼儿生活中常见并接触过的物质,幼儿很喜欢玩水,玩冰。在玩冰中幼儿不仅能充分享受玩冰的乐趣,而且能扩大幼儿的知识面,幼儿对冰的认识会随着年龄的增长,知识的丰富不断深入。对于小班幼儿来说,让他们在玩的过程中学习关于"冰"方面的知识,也是必需的。

2. 说活动目标

小班幼儿的思维还处于直觉行动向具体形象过渡的阶段,他们对事物的理解往往要通过自己的亲身活动来实现,因此,整个活动以幼儿操作摆弄为主。同时由于小班幼儿的认知能力还比较弱,很难自觉发现冰的一些基本特性,所以活动中要借助某些材料设法使冰的这些特性显露出来,使幼儿目睹这一现象,这样幼儿才容易理解。根据小班幼儿的年龄特点和幼儿实际发展水平,我确定了以下目标:

(1) 尝试玩冰,知道冰块的明显特征。

(2) 体验玩冰的乐趣。

(3) 培养幼儿对科学探索活动的兴趣及丰富的想象力和创造力。

根据目标,我把本次活动的重点拟定为:让幼儿在玩冰活动中充分感受冰的一些基本特性,这方面是注重幼儿通过自己的实践活动来构建知识;难点确定为:用语言表达自己看到的现象,这方面注重幼儿语言表达方面的培养。

3. 说活动准备

(1) 五颜六色的果汁冰块若干。

(2) 制作冰块的各种形状的物体。

(3) 热水一盆,各式颜料等物品。

4. 说活动方法

教与学是一个和谐统一的过程。《纲要》指出:"教师应成为幼儿学习活动的支持者、合作者、引导者。在活动中力求形成合作探究式的师生互动,生生互动。"本次活动中,我除了用亲切的形象、饱满的情绪影响孩子以外,还采用了直观教具演示法、情景教学法、游戏法等方法对活动加以整合,使幼儿在感受冰的神奇和有趣的同时,达到科学性、艺术性、愉悦性的和谐统一,体现活动多元化的整合。

幼儿是学习活动的主体,在活动中教师要始终发挥幼儿的主体作用。本次活动中,幼儿的主要学法有:多通道参与法、情感体验法、交流讨论法、尝试操作法等。让幼儿通过多种形式、多种感官的参与,促进幼儿对科学活动的学习产生浓厚的兴趣。

5. 说活动过程

以激发幼儿的兴趣入手,围绕目标,将多种教育形式相结合,使幼儿在活动中始终处于积极探索的状态,在玩中学,学中玩。我把本次活动分为四个环节。下面我为各位老师具体阐述一下:

(1) 谈话导入,激发兴趣

"小朋友。你吃过冷饮吗?你知道有哪些好吃的冷饮吗?"幼儿根据自己已有经验自由交流。(用一个幼儿感兴趣的事物,调动幼儿参与活动的热情。)

(2) 看看说说,交流经验

老师出示一块彩色的冰块,"这是什么?冰块是什么颜色的?""你在哪里见过冰块?"

请幼儿先自由交流,然后再小结。(这个环节通过简单的提问,可以引起幼儿的兴趣,巩固对幼儿已有经验的提升,也能照顾语言表达能力较弱的幼儿,使他们也有主动发言的机会。)

(3) 摸摸玩玩,尝试操作

① 给幼儿摸摸玩玩冰块,"冰块摸上去有什么感觉?摸了一会儿,你的手心里多出了什么东西?"在幼儿玩冰的时候,引导他们观察冰的变化。

② 给幼儿品尝果汁冰块,猜猜冰块的味道。感觉冰块在嘴里发生了哪些变化。

③ "怎样让冰块化得更快一些呢?"请幼儿将冰块放在热水里,看看冰的变化。

④ 提供给幼儿各式制冰的器皿,让幼儿自由选择自己喜欢的颜色一起制作冰块。

(这个环节给幼儿提供表现自我的机会,让他们乐意参与讲述,并大胆地把自己看到的、想到的表达出来,提高了口语表达能力。正如《纲要》所说:教师应充分利用各种机会,引导幼儿积极运用语言进行交往。在幼儿大胆表述后,教师小结,从而突破重点,有效解决了本次活动的难点。)

6. 说活动延伸

回家后,要求小朋友们和爸爸、妈妈一起制作各种形状的冰块。

(二) 中班科学活动 1

"磁铁找朋友"说课稿

各位领导老师,大家好!今天我说课的课题是中班科学活动"磁铁找朋友"。

1. 说活动教材

中班幼儿对磁铁的磁性很感兴趣,在生活中也积累了关于铁制品与非铁制品的知识经验。该年龄段幼儿也具备了一定的动手、动脑、自主探索问题的能力。因此,我设计了"磁铁找朋友"这个活动。通过活动,让幼儿感知磁铁吸铁的性质、辨别铁制品与非铁制品。活动内容轻松有趣,能够培养幼儿对科学的兴趣与求知欲。

2. 说活动目标

(1) 发现磁铁吸铁的性质,能将铁制品与非铁制品分类。

(2) 能用较完整的语言表达自己的发现。

(3) 乐于动手,体验探索成功的乐趣。

目标(1)提出了通过活动,幼儿应获得的科学知识经验。这是本次活动的重点。目标(2)提出增强幼儿的语言表达能力,目标(3)是情感态度目标、目标具体、明确,可操作性强。

3. 说活动准备

(1) 磁铁。磁铁人手一块,满足幼儿操作需要。

(2) 铁制品与非铁制品材料。目标中提出让幼儿辨别铁制品和非铁制品,在材料中特别准备了两类材料:一是玻璃球、毛线、木块、塑料、橡皮、石块等非铁制品。二是铁块、铁环、曲别针等铁制品。

(3) 自制的小钓鱼竿、纸折小金鱼。

4. 说活动方法

幼儿科学教育以培养幼儿科学素养为宗旨,以"探究"为核心。因此,让幼儿动手、动脑探究问题是本次活动的主要方法。

5. 说活动流程

考虑到幼儿认知规律,同时把握幼儿认识事物的特点来设计活动过程。活动过程由四个环节构成。

(1) 环节一:玩一玩——钓鱼的游戏

活动伊始,我带领幼儿到布置好的小鱼塘场景中钓鱼:"小朋友,老师手里有一个漂亮的钓鱼竿,咱们一起钓小鱼吧,举起钓鱼竿,把鱼饵送到小鱼的嘴边,试试看,咦?为什么有的小鱼能钓起来,有的小鱼钓不起来?"问题是科学探究的出发点,幼儿在猜测这个问题答案时,好奇心会油然而生。

(2) 环节二:看一看——发现磁铁吸铁的秘密

幼儿带着问题与好奇进入此环节。先让幼儿猜测并和同伴交流自己的见解。然后,我引导幼儿把小鱼拆开看一看能发现些什么?提出问题请幼儿思考:"能被钓起的小鱼肚子里装了什么?不能被钓起的小鱼肚子里又装了什么?"幼儿通过动手探索,发现能被钓起的小鱼肚子里装的是小铁块、小铁环等铁做的东西,从而对磁铁吸铁的特性有了初步认识。

(3) 环节三:找一找——探索发现铁制品与非铁制品

教师出示充足丰富的材料,幼儿分组动手操作。用磁铁吸一吸,找一找,找出能被吸起的和不能被吸起的物品,并将其分类。教师巡回辅导将幼儿的分类情况进行记录,请幼儿说说自己找出的磁铁的好朋友,鼓励幼儿大胆表达。这个环节不仅扩充了幼儿对铁制品与非铁制品的认识范围,也加深了幼儿对磁铁吸铁性质的认识,同时为下一个环节做好了准备。

(4) 环节四:做一做——让"小鱼"都能被钓起来

幼儿运用已有知识经验来解决问题,制作能被钓起的小鱼。请幼儿想一想,怎么利用磁铁吸铁的秘密帮助小鱼被钓起来。幼儿在制作的同时充分体验到探索的喜悦。

6. 说活动反思

活动体现了做中学的科学教育理念,活动过程遵循着感知—理解—巩固—应用的程序,层层深入。活动中幼儿发现问题,动手动脑探究问题、解决问题。随着活动的展开,幼儿不断加深扩展对磁铁吸铁、铁制品与非铁制品的认识,有效培养了幼儿对科学的兴趣与求知欲。

(三) 中班科学活动 2

"生活中的数字"说课稿

各位评委老师,大家好!今天我说课的课题是中班数学活动"生活中的数字"。

1. 说活动教材

《指南》数学认知目标提出:让幼儿感到数学的有用和有趣。生活中无处不在的数字正是帮助幼儿理解数字意义的生动教材。本次教学活动内容来源于生活,从幼儿身边常见物品上的数字入手,帮助幼儿认识数字在生活中的作用。这对增进幼儿学习数学的积极情感和态度具有重要的价值。

2. 说学情分析

数概念水平:中班幼儿已掌握了自然数基数、序数的含义。知道数的大小和位置关系,能认读数字。这是学习本节内容的认知基础。

原有经验:中班幼儿在生活中有意无意获得了关于数字用途的经验。如他们经常看到钟表、电话等物品上的数字,对这些数字的用途也略知一二。

生活中的数字内容太过广泛,基于中班幼儿数概念发展水平和原有经验,制定以下活动目标和重难点。

3. 说活动目标

(1) 了解生活中常用物品上数字的作用,体会数字与人们生活的密切关系。

(2) 能仔细观察物品上的数字,用语言和绘画的方式表达对物品上数字的理解和认识。

(3) 通过学习活动体验,能对生活中的数字产生探究兴趣。

幼儿数学教育最重要的是培养幼儿对数学的兴趣。我把情感态度目标放在首位,希望通过活动,引发幼儿对生活中数字的探索兴趣,在能力目标方面,提出了发展幼儿观察力及表达能力的要求。

重点:"了解生活中常用物品上数字的作用,体会数字与人们生活的密切关系"是活动的重点。

难点:我把"知道不同物品上数字表示的意义"定为难点。因为中班幼儿往往满足于找到数字,如果没有教师提醒,不会主动思考数字的作用。他们对数字表示的意义和作用认识很模糊,常把物品用途当成数字表示的意义。例如:问幼儿尺子上的数字有什么用,幼儿会说量东西。

4. 说活动准备

(1) 没有数字的钟表图片,1~12数字贴。

(2) 师幼共同收集带有数字的物品,如小台历、温度计、手机、尺子、电视遥控器,带有牌号的玩具小车、图画书、儿童鞋……

(3) 贴有"我看到的数字"标题的墙饰,画纸和画笔。

带有数字的物品很多,准备材料时考虑了两点:第一,选择幼儿比较熟悉的物品,使幼儿有话可说。第二,选择几种代表数字不同含义的物品,有表示自然数序数含义的:如书的页码,遥控器上的数字;有表示物体量的:如长度、温度、大小等;有体现数字编码作用的:如电话号码、车牌号码等。

5. 说活动方法

(1) 中班幼儿思维以具体形象为主。教学中主要采用直观教学法:通过呈现带有数字的各种物品、演示教具的方式,幼儿获得对物品上数字的直接认识。此外,拟采用讨论法:通过讨论数字作用等问题,让幼儿在和同伴、老师的交流中建构对数字作用的认识。

(2) 考虑到幼儿的学习方式以直接感知、实际操作和亲身体验为主。教学中让幼儿看一看物品,找一找数字,说一说数字用途,画一画物品上的数字,幼儿在自主活动中愉快地学习。

6. 说活动流程

幼儿是学习的主体,为充分发挥幼儿学习的主动性,我为本次活动设计了三个环节。

(1) 演示钟表教具,导入活动

我设计的导入语是"今天老师带来了一样东西,请小朋友猜一猜是什么?"出示没有数字的钟表图片。待幼儿猜出答案后提问:"钟表上缺少什么?""没有数字行不行?""为什么?"让幼儿谈论对钟表数字作用的认识。然后将1~12数字贴在钟表上并总结:"钟表上的数字能告诉我们时间。"

导入环节采用的是"前经验导入法",即根据幼儿已有认识发起活动。钟表上数字的作用是幼儿已有认识,没有数字的钟表给予幼儿强烈的视觉刺激,把幼儿的注意力一下集中在对数字的关注上。

(2) 观察物品,认识数字的作用

本环节的内容是教学重点。我采取布置展览,幼儿参观的形式实施活动。在此,为幼儿创设典型的观察物品上数字的环境,投放丰富的材料,支持幼儿的学习。具体分为以下三个步骤:

① 看一看,找一找

顺接导入部分,提出问题:请小朋友看一看都有什么?找一找上面的数字在哪里?幼儿自由观察带有数字的物品。教师给幼儿充足的观察时间,并适时与个别幼儿交流,提醒幼儿观察物品上有哪些数字。

② 想一想,说一说

幼儿获得了对物品上数字的直接认识后,让幼儿说一说对物品数字作用的认识。教师提出要求:"请小朋友选一样自己喜欢的物品,说一说这上面的数字有什么用?"我鼓励支持幼儿大胆讲述,并提问:"哪个小朋友还有补充?"促进幼儿之间的交流。

知道物品上数字的作用是活动难点。为突破难点,我采用倾听加引导的指导策略。"倾听"即注意倾听幼儿的回答,对幼儿已有认识做到心中有数。"引导"即根据幼儿的回答,通过追问、提升经验的方式对幼儿的认识进行梳理和提升,使幼儿对物品上数字的作用有比较清晰的认识。瑞吉欧教育体系有一句名言:教师要接住幼儿抛过来的球。教师作为引导者的作用正体现在此。

③ 发散思维,感受数字与人们生活的密切关系

幼儿对物品上的数字及作用有了明确认识后,我设计一个开放性问题:"如果这些物品上没有数字会怎样?"让幼儿展开讨论并说一说自己的认识。我根据幼儿的回答进行总结:"生活中很多物品上面都有数字,有的告诉我们时间,有的告诉我们温度……,数字真有用!"

三个活动步骤由浅入深,由具体到抽象,由感知到理解,逐步递进。在幼幼、师幼互动中达成活动目标。

(3) 绘画表现,深化认识

这个环节是让幼儿按意愿画一样带有数字的物品。之所以让幼儿自主选择,主要是

考虑到幼儿的个体差异性。幼儿画一画物品上的数字,可以深化其对数字的认识和理解。

幼儿画完后,将幼儿的作品布置在准备好的墙饰上,自然结束活动。

7. 说活动延伸

幼儿教育具有整合性的特点,表现在目标、内容、方法、活动形式等方面的整合。本次活动虽然结束了,探索生活中的数字活动会继续开展下去。我将在日常生活中,带领幼儿观察、寻找幼儿园内、大街上的数字并让幼儿记录下来,拓展幼儿对身边生活场景数字及作用的认识。

(四) 大班科学活动

"5 的分解和组成"说课稿

各位领导老师,大家好!

今天我说的课题是大班数学活动"5 的分解和组成"。下面我将从说活动教材、说活动目标、说教法学法、说活动流程等环节进行说课。

1. 说活动教材

本活动的主要内容是大班科学"5 的分解和组成",是在幼儿学习了 2、3、4 的分解和组成的基础上来进行的。基于幼儿对数概念难以理解,教材通过操作、观察让幼儿反复进行 5 的分解和组成的练习,从而帮助幼儿形成数概念。

2. 说活动目标

幼儿园数学是一门系统性、逻辑性很强的学科,有着自身的特点和规律,新《纲要》提出"数学教育必须要让幼儿能从生活和游戏中感受事物的数量关系并体验到数学的重要和有趣;教师要引导幼儿对周围环境中数、量、形、时间和空间等现象产生兴趣,建构初步的数概念,并学习用简单的数学方法解决生活和游戏中某些简单的问题"。由此可见,活化、游戏化已经成为构建数学课程最基本的原则。在对教材和本班幼儿的学习情况有一定了解后,我制定出本次活动目标:

① 学习 5 的分解和组成,引导幼儿归纳分合式中两边数列分别是递增、递减的关系。

② 激发幼儿主动探索、与同伴交流的兴趣。

活动重点难点:大班幼儿思维中出现抽象逻辑思维的萌芽,在认识事物方面,不仅能够感知事物的特点,而且能够进行初步的归纳和推理。因而本次活动的重点是让幼儿学习 5 的分解和组成;难点是在此基础上引导幼儿归纳出分合式中两边数列的关系。

3. 说教法学法

本节课属于数概念教学,对幼儿园的小朋友来说比较难理解,为了帮助幼儿掌握教学重点,突破难点,依据新的数学课程标准,本节课在教法上力求体现以下几点:

(1) 创设生动具体的教学情境,使幼儿在愉悦的情景中学习数学知识。充分利用教材提供的教学资源,结合活动室里的环境,利用生动有趣的故事情节为幼儿展现一环环的活动过程,引发幼儿的兴趣,调动幼儿的情感投入,激活幼儿原有知识和经验,以此为基础展开思考,自觉地构建知识。

(2) 鼓励幼儿独立思考、自主探索和合作交流。现代教学观要求转变幼儿传统的"接受式"学习方式,动手实践、自主探索和合作交流已成为幼儿学习数学的重要方式。在教学中,让幼儿在具体的操作活动中进行独立思考,并与同伴交流,亲身体验知识的生成过程,体验学习成功的乐趣。

(3) 尊重幼儿的个体差异。由于幼儿的生活背景和知识水平不同,在参与教学活动的过程中,教师要注意加强个别辅导。

依据新的课程标准,必须转变幼儿的学习方式,本节课在幼儿的学习方法上力求体现:

(1) 在具体的情境中让幼儿亲自学会解决问题,体验探索的成功、学习的快乐。

(2) 在动手操作、独立思考、进行个性化学习的基础上,开展同伴交流和全班交流活动,通过互助让幼儿构建学习方法。

(3) 通过灵活、有趣的游戏,巩固新旧知识,提高计算技能。

(4) 通过观察直观的表格,进行归纳和推理,发展抽象逻辑思维能力。

4. 说活动流程

(1) 说设计思路

本堂课我总共分为五个环节来完成,分别是:

① 游戏导入,复习 4 的组成。

② 学习 5 的分解:(a) 抛出问题;(b) 操作圆形卡片和数字卡片;(c) 小结。

③ 引导幼儿归纳分合式两边数列的关系;

④ 找一找,合一合(学习 5 的组成);

⑤ 游戏出活动室《鸭子走》。

(2) 说活动流程

① 游戏导入,复习 4 的组成。

出示数字 4,(碰球游戏):嘿、嘿、嘿,我的 1 球碰几球?嘿、嘿、嘿,你的 1 球碰了 3 球——这样的设计是遵循"游戏是幼儿的主要活动"的原则,重在激发幼儿参与活动的兴趣。

② 学习 5 的分解。

通过抛出问题,帮助小鸭分吃饼干的情节,使数学贴近于生活,激发了幼儿的探索兴趣。正如《纲要》中指出的:"让幼儿学习用简单的数学方法解决生活和游戏中某些简单的问题"。大班幼儿具有活动的自主性、主动性及提高自我控制能力等特点,我安排了操作圆形卡片和数字卡片的活动,让幼儿在操作中自主探索 5 的 4 种分法,启迪幼儿的智慧。由于大班幼儿已有一定的自我约束能力、规则意识,所以我提出操作活动要求时,让幼儿服从一定的纪律,培养他们良好的学习习惯和行为习惯。

③ 引导幼儿归纳分合式两边数列的关系。

大班思维中出现抽象逻辑思维的萌芽,在认识事物方面,不仅能够感知事物的特点,而且能够进行初步的归纳和推理。本班幼儿好学、好问,喜欢有挑战性的学习内容。学习内容要有一定适当的难度,要有一定的挑战性,我设计了归纳 5 的分合式中两次数列的关系这一环节,目的是让幼儿"在跳一跳够得着的地方"进一步提升他们数概念质的飞跃。

④ 找一找,合一合(学习5的组成)。

设计这一环节的意图是让幼儿将所掌握的知识应用于实际当中,引导幼儿对周围环境中数、量、形、时间和空间等现象产生兴趣,同时要求他们进行记录和同伴交流,有利于发展他们的表达能力、合作能力。

⑤ 游戏出活动室《鸭子走》。

根据第二环节中《鸭子坐客》的故事,引出《鸭子走》的游戏:1只鸭子前面走,4只鸭子后面走;2只鸭子前面走,3只鸭子后面走;……这样教学前呼后应,让幼儿兴致浓浓地在复习5的分解和组成中结束本节课。

5. 说活动延伸

(1) 在幼儿园活动区域内,幼儿继续练习5的分解与组成训练;

(2) 回家以后和爸爸、妈妈一起做数字分解与组成游戏。

各位评委老师,我的说课到此结束,谢谢大家!

案例评析

(1) 学习活动在以前学习数的分解和组成的基础上展开,易于幼儿接受和理解。

(2) 活动目标制定具体、细致,是《纲要》总目标的细化,体现了《纲要》对数学领域的学习要求。

(3) 重难点选择符合幼儿认知特点,体现"最近发展区"理论依据。

五、艺术领域说课案例

(一) 小班美术活动

"快乐的泡泡"说课稿

尊敬的各位领导老师,大家好!

今天我说的课题是小班美术活动"快乐的泡泡"。下面我将从说活动教材、说活动目标、说活动准备、说教法学法、说活动流程、说活动延伸等几个方面进行说课。

1. 说活动教材

《纲要》中多次提到,要通过艺术活动激发情趣,体验审美愉悦和体现成就感。幼儿对艺术活动的表现往往带有"情绪色彩",常停留在"好玩""我喜欢"的水平上。这种兴趣容易转移,也易于波动,因而激发兴趣需要贯穿始终。

小班幼儿的思维正处于直觉行动思维向具体形象思维过渡的时期,他们情感外露,不稳定,带有很大的情绪性。他们学习的特点是只关心活动的过程,不关心活动结果,因此,"快乐的泡泡"小班美术学习活动更应注意游戏化、情境化,强调让幼儿在愉快、轻松、自由的游戏中自娱自乐,在玩中学,在玩中获得美术鉴赏能力的初步发展。

2. 说活动目标

(1) 能大胆选择色彩印画,表现大大小小的圆圈泡泡。

(2) 体验鱼儿孤独和快乐的情绪。

(3) 喜欢参加美术活动。

新《纲要》中强调:"提供自由表现的机会,鼓励幼儿用不同的艺术形式大胆地表达自己的情感、理解和想象。"

目标(1)是本次活动的重难点。第(2)、(3)目标是情感目标,主要是激发幼儿对艺术活动的兴趣,为下次的活动做一个精神铺垫,让幼儿体验到帮助别人的快乐。

3. 说活动准备

在活动中,我准备了大大小小的瓶盖,都是幼儿生活中常见的物品。还有就是抹布、水粉颜料和大海的背景图。

4. 说活动方法

根据设计的活动内容,主要采用了"示范讲解法",这是美术活动中最常用的教学方法,能帮助幼儿掌握正确的表现方法,主要体现"幼儿是活动的主体,教师应该成为幼儿学习活动的支持者、合作者、引导者"这一理念。采用游戏法是因为游戏是幼儿最喜爱的活动,游戏能增强幼儿参与活动的兴趣。幼儿在轻松、愉快的游戏中很容易就能掌握所学技能。谈话法是为了激发幼儿的兴趣,吸引他们的注意力。

幼儿的学法"操作法"也是美术活动中常用的学法,幼儿通过动手操作,才能掌握技能技巧并从中体验情感教育。

5. 说活动流程

在本活动中,我们从激发幼儿的兴趣入手,围绕目标将多种教学形式相整合,使师幼能始终处于积极的探索状态。

活动流程为:激发兴趣——教师示范——幼儿操作——欣赏作品。

(1) 引出主题

我们班上来了一位小客人,出示一条鱼的图片。

教师说:我是一条孤单的鱼,在大海里孤单地游来游去,没有朋友。唉!

提问:鱼儿怎么了?

你们愿意帮助我吗?愿意和我做朋友吗?

幼儿将身上的鱼儿拿下贴在海洋图上与小鱼做朋友。

我现在有这么多朋友,我好开心,想吐泡泡,你们和我一起吐泡泡吧。

第一环节开始部分。我用"小鱼来我们班做客,小金鱼一个人孤单没有好朋友"为幼儿创造良好的环境氛围,让幼儿融入环境中,体验鱼儿孤独的情绪。找到了好朋友很开心,它想和好朋友一起吐泡泡,引入主题,激发幼儿动手操作的兴趣,体验鱼儿快乐的心情。

(2) 教师示范

提问:那你们知道泡泡是什么形状的吗?

我们怎样帮小鱼吐泡泡呢?教师出示水粉和瓶盖。

请幼儿观察瓶盖的形状。请幼儿想办法画泡泡。

教师示范用瓶盖印画。提示幼儿在印的过程中注意每次只能蘸一种颜色,不需要时用抹布擦去。

第二环节是认识创作工具的过程。因为每次的创作都有不同的工具,所以通过每次活动让幼儿认识工具的名称也是必要的。当然这也需要多次活动经验的累积,使幼儿逐步掌握每种工具的使用方法。幼儿通过教师的示范和自己动手操作学习新的绘画方式。

(3) 幼儿操作

鼓励幼儿尝试选用大大小小的圆形材料印泡泡,幼儿随着音乐自由地选择瓶盖与颜料印泡泡。

第三环节是印的过程。让幼儿在印的过程中体验快乐。这里我运用了教师示范工具的操作方法,是启发式的,是让幼儿自然而然地掌握工具的运用。印的过程中幼儿共同合作,共同游戏,共同体验印的乐趣,共同欣赏作品。

(4) 欣赏幼儿作品

请个别幼儿到前面说说自己印的泡泡,说说自己的泡泡是什么颜色的。通过评价幼儿作品,给予肯定,提高幼儿的积极性。

(5) 结束部分

幼儿和教师唱着《小金鱼》的音乐游出教室。这样头尾呼应,快乐地结束活动。

6. 说活动延伸

(1) 到活动区域继续完善自己的作品;

(2) 将自己的作品带回家,把作品内容讲给爸爸、妈妈听,与家人共同分享。

案例评析

(1) 目标制定符合小班幼儿的特点,简单、易懂。

(2) 活动过程开展简洁,教师在导入时引导得当。示范作画时步骤清晰,幼儿易于操作学习。

(3) 在教学过程中设计幼儿动手操作环节,既体现了学以致用的教学要求,同时为幼儿的相互合作、相互交流提供平台,又能让幼儿充分地体验成功的快乐。

(二) 中班音乐活动

"小熊的糖果"说课稿

尊敬的各位园长,你们好。我说课的内容是中班音乐欣赏活动"小熊的糖果"。

1. 说活动教材

《葡萄牙进行曲》是一首节奏欢快、旋律活泼的乐曲,很容易引起幼儿的兴趣。中班幼儿的思维方式以具体形象思维为主,他们对音乐形象的感知应尽可能借助多种感官进行。故事是孩子们最爱听的,游戏是孩子们最爱玩的。根据幼儿以上特点,在本次活动中,我将故事、音乐游戏与乐曲《葡萄牙进行曲》有机结合,让幼儿在轻松、自然、愉快的氛围中感受音乐。

2. 说活动目标

目标1:欣赏音乐,感受乐曲欢快的情绪特点。

目标2:通过图片与音乐匹配的方式了解音乐结构,并能运用肢体动作表现音乐。

目标2是本次活动的重点与难点,它清晰地呈现了活动的基点不仅仅停留在对音乐内容的了解与一味的模仿学习中,而是将音乐素材与幼儿的生活经验相整合。为解决这一重难点,我利用图片与音乐匹配的方式帮助幼儿了解音乐结构,同时利用与故事情节相结合的方式,帮助幼儿更好地感受和理解音乐。为使教学活动更加形象化、具体化、生动化,我做了充分的教学准备。

3. 说活动准备

(1) 小熊手偶

用孩子喜爱的形象吸引其注意力,能起到事半功倍的效果。

(2) 图片

能够使抽象的音乐形象直观化,更好地帮助幼儿感知音乐形象,了解音乐结构。

(3) 音乐《葡萄牙进行曲》

《葡萄牙进行曲》是由一个旋律回旋重复了8次组成的乐曲。首先是两小节行进式引子,后面的旋律可分为两部分,第一部分由两句相同的乐句组成,沉稳而又欢快,两句旋律线像行走在道路上。第二部分也是由两句基本相同的乐句组成,急促而欢快,很像是遇到了危险要躲到山洞里。

4. 说活动方法

本次活动,我运用的教学方法是多感官参与法。通过听一听、看一看、说一说、做一做等表现手段,循序渐进地引导幼儿感受体验音乐《葡萄牙进行曲》的情境。用自己的方式大胆想象,快乐表达。较好地体现出《纲要》倡导的让幼儿在艺术活动中大胆运用各种方式表达自己情感、理解和想象的理念。

5. 说活动流程

(1) 出示手偶,激发幼儿学习兴趣

我利用"维尼熊手偶"导入本次活动。"嗨,小朋友们好,我是你们的好朋友维尼熊。大灰狼把我最爱吃的糖果藏到了一个秘密的地方,我想请你们帮我找到糖果,然后一起分享。你们愿意和我一起出发去寻找糖果吗?"可爱的维尼熊形象不仅吸引了幼儿的注意力,而且激发了幼儿参与活动的欲望。

(2) 初步感受音乐

① 幼儿完整欣赏音乐。通过"维尼熊看到小朋友们这样愿意帮助他,心情是怎么样呢?猜猜音乐中的小熊都到了哪里?"引导幼儿初步感受乐曲欢快的情绪特点,为下面分段欣赏音乐做铺垫。

② 利用音乐与图片相匹配的方式分段欣赏音乐,并用肢体动作来表现音乐。

先让幼儿分段欣赏音乐,引导幼儿感受乐段第一部分与第二部分旋律带来的不同的听觉感受,如第一部分的听觉感受是平静的、明亮的、放松的,而第二部分的听觉感受则是急促的、紧张的,然后出示道路与山洞图片,让幼儿将听到的音乐与相应的图片进行匹配。如第一部分平静、明亮的音乐就像小熊行走在道路上,第二部分急促、紧张的音乐就像小熊遇到了危险赶紧躲藏到了山洞里,引导幼儿创编小熊行走和躲藏的原地动作与空间动作,并能够运用动作表现音乐的变化。

我这样引导幼儿(放音乐第一部分):"小朋友们,你能从音乐中听出小熊是在哪个地方寻找糖果吗?那为什么是在道路上呢?啊,原来这段音乐听起来很平静很明亮,就像小熊正走在宽阔的大路上,你们知道小熊是怎样走路的吗?谁能学一学它走路的样子。我们一起来模仿小熊走一走。"之后由老师带领幼儿用自己创编的肢体动作表现音乐。

接下来欣赏第二部分音乐(放音乐):"咦,这段音乐和前面那段完全不一样,你能感觉到发生了什么?大灰狼来了,小熊应该怎么办呢?对了,小熊应该藏到山洞里,我们一起来模仿小熊是怎么藏到山洞里的吧。"老师带领幼儿再跟音乐做肢体动作表现音乐。

通过这样的方式,引导幼儿先感受音乐,再用语言、图片和肢体动作进行表现,帮助幼儿更加全面地了解音乐、感知音乐的细节,充分发挥幼儿的想象力、创造力。

(3) 在音乐游戏中反复完整感受音乐

幼儿熟悉音乐结构之后,分组进行游戏,将幼儿分为两组,第一组幼儿创设环境,第二组幼儿扮演小熊,音乐响起的时候,所有小朋友一起进场。听到第一部分音乐时,第一组小朋友迅速排成两排创编动作扮演道路两边的大树,第二组小朋友扮演小熊创编动作在大路上行走;当听到第二部分音乐时,第一组小朋友搭成山洞,第二组小朋友自己创编动作躲藏到山洞里静止不动,没有静止的小熊将被老师扮演的大灰狼抓到,取消游戏资格。音乐停止没有被抓到的小熊能够成功拿到糖果。游戏结束后,两组幼儿互换角色再次进行游戏。在反复游戏中能使幼儿逐步加深对音乐的感受。

这一环节,我将角色表演和音乐游戏相互融合,让幼儿在自由创编动作与即兴表演中感受音乐的美,体会创作的快乐,培养他们的创新意识与创新能力,并使幼儿的合作意识与群体游戏中的规则意识得到发展。

(4) 结束部分

在音乐游戏中自然结束活动。

6. 说活动反思

教学中我运用了视听结合、动作创编、音乐游戏等多种方式引导幼儿多方面感受与表现音乐美。活动过程我采用了整—分—整的教学方法,不仅可以让幼儿完整地感受音乐结构的特点,还可以让幼儿了解音乐的细节,从而顺利完成活动目标。

(三) 大班舞蹈活动

"筷子舞"说课稿

各位评委老师,大家好!今天我说课的课题是大班韵律活动"筷子舞"。

1. 说活动教材

本次活动内容是让幼儿用筷子跳舞,改变了幼儿关于筷子是用于吃饭的原有经验,使他们产生好奇和兴趣。看到这个课题,我马上联想起传统的蒙古族舞蹈"筷子舞"。幼儿进入大班后,对具有异域风情的音乐和韵律活动更感兴趣,我想让幼儿在感受、体验、表现民族音乐的基础上,领略蒙古族舞蹈的风情。韵律活动中,音乐的选择十分重要,我选择了幼儿喜欢并学过的《牧童之歌》作为本次活动的音乐,这首歌曲旋律优美,节奏欢快,便于幼儿边唱边做动作,体验活动的快乐。

2. 说活动目标

韵律活动不仅需要舞蹈技能、活动秩序的支持与保障,还有对幼儿空间思维、人际交往以及快速反应的要求。活动的组织既要体现"审美",又要"实实在在",让幼儿有所得。因此,我根据大班幼儿的年龄特点和动作发展水平,制定了以下目标。

(1) 感受蒙古族舞蹈的特点,学习筷子舞的舞蹈动作。

(2) 变换队形,体验与同伴集体跳舞的快乐。

活动重点:学习"筷子舞"的基本动作。

活动难点:变换队形相互配合,因为这需要幼儿具有一定的空间方位判断能力和较强的合作能力。

3. 说活动准备

现代化的教学手段集音、形、色、动为一体,为了有效地吸引孩子的注意力和学习兴趣,完成拟定的教学目标,做了相关教学准备。

(1) 经验准备

《牧童之歌》的音乐,具有明显蒙古族风情。活动前,教幼儿学会唱这首歌曲,调动他们参与活动的主动性和积极性。

(2) 物质准备

每个幼儿手持两把同样色彩的筷子(活动时,部分幼儿拿红彩带筷子,另一部分幼儿拿绿彩带筷子)。准备不同颜色的筷子,目的是使幼儿区分队形变换。

4. 说活动方法

"成功的教学需要的不是强制,而是激发孩子的学习兴趣。"我主要采用示范法、讲解法、练习法来实施教学。具体方法将结合活动过程进行阐述。

5. 说活动流程

为了让幼儿在活动中真正动起来、跳起来,快乐地学习。我设计了三个教学环节。

(1) 提出问题,导入活动

活动开始,我拿出筷子,问幼儿:"平时我们都用筷子干什么?"幼儿回答后,我告诉幼儿蒙古族的小朋友高兴的时候会拿筷子来跳舞,表达他们愉快的心情。提问的方式不仅可以引起幼儿的注意,而且会促使幼儿进行积极思考。

(2) 运用示范法,学习筷子舞

(a) 教师随乐舞蹈,幼儿初步感知筷子舞优美的韵律

组织幼儿围成半圆形,使幼儿清楚、直观地观察到我的每一个动作。

(b) 幼儿学习筷子舞的基本动作

幼儿拿起筷子,学习筷子舞的基本动作:根据儿童动作发展是从单纯动作到复合动作,从不移动动作到移动动作的发展规律,我设计了以下四组基本动作:① 原地敲击筷子,发出有节奏的声音;② 学习弓箭步,用筷子敲击肩部;③ 学习行走并敲击筷子;④ 学习相互配合敲击筷子。

这一环节,在教学方法上,我交替使用讲解法和示范法。示范法最直观,幼儿边看边模仿教师的动作。伴随教师的讲解使幼儿更细致地把握动作要领。

(c) 幼儿练习筷子舞

运用练习法时,我采取集体练习与分组练习相结合的方式。如幼儿按筷子颜色分组、男女分组等,保持幼儿学习的兴趣。幼儿互相帮助,共同学习动作。教师在旁随机指导。

(3) 学习队形变换,与同伴配合随乐表演

幼儿掌握基本动作后,加大难度,学习变化队形。这是教学难点。

要求拿红色彩带筷子的幼儿向内圈走,拿绿色彩带筷子的幼儿原地敲打节奏。在队形变化后的基础上,两个小朋友面对面,互相敲击对方肩膀,做基本动作中的第四组动作。在教学中我请幼儿思考:怎样才能变换好队形。每一次练习后都让幼儿反思自己的做法,幼儿不仅有身体的活动,思维也活跃起来,以突破教学难点。

(4) 完整随乐曲表演筷子舞

教师和幼儿在音乐声中共同舞蹈。在这一环节,为进一步让幼儿体验舞蹈的快乐,我引导幼儿根据自己的理解,大胆想象,用不同的方式表现动作。如启发幼儿思考:筷子除了可以打在肩膀上、地上,还可以打在哪儿?引导幼儿创造性地进行表演,将整个活动推向高潮。

6. 说活动延伸

活动结束后,在区角中设置蒙古族服饰、乐器等,让幼儿对蒙古族文化有更多的了解,以激发幼儿从小关注我国民族文化的情感。

课后练习

1. 简述幼儿园课程的基本理念。
2. 说出幼儿园课程的教学目标。
3. 描述幼儿园课程的教学要求。
4. 幼儿园课程说课稿基本结构是什么?
5. 撰写幼儿园课程"五大领域"的说课稿各一份。

第十四章　说课训练活动的组织与管理

※ 学习目标：

1. 了解师范生说课训练的意义。
2. 知道师范生说课训练的基本要求。
3. 理解师范生说课训练的路径与模式。
4. 掌握师范生说课训练的方法与策略。

14.1　师范生说课训练的意义

说课是当今教师必备的一项教学技能,是综合考核教师业务素质的重要手段;师范生教学基本功大赛要进行说课能力检测;师范生竞聘教师岗位时也必须经过说课这个重要环节。因此,近年来,说课活动逐步受到高等师范学校师生的高度重视。

师范生说课训练是指师范专业学生在教师的指导下,在对将要从教的某科课程充分备课或见习听课的基础上,依据教育学、心理学及学科教学法的理论知识,对拟任课程的课堂教学进行设计,写出说课稿,然后面向同学和指导教师叙说自己的教学设计及依据(或分析所听之课的教学设计,找出其理论依据,然后面向同学和指导教师叙说出来),最后与指导教师及同学一起对自己所说内容进行分析评价,共同研究改进意见,以进一步完善该课设计,提高课堂教学技能的一种操作性研究活动。师范生说课训练有以下意义:

(1) 能促进学生强化教育学、心理学、学科教学论的学习,提高这些理论课的地位,增强教与学的积极性,突出师范性。说课重在说依据,在训练指导过程中,为了设计出最佳方案和说得有理有据,就必须通晓相关的教学理论。说依据的要求促使学生必须为每一个教学设计寻找出合理的解释,这样既能增强他们学习这些课程的兴趣,同时能提高学习的效率,又可在长期的说课实践中培养学生运用教育理论来分析和解决教学实际问题的能力,形成熟练的教学技能。

(2) 强化学科专业的学习意识。教师要想给学生一杯水,必须有一桶水或取之不竭的源头活水。师范生为了把课说得丰富、生动、有趣,就要对即将从教学科的专业知识了如指掌,才能在处理教学内容时得心应手,设计合理,说得精准。这必然会引起学生重视学科专业课的学习,不断自主强化专业学习意识,以期在说教材处理等环节时能把握住重难点及关键点,确保在今后的教学实践中能把课上好。

(3) 能提高师范生的综合教学能力,缩短学生的成长周期,加快他们从学生到教师角色转换的进程。在说课训练中,师范生无论是自己说,还是听别人说,都有一个学习提高的机会。具体说来,① 通过说教材处理训练,师范生会按教法课中的要求,提前熟悉小学新课程标准及相应教材,明确该学科在不同年级教学中的地位及教学总要求,领会教材编写意图及编排思路,找准基础知识及基本能力训练的关键和纽带,把握住每节课的教学重点、难点及关键点等,将有利于培养学生钻研和驾驭教材的能力;② 通过说教法与说学法的训练,师范生就会在熟练把握教材内容的基础上,为该课程教学选择恰当的教学方法和学习方法,教会学生自己学习,达到教法学法化,学法教法化的境界,这样经常训练可以培养师范生正确选择教法及学法、提高指导学生学习的能力;③ 通过说教学程序训练,师范生可以学会根据科学化、最优化的要求,对课堂教学的全过程进行周密的思考和精心的安排,考虑怎样对一个单元进行教学设计,怎样对一节课进行设计(包括导语设计、情景设计、提问设计、练习设计、板书设计及内容组织设计等),通过长期训练,有利于培养师范生课堂教学的设计与组织能力;④ 说课时要说出教学设计的学情依据,师范生就得对不同学生的学习情况进行经常性分析,这样就可以培养他们了解学生、分析学生、因材施教的能力。另外,在对各项教学设计寻找最合理依据及根据教育理论对教学行为进行设计的过程中,也会增强师范生自身学习的动机和兴趣,提高他们的理论水平和学习能力。

(4) 能促进师范生加强教学技能训练,养成良好的教师心理和业务素质。一位优秀的小学教师,必须具备能说流利普通话,能写一手正确、规范、工整的钢笔字、粉笔字等教学基本功;说课要求面向听说者阐述自己的教学设计及其理论依据,这就要求说课者能正确使用普通话,做到语言清晰、流畅、准确、生动,而且要具有感染力,经常这样训练可以提高师范生的语言表达能力;写说课稿,对他们的钢笔字书写能力提出了明确要求,说课过程中展示板书是要求师范生把所设计的板书用粉笔字当众演示出来,这又能促使他们提高粉笔字的练习实效,有些课文要求制作教学挂图,迫使师范生对简笔画给予足够的重视,因而说课训练可以提高师范生三字一画的水平。此外,面对大众的说课,还能锻炼他们的心理素质和胆识。这些都有利于教师心理和业务素质的养成。

(5) 可以形成研究讨论氛围、提前培养师范生的科学研究意识。说课训练需要教师强化指导,指导者必然会受到某些情境的启发,从而可能发现自己教学中存在的某些问题,并开始意识到自己教学行为的缺陷或知识的不足,就会促使他们通过商讨以求改进。在说课实践中,师范生也必然会遇到种种教学问题,为了说好课,他们会主动跟指导老师或同学进行研究讨论,说出自己的见解,听取别人的合理化建议,从而能扬长避短,学会科学的研究方法,逐渐形成严谨的治教态度和敏锐的科研意识。

(6) 对以后的小学教学改革具有潜在的促进功能。说课是一种对课堂教学艺术进行操作性探索的研究活动,一方面要求对课程标准与教材进行深入研究,另一方面还要对教学理论及学生学情等方面进行积极探索,因而它的每一次活动都可能对以后的小学课堂产生重大影响。师范生作为未来师资队伍的新生力量,受传统观念影响较小,通过说课训练,会在为自己的教学设计寻找合理依据的过程中,反复思考、权衡,把先进的教育理念及长期说课所形成的研讨习惯和反思习惯,带入未来的小学课堂,带到小学教师队伍中去,这样既加快了师范生教学心理的成熟,又会影响其他教师对以后的小学教学与改革产生深刻影响。

14.2 师范生说课训练的基本原则

说课活动不仅植根于师范院校的课堂之中,而且也是师范生见习实习活动中重要的教学研究形式,同时又是教育行政部门进行教师入编考试的重要项目之一。所以,说课活动成为师范生新颖的一项教学基本功,已在师范院校的课程教学中逐步得到实施。说课活动组织与实施应遵循以下基本原则:

一、目的性原则

师范生说课训练活动应突显教师教育的目的。

1. 帮助学生梳理设计思路,把握授课过程

师范生说课往往缺乏自信,对教学过程总体思路不太熟悉,通过说教学过程,可以让学生从更宽更高的角度把握熟悉教学过程,理清教学思路,从而更好地把握课堂结构。

2. 指导学生进行针对性教学反思

师范生通过说课训练可以将模糊的隐性知识转化为可交流的显性知识,正是这些显性知识为学生提供了直接反思对象。因此,对教学程序较为详细的介绍可以提高学生对教学实践的反思能力,使其教学过程的设计得到进一步优化,教学方法更为科学,教学手段更为合理,教学效果也会更大提高。

3. 锻炼师范生的表达能力,培养自信

表达能力有语言表达能力和非语言表达能力,这些表达方式可以在说教学程序中得到集中体现。通过说教材的叙述性语言,说教学过程预演的教学语言,说教学程序中运用的表情、手势、姿态、语速、音调等动作语言都能在说课活动得以提升,随着表达能力的提高,学生的自信心也会不断得到增强。

二、科学性原则

1. 说课训练目标的明确性

说课源于备课,服务于上课。师范生说课训练,不只是提高学生说课基本技能为最终目的,而是以他们将来走上教师岗位,胜任课堂教学,成为一名优秀的人民教师为宗旨。因此,教师在指导师范生说课训练时,要围绕能上课、上好课为目标,要让师范生在充分了解小学课堂、理解小学课堂和不断研究小学课堂(幼儿园课堂)的基础上去进行说课训练。

2. 说课训练内容的正确性

能否把握说课内容，突出说课重点，是说好课的关键。说课时，有些教学内容只需要概括要点，使听说者能听清楚教的是什么就行，不必要全部交代。说课的重点应该是具体的教学设想和理论依据。说理论依据主要说清楚"为什么这样教"，让听者在"知其然"的基础上"知其所以然"。说教学程序时，要自然地把握好教学语言，大胆设计新颖有趣、简明扼要的导入语，激人奋进、引人深思、回味无穷的总结语，准确、精练、恰当的提问语，让听说者从你的说课中看到你在课堂教学中的影子。因此，说课者应置身于听众思维与学生思维的交汇处，站在备课与上课的临界点，变换"说"位，研究"说"法，找准"说"点。

3. 说课训练程序的规范性

一次完整的说课活动的规范程序通常为：学习理论—钻研教材—分析学情—确定学法—选择教法—设计教学程序—撰写说课稿—分项训练—登台表演—点评修改—上课实践—总结提高。说课训练时，不仅要让学生熟悉说课程序，而且在说课训练的起始阶段必须要求学生严格按照程序练习，不可断章取义，虎头蛇尾，自觉养成良好的说课训练习惯。

4. 说课训练形式的多样性

师范生说课训练，可根据学校条件和学生实际需要，采取灵活多变的形式进行。可以进行小组说课、班级说课、学校说课和校外说课等形式，也可以依据学生需要，进行分项、分类别专门训练。在训练时间选择上也可以长短结合，因人而异。在训练指导安排上可以采取"一对一""一对多"或"多对一"等形式，力求做到张弛有度，因材施教，共同提高。

5. 说课训练组织的合理性

说课训练活动要在学校有关部门的统一组织下有计划、有目的、有步骤地进行，组织部门在学生分组、指导老师安排、时间分配、设备场地配备以及考核评比等方面，力求做到科学、合理和有序。

三、理论联系实际原则

1. 说课要有理论指导

说课中教材分析应以学科基础理论为指导，学情分析以教育学、教育心理学以及新课程标准为指导，教法以教学论和学科教学法为指导，力求所说内容言之有理、言之有据、言而有信。

2. 教法学法设计要上升到理论高度

在说课实践中，绝大多数说课者往往只注意教法学法本身的选择和运用，忽视这些教法学法的理论依据，更不善于将实践中的有效教学方法和手段上升到理论高度，从而在教法学法设计时显得很干瘪，不够丰满。说课训练中要引导师范生将每一个教法学法设计力争上升到教育教学理论层次并在教学过程中接受检验。

3. 理论与实践要有机统一

在说课实践中,有些学生要么只说做法,不说理论;要么就是做法与理论不匹配。在说课训练中,要不断帮助学生对说课理论的完善与提高。要引导学生在说课中既要避免空谈理论,不切实际,又要避免只谈做法不谈理论依据的情况,还要避免为增加理论色彩而张冠李戴,以免出现理论与实践不一致的情况。

四、实效性原则

每次说课活动的开展都能达到预期目的、收到实效,必须做到以下几点:

1. 目的明确

说课活动一般有检查、研究、评价和示范等几种目的。检查性说课主要是教师检查师范生的教学技能情况;研究性说课主要是师生之间、生生之间的教法探讨;评价性说课主要是教学比赛活动;示范性说课主要是给学生树立说课样板、供其学习参考。展开说课活动前,要根据说课类型确定目的,做好相应准备工作。

2. 针对性强

这主要针对检查性说课和研究性说课两种类型而言的。检查性说课一般针对工作态度、专业知识、教学能力等内容;研究性说课一般针对承上启下、知识难度大、结构复杂等内容。在说课活动组织前,要根据说课类型和说课群体的特点,提出针对性的问题,通过书面形式提供给听说者,这样评说者可以事先做好充分准备,便于对问题的集中研究。

3. 准备充分

说课训练与组织中,要要求说课者和评课者根据本次说课活动的目的进行系统准备,认真钻研课标与教材,分析学情,做到有的放矢。说课者要撰写条理清楚、有理有据、突出重点、言简意赅的说课稿;评课者要有评价的标准体系和清晰的评价提纲。

4. 评说准确

评说要科学准确,指导性强。说课活动结束后,参加评说的师生要积极发言,抓住说课过程的重大问题以及倾向性、普遍性、规律性问题进行点评,主持人或指导老师还要将已经达成的共识和存在的分歧进行归纳总结,以便以后说课活动中加以改进与提高。

五、创新性原则

说课是深层次的教学研究活动,是教学构思转化为教学活动之前的课前预演,其本身也是集体备课。教师在指导学生说课活动时,要充分让每一个学生展示自己的教学特长、教学风格,树立创新意识和勇气,大胆设想、小心求证,探索出新教学思路和教学方法,不断发现问题、分析问题和解决问题,使说课活动永远保存"新鲜",充满生机和活力。

六、时代性原则

以往的说课形式是"一人说课、众人聆听"。现在,随着新课程改革的深入,说课需要变一人见解为多人智慧,变众人聆听为集体参与。在新课程背景下说课活动应坚持"以学为本",全面贯彻落实自主、合作、探究的课改核心理念,进一步体现和提升顾泠沅教授提出的情意原理、序进原理、活动原理和反馈原理等新的教学思想。

(1) 情意原理:学生的心理活动包含着互为前提、互相促进的认知结构和情意状态两个方面,激发学生的学习动机、兴趣和追求的意向,加强教师与学生间的感情交流,是促进认知发展的支柱和动力。

(2) 序进原理:来自外界的知识和经验可以相应地转化为学生的认知结构、情意状态和行为结构,教师根据不同对象的发展水平,有步骤地提高所呈示的知识和经验的结构化程度,组织好从简单到复杂的有序累积过程,是提高转化效率的基础。

(3) 活动原理:学生外部的行为结构与内部的心理结构之间有着直接的互化关系,教师精心组织各类行为活动与认知活动,并使之合理结合,学生充分发挥活动的自主性,是促成行为结构与心理结构迅速互化的有效途径。

(4) 反馈原理:学生的心理和行为向预期目标发展,都需要依赖反馈调节,教师及时地、有针对性地调节教学,学生自我评价的参与,可以大大改善学习的进程,有效的反馈机制是目标达成的必要保障。

14.3 师范生说课训练的基本要求

根据说课训练的内容及师范生既是学生又是准教师的特殊身份,对他们进行说课训练应注重如下几方面:

一、训练活动要科学

教师在组织说课训练时,训练的内容、训练的组织、训练的检测与评价都要进行科学的安排和系统的设计,训练时应目的明确、计划周密、组织高效、要求严格,体现出科学性。训练的目标、意义、内容、组织及评价的要求要事先印发给师范生,并规定专门的训练和检查时间,让他们有章可循,有法可依,防止流于形式。

二、训练活动要全面

说课训练旨在大面积提高师范生的课堂教学技能,提高他们的教育素质,训练时要让每一位师范生都参与进去,都能自如地在众人面前登台进行说课汇报,都有一个相互学习和研讨的机会,而且需要多学科协调,既要体现出他们的学科知识水平,又要体现出他们的教育理论水平,还要能体现出他们的实际教学能力水平,以便后期的训练有明确的出发点和针对性。此外,训练环节要周全。在训练时,指导教师要进行全程监控,把理论学习、备说、施说、评说、实习等培训环节统一起来进行考察,并注意各个环节之间的衔接。

三、训练活动要创新

师范教育的培养目标是把师范生培养成合格的中小学教师,这个合格并不是一个统一的规格,而只是一个最基本的要求。因而训练时,要把说课的常规要求同说课者的个人风格结合起来,在训练内容、形式及评价方式方法上灵活把握,鼓励师范生对课堂教学进行大胆的创新设计,只要说得合情合理,就应给予肯定和赞扬,大力提倡创造性说课。

四、要突出"说"的训练

说课的价值和目标重在说出自己的教学设计及其依据,而不是写,更不是讲课,因而训练时要让师范生当众述说,重点是说清打算怎么教和为什么这样教的问题,通过说来提高师范生的各项教学能力,而不能以写说课稿来代替说课,也不能把说课当成试讲。

五、要提高训练的实效性

要坚持理论联系实际,实践第一的原则。施说时要讲究时效,应以 10～15 分钟为限,时间不宜过长。说课训练中要引导学生树立问题意识,要善于提出问题、分析问题,通过交流研讨,提高解决问题能力。

六、要做到评价的及时性

说课评价侧重于看其教学设计、教学思路的科学性、可行性,评其对教学的指导作用,评其理论阐述的准确性,评其理论与实践结合的紧密性及适用性等。评价要做到及时、准确和全面,既要评价优点,也要评价不足,同时还要提出改进措施。

14.4 师范生说课训练的路径与模式

培养师范生的"说课"能力,基本的理论学习是必要的,但更需要在实践中进行。师范生"说课"能力的培养应集中时间进行,要加强课内与课外的结合,改变传统的教学论教学的方式与模式,在教学论教学中增加"说课"训练内容。其训练模式为:学生学习理论—专业教师辅导—学生自主训练—模拟比赛交流—师生总结提高。

一、组织学习理论

应在师范生掌握了一定教育教学理论知识并学习了教学论以后,给学生做"说课"理论与实践知识的专题讲座或开设选修课,指导学生学习课程标准,深刻理解新课标的基本理念、课程目标、内容标准及教学实施建议等内容,把握所说内容在教材中的地位作用、教学目标要求、重点难点、学生学习的心理障碍、教学时应采取的教法与学法、教学手段和媒体、教学时前后顺序的安排等,然后让学生进一步学习"说课"的特点,说课与备课上课的关系,说课的内容、要求及其问题等,使学生进一步加深对"说课"理论和方法的理解与掌握。

二、强化教师指导

从事教学论教学的专业教师要在学生学习掌握"说课"理论和方法的基础上，辅导学生完成说课中的说课程标准、说教材、说教法、说学法、说教学程序设计和教学小结与课堂反思等内容，并对各项内容提出具体要求，使每一位师范生均能准确熟练地说出某一节课的教学目标、重点和难点，明确本节课的内容及其与上下节及整个单元教学内容之间的关系，并能根据教学目标，说出所选择的教法与学法，科学合理地利用现有教学条件和教学媒体，优化教学设计过程。

三、学生自主训练

充分利用课内课外时间，引导学生对教学内容进行说评训练，这是"说课"的主体和重点，有条件的可利用多媒体及微格教室反复进行。自主训练要求学生既要说出自己的教学思路和课堂结构，又要说出课程结构中各部分的内容和组织安排与时间分配，使整个教学程序动态化；同时还要说出"怎样教""为什么这样教"的理论依据，使教学有理有据。整个训练过程要以小组为单位，轮流说，同时指导教师要组织学生进行评议、交流和总结，帮助说课者寻求最佳的教学方案。

四、现场模赛交流

检验师范生说课水平和能力高低的主要手段就是"现场模拟比赛"。"现场模拟比赛"能检验说课的适应性、可操作性和科学性，为说好课提供反馈信息；同时，比赛现场经验的积累和师生间有效交流又能提高师范生的"说课"水平。比赛中出现的理论、技术等问题也必将迫使师范生进一步学习理论和专业知识，调动其学习的积极性，现场比赛的成就感也会激励师范生从事"说课"的信心和意志。现场模拟比赛的各个环节与要求力争做到与真实比赛一样，无论是氛围的营造、课题的确定、说课的准备、说课的时间要求以及评委的提问等都要规范真实，这样才能收到预期效果。模拟比赛可根据实际需要，可以以小组说课、班级说课、年级说课、学校说课，也可以在学校与学校之间举行校际说课。

五、师生总结提高

说课是师范生一项重要的教学基本功，需要经常反复训练才能形成技能。要想提高学生说课质量和水平，每次说课后点评总结是至关重要的。师范生说课不可避免地会存在这样那样的问题，有些问题说课者自己容易得到感悟，并能在以后的说课训练中加以修正，但是由于受经验、阅历、理论水平的制约，有相当多的问题说课者本人无法感知，必须通过其他同学、指导老师、学科专家给予引导和点拨，使隐性问题显性化，从而使师范生的说课能力得到完善与提高。

14.5 师范生说课训练策略

一、帮助学生熟悉说课的常规流程

说课的常规流程主要包括说教材、说教法学法、说教学程序三个部分。师范院校的学生在说课前,应熟练掌握说课的常规流程。

二、指导学生认真撰写好说课稿

指导师范生在熟悉说课常规流程的基础上,认真准备好说课稿和说课课件。首先要认真拟定说课稿,这是说课取得成功的前提。对于缺少临场经验的师范生来说,说课稿尤其要充分准备,仔细打磨。说课稿是为说课准备的文稿,将说课流程以书面化的形式固定下来,方便说课使用。有的学生容易将说课稿和教案混淆,有的学生撰写说课稿易拘泥于固定、呆板的模式,这些都需要有针对性地加以指导。写出一份优秀的说课稿并非易事,要引导师范生平时多研究多积累,不但要深入研究小学教材和教学情况,还要多看多参考一线教师的优秀说课稿。

现在已进入多媒体教学的时代。多媒体教学又称为计算机辅助教学(computer assisted instruction,CAI)。20世纪90年代起,随着计算机技术的迅速发展和普及,多媒体教学已经逐步取代了传统的教学形式。师范生应聘说课、上公开课、参加比赛,都要精心准备好课件。说课课件是根据说课稿,把需要讲述的说课内容通过多媒体(视频、音频、动画)图片、文字来表述并构成的课堂要件,它可以生动、形象地描述各种教学问题,是现代教学发展的必然趋势。指导师范生在制作和使用说课课件时应注意下面一些问题:为了保证文字的清晰醒目,课件上的文字要简明扼要,且文字与背景的对比度不能太低;图片要选用恰当;课件的操作要熟练。

三、加强教学基本功专项训练

成功的说课,必须有良好的教学基本功。教师职业技能训练内容包括讲普通话和口语表达、书写规范汉字和书面表达、教学工作、班主任工作技能等四部分,它是师范院校各专业的学生都应具备的必修内容。说课涉及前三项教学工作技能。平时要加强师范生教学基本技能的训练,深入了解并掌握10类课堂教学技能,分别是导入技能、语言技能、讲解技能、提问技能、应变技能、强化技能、演示技能、板书技能、课堂组织技能、结束技能。除此以外,师范院校学生还应具备良好的说课现场应变能力。良好的说课应变能力表现为:说课不拘泥于固定、呆板的模式,反应敏捷,思路清晰,观点正确,理由充分,语言准确清晰。另外,还要能根据说课的具体情况增删说课内容,保证在规定的时间内说课的完整性。

说课是提高教师素质,培养造就研究型、学者型青年教师的有效途径之一,也是师范生的必备教学技能。师范生应多思考多实践,避免进入说课的误区,平时加强教学基本功训练,较快地提高说课的能力,为成功考编,应聘,将来做优秀的教师打下扎实的基础。

14.6 师范生说课训练方法

说课的观摩学习、说课稿的编写、说课基本程序、分步训练、实战演练,是说课技能训练方法的四个环节。

一、观摩学习

让学生先进行说课的观摩学习,目的在于提升学生的感性认识。先给师范生展示小学教师或高年级学生的说课稿,让他们仔细阅读、讨论,逐步加以消化,然后播放小学教师或高年级学生的说课录像,为学生创造生动形象的教学气氛。通过观摩学习,学生对说课的方法和过程有了进一步的认识,在脑海里也会形成说课的概念,便于理解、模仿和运用。

二、编写说课稿

学生根据说课的基本程序,自选内容或由教师指定内容,编写出说课稿,教师认真批阅,详细点评。学生修改、完善,为说课训练做好充分的准备。

三、分步练习

在这一环节中,学生模仿与教师讲解相结合,通过师生互动的方式让师范生详细了解说课的各个环节和要求,真正理解"教什么""怎么教"和"为什么这样教"的内涵要求,按照说课程序分步骤、分阶段、分项目逐项进行训练,能够比较顺利地分析某一节课的教学目标、重点和难点,明确本节课的内容及其与上下节乃至整个单元教学内容之间的关系,并能根据教学目标,说出所选择的教法与学法,科学合理地利用现有教学条件和媒体,优化教学设计过程。分步练习更具有针对性,能有充足的时间去发现说课中的问题,从而能进行及时交流、及时指导,提高训练的有效性。

四、实战演练

通过大量的学习观摩,并经过分步训练之后,师范生对说课的基本内容已大致掌握,但必须经过大量的、系统的实践训练才能提升自己的能力。在这一环节,可以把全班学生分成若干小组,各小组选出一名组长,负责安排时间、地点,召集本组成员训练,并做好评议记录。利用微格教学,把每位同学的说课情况录下来,反复回放,先让说课者自己反思,然后同学之间相互做出客观的分析与评价,指导教师再进行点评。师范生经过反复操练,真正领会和掌握说课的基本要领,逐渐提高自己的说课能力。

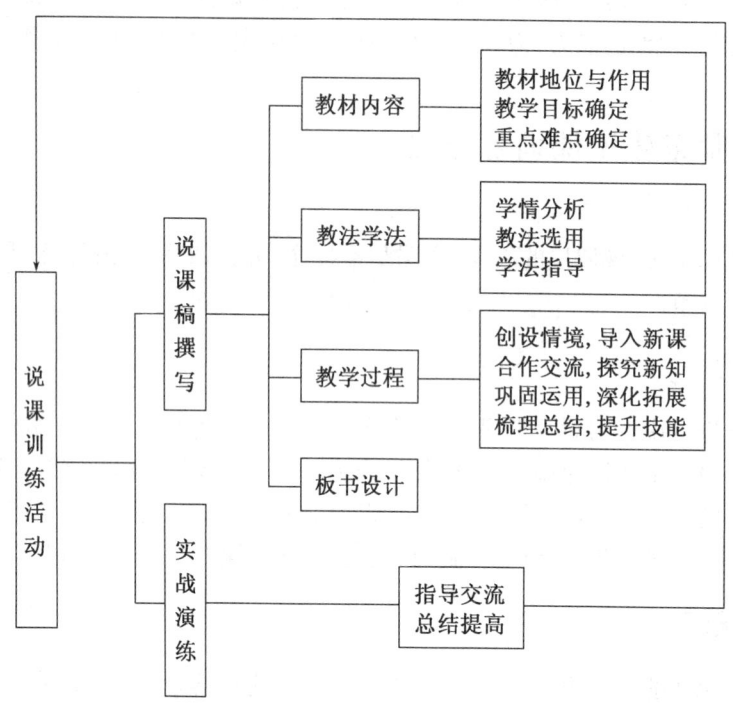

图 14-1 师范生说课技能训练结构图

14.7 师范生说课训练中的几点足注

一、将说课训练与教育实习有机结合起来

将说课训练贯穿于教育实习中,提高学生说课技能。说课作为一种创新的教学研究形式,如果贯穿到教育实习中,不仅能激发实习生学习教育教学理论的积极性,还能培养实习生的创新意识和能力,提高教育实习的质量。在教育实习中增加说课环节的操作方法如下:

(1) 在校内实习(试讲)增加说课环节,在师范生实习之前进行说课技能测试。校内实习以小组的形式进行,小组成员在试讲前先进行说课,学生通过说课阐述自己的教学思路、教法的选择、教学程序的设计等内容,供同组成员互相讨论、交流。这也是学生互相学习、互相促进的重要方式之一。

(2) 在实习期间将课前说课与集体备课结合在一起,在备课小组中开展说课训练。对即将要上课的内容,大家分别介绍自己的教学设计思想、教学方法的准备、学情分析、执教依据等。

(3) 尝试课后说课。在校期间,由于师范生缺乏从教经历,一般都是采取课前说课。

实习期间,学生有机会参与课堂教学实践,可以结合上课或听课效果尝试课后说课,并进行教学反思。

二、将说课训练与常规基本功训练考核融为一体

师范生常规基本功训练考核历史悠久。早在20世纪80年代,中等师范学校就开始对学生进行基本功训练,每年举行一次的毕业生基本功汇报表演,在教育界产生了重大的影响,深受用人单位的认可与好评。常规教学基本功训练考核的内容主要有三字(钢笔字、毛笔字和粉笔字)一话(普通话)、简笔画、国画、水粉画、演讲、讲故事、声乐、器乐、舞蹈、小学教材简析等。到了21世纪初,又增加了动画、多媒体制作、英语单词书写等项目。但是,说课作为师范生的教学基本功是近几年才提倡的,还没有得到师范生的普遍重视,也没有得到师范院校领导老师的高度认可。

随着教师入编考试和师范生教学基本功大赛不断深化与推进,说课活动已经逐步进入师范院校的课堂,说课技能训练也会逐步在师范院校进入常态化,要想全面提高师范生说课水平与质量,说课技能训练与考核成为师范院校的教学常规工作势在必行。

三、将说课训练与学科教学论教学有效对接

进入21世纪以来,学科教学论教学遭到了空前的弱化,具体表现为课时课量不足、师生上课敷衍、考核要求降低等。要想提高师范生的说课技能,必须重视学科教学论教学,将说课活动融入学科教学论之中,让学生了解学科课程标准,理解小学学科教材体系,掌握小学生的认知规律,熟悉小学课堂,认识小学教学活动设计模式。只有这样,才能从根本上改变目前的师范生说课训练状况,从而提高师范生的说课能力和水平。

四、师范生说课训练中应强化对答辩环节的重视

在目前的新教师入编考试、江苏省师范生教学基本功大赛、江苏省职业学校"两课"评比等活动中,说课技能不仅是考核项目之一,而且说课活动结束后,还有"答辩环节",即专家评委会根据说课者的说课内容提出1~2个问题,由说课者在3~5分钟之内对所提问题进行回答,进一步考核说课者的综合素质。说课者和指导老师往往因对这一环节不够重视,答辩效果欠佳。

师范生说课训练指导中,要有意识重视和增加该环节的训练,增强学生的感性认识,训练回答技巧,培养答辩能力。做好这一环节工作,主要要解决两个问题:① 问什么;② 怎样答。对于这两个问题的解决虽然没有固定的标准模式,但是也有一些大致的套路。

"问什么"一般与说课学科、说课内容、说课过程中出现的问题以及专家评委的科研素养有关。根据实践经验,通常的问题有:学科教学总目标是什么?该学科的特点是什么?学科课程标准的理念是什么?该学科的能力素养主要体现在哪些方面?本节课教学目标制定的依据是什么?教学重点难点确定的理由是什么?教学方法和学习方法在教学过程实施中是如何落实的?你是采用什么方法手段来突破重点与化解难点的?你认为上好某一节课的要求是什么?你设计的某个教学活动体现怎样的教学思想、学科教法学法主要

有哪些？等等。有时，也可以就"本节课某个知识点"进行提问，检查说课者对课本中知识点理解的准确性、深度以及前后知识的联系，以判断说课者的学科专业素养。

"怎样答"一般是问什么答什么，不需要展开回答。要根据学科课程标准、学科教学法、教心学知识以及学科专业知识来回答，力求做到准确、有针对性、少而精。"怎样答"对学生而言有一定的难度，在说课训练与指导中，要有意识地增加这一环节，增强学生的问题意识，掌握回答的方法与技巧，不断提高师范生答辩的自信心与能力。

五、明确师范生说课与在职教师说课的不同

（1）说课意义不同。在职教师说课可以解决小学教研活动中的一系列难题；师范生说课有利于提高对新课标的理解和驾驭教材能力，提高语言组织能力和口头表达能力。

（2）说课目的不同。在职教师通过说课提高教师素质和教学质量；师范生通过说课活动实现教育专业培养目标，提高从业素质。

（3）说课内容不同。在职教师在说学情时，不仅要说明学生的年龄特征，而且还要说明任课班级的实际情况；而师范生说学情只要说明不同年段学生的特点即可。在职教师说教学效果是自己的实际教学效果；而师范生说教学效果只是一种预测。

六、师范生说课训练应加强专业指导队伍建设

当前，担任师范生说课训练与指导工作的绝大部分是学科教学论老师，由于主客观原因这些老师学习动力不足，再加上长时间不到小学听课和上课，对小学教育教学改革的最新动态缺乏了解。随着说课活动在师范院校的不断蓬勃兴起，对指导老师的指导水平也提出了更高的希望与专业化要求。因此，加快说课训练指导老师的专业团队建设迫在眉睫。

建立一支有敬业精神高水平的说课训练指导团队，需要有良好的机制和环境，不仅需要掌握有关说课理论知识，精通学科课程标准，而且要有较强的小学课堂教学实践经验，经常加强培训交流，同时能不断总结出适合各种说课类型需要的相关指导方法。这样才能全面地提高师范生说课水平和质量。

总之，随着我国教育教学改革的不断推进与深化，师范院校担负着培养新世纪基础教育师资队伍的重任，师范生职业素质的高低是关系到我国人才培养和教育可持续发展的大事，我们要高度认识到师范生说课技能训练的重要性和迫切性，结合专业特点，采取切实可行的方法指导、推动这项工作，使其健康发展。提高师范生的教学基本技能，增强他们就业的竞争力，已成为师范院校实现可持续发展的必由之路。加强教学理论与教学实践相结合、构建说课技能训练的有效模式、建立完善的说课评价机制，是培养师范生说课技能、提高师范生综合素质、增强其就业竞争力的有效途径。

课后练习

1. 说出师范生说课训练的意义。
2. 简述范生说课训练的基本要求。
3. 师范生说课训练的路径与模式是什么?
4. 论述师范生说课训练的方法与策略。

参考文献

[1] 方贤忠.如何说课[M].上海:华东师范大学出版社,2008.
[2] 刘显国.说课艺术[M].北京:中国林业出版社,2000.
[3] 朱慕菊.走进新课程[M].北京:北京师范大学出版社,2002.
[4] 杨九俊.说课、听课与评课[M].北京:教育科学出版社,2004.
[5] 傅建明.教师专业发展——途径与方法[M].上海:华东师范大学出版社,2007.
[6] 胡庆雯,朱震远.新一轮课程改革研究与实践[M].上海:东华大学出版社,2003.
[7] 钟启泉.《基础教育课程改革纲要(试行)》解读[M].上海:华东师范大学出版社,2001.
[8] 朱永飞.师范生说课训练研究[J].高等函授学报(哲学社会科学版),2011,(7).
[9] 吕健,衡耀付.师范生说课能力培养的探讨[J].华北水利水电学院学报(社科版),2005,(11).
[10] 陈耀华.师范生说课技能训练有效策略探讨[J].玉林师范学院学报(哲学社会科学版),2013,(3).
[11] 谢建平.高师院校应重视师范生说课能力的培养[J].教育探索,2007,(11).
[12] 袁春玲.应重视师范生的说课训练[J].洛阳师范学院学报,2003,(3).
[13] 蔡旺庆.探究式教学的理论、实践与案例[M].南京:南京大学出版社,2015.
[14] 刘毓航,蔡旺庆.说课、微型课与模拟授课技能训练与指导[M].北京:中央广播电视大学出版社,2017.
[15] 蔡旺庆.幼师生说课、微型课与模拟授课技能训练[M].南京:南京大学出版社,2019.